网络安全法
关键问题解读

盘冠员 / 章德彪 ◎ 著

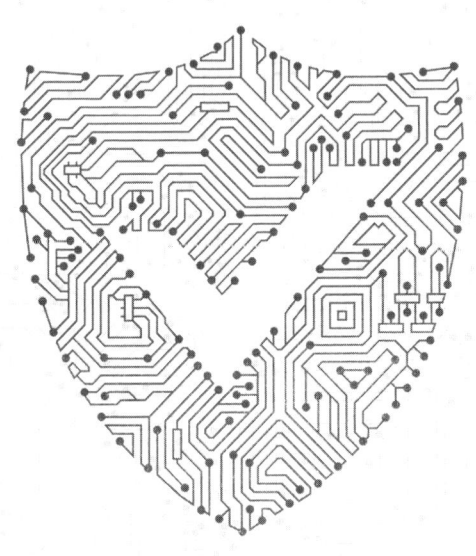

时事出版社
北京

图书在版编目（CIP）数据

网络安全法关键问题解读／盘冠员，章德彪著．—北京：时事出版社，2019.11
ISBN 978-7-5195-0348-2

Ⅰ.①网… Ⅱ.①盘… ②章… Ⅲ.①计算机网络—科学技术管理法规—基本知识—中国 Ⅳ.①D922.174

中国版本图书馆 CIP 数据核字（2019）第 229012 号

出 版 发 行：	时事出版社
地　　　　址：	北京市海淀区万寿寺甲 2 号
邮　　　编：	100081
发 行 热 线：	（010）88547590　88547591
读者服务部：	（010）88547595
传　　　　真：	（010）88547592
电 子 邮 箱：	shishichubanshe@ sina. com
网　　　　址：	www. shishishe. com
印　　　　刷：	北京市旺都印务有限公司

开本：787×1092　1/16　印张：21.5　字数：320 千字
2019 年 11 月第 1 版　2019 年 11 月第 1 次印刷
定价：98.00 元
（如有印装质量问题，请与本社发行部联系调换）

中国人民公安大学网络空间国际治理研究基地和新型犯罪研究中心系列研究成果之一

前言

自2017年6月1日起正式实施的《中华人民共和国网络安全法》（以下称《网络安全法》）是我国首部网络安全领域的基本法律。《网络安全法》明确了网络安全基本原则、工作任务、体制机制、安全制度以及法律责任，并预留了安全制度、法律规范配套立法完善的接口。为确保《网络安全法》的实施，2017年6月以来有关部门围绕《网络安全法》陆续制定了一批相关配套行政法规（征求意见稿）、部门规章和规范性文件，进一步细化了网络安全法律制度规范；与此同时，国家标准化管理委员会、全国信息安全标准技术委员会和有关部门也制定颁布了一批网络安全法配套标准（指南），形成"法律—行政法规—部门规章—标准（指南）"相配套的网络安全法律规范和标准体系。《网络安全法》及其配套行政法规、部门规章和标准为依法开展网络安全工作，提高网络安全保护能力水平，维护我国的网络空间主权、安全、发展利益，服务经济建设和信息化发展提供了坚实的法律保障。

《网络安全法》及其相关配套规定的内容专业性、实践性、综合性突出。为便于准确理解与适用《网络安全法》，笔者结合该法及近年来制定的相关配套行政法规、部门规章、规范性文件和标准（指南），就我国的网络安全立法体系以及网络运营者法律义务、网络产品和服务安全、网络安全等级保护、关键信息基础设施安全保护、网络安全监测预警和信息通报、网络安全应急处置、网络信息安全、网络安全发展支持、违反网络安全法的行政法律责任、民事责任和刑事责任等11个专题，对《网络安全法》关键性问题进行了系统阐述和详细解读，既便于读者了解《网络安全法》的丰富内涵、立法背景和实践要求，也有利于全面完整掌握《网络安全法》及其关联法律法规、部门规章和相关政策文件、标准的具体规定。

考虑到《网络安全法》相关法律、行政法规和部门规章数量多且比较分散，本书进行了整理汇总并制成附录，以便于读者查阅参考。

本书内容新颖，观点明确，条理清晰，系统全面，资料翔实，解读权威准确，通俗易懂，实用性和可读性较强，既是学习贯彻《网络安全法》的辅导读本，也是网络安全监管执法的操作指南、网络运营者的合规指引、教学科研人员的参谋助手。

由于笔者水平有限，书中如有疏漏和谬误之处，敬请读者批评指正。

作者
2019年8月于北京

目录
Contents

第一章　我国网络安全立法基本情况 …………………………（1）
　一、"网络"和"网络安全"术语的法律定义…………………（1）
　二、我国网络安全法律制度体系初步形成　………………（3）
　三、我国网络安全法律制度体系的构成　…………………（7）
　四、我国《网络安全法》的主要内容………………………（14）
　五、我国《网络安全法》配套立法进展情况………………（27）

第二章　网络运营者安全义务相关法律问题 ………………（29）
　一、网络运营者应当落实网络安全等级保护制度 ………（29）
　二、网络运营者应当落实网络用户身份管理制度 ………（32）
　三、网络运营者应当落实防范和应对网络安全事件义务……（36）
　四、网络运营者应当落实执法协助义务 …………………（37）
　五、国家支持网络运营者之间开展网络安全合作 ………（38）

第三章　网络产品和服务安全法律问题 ……………………（40）
　一、网络产品和服务提供者的安全义务 …………………（40）
　二、网络产品和服务提供者的安全维护义务 ……………（42）
　三、网络产品和服务提供者的用户信息保护义务 ………（42）
　四、网络关键设备和网络安全专用产品 …………………（43）
　五、网络安全服务活动………………………………………（52）

第四章　网络安全等级保护相关法律问题 (55)

一、网络安全等级保护制度是具有中国特色的网络安全法律制度 (55)

二、网络安全等级保护制度体系的内容 (59)

三、网络安全等级保护制度的发展支持 (65)

四、涉密网络系统的安全保护制度 (66)

五、网络密码管理制度 (68)

六、网络安全等级保护制度保障和监督管理 (69)

七、网络安全等级保护标准体系 (72)

第五章　关键信息基础设施运行安全相关法律问题 (73)

一、关键信息基础设施的界定和范围 (73)

二、关键信息基础设施安全保护主体的职责 (80)

三、关键信息基础设施建设的"三同步"要求 (81)

四、关键信息基础设施运营者应当履行安全保护义务 (82)

五、关键信息基础设施运营者应当落实网络产品和服务国家安全审查制度 (84)

六、关键信息基础设施运营者应当落实采购网络产品和服务安全保密义务 (89)

七、关键信息基础设施运营者应当落实个人信息和重要数据境内存储制度 (89)

八、关键信息基础设施运营者应当落实网络安全检测评估要求 (94)

九、关键信息基础设施安全保护统筹协调机制 (95)

十、境外行为人危害关键信息基础设施安全的处理 (96)

第六章　网络安全监测预警和信息通报相关法律问题 (98)

一、网络安全监测预警和信息通报的界定 (98)

二、网络安全监测预警和信息通报制度的意义 (99)

三、网络安全监测预警和信息通报工作机制 (102)

四、网络安全监测预警和信息通报工作任务 …………（104）

第七章　网络安全事件应急相关法律问题 …………（105）

一、网络安全事件应急工作机制 …………………（105）

二、国家网络安全事件应急预案 …………………（108）

三、网络安全风险预警措施 ………………………（112）

四、网络安全事件应急处置措施 …………………（114）

五、网络安全监督管理约谈制度 …………………（116）

六、因网络安全事件造成突发事件或者生产安全事故的处置要求 …………………………………（117）

七、网络通信临时限制措施 ………………………（120）

第八章　网络信息安全相关法律问题 ………………（121）

一、网络运营者用户信息保护制度 ………………（121）

二、网络运营者收集、使用个人信息应当遵循的原则 …（124）

三、个人信息安全、匿名化处理原则和泄露报告制度 …（128）

四、个人信息删除权和更正权 ……………………（130）

五、网络安全监管部门及其工作人员保密义务 …（131）

六、网络运营者安全对用户发布信息的安全管理义务 …（132）

七、电子信息发送和应用软件下载服务提供者的信息安全管理义务 …………………………………（134）

八、网络信息安全投诉、举报制度和网络运营者配合监督检查的义务 …………………………………（137）

第九章　网络安全发展支持相关法律问题 …………（140）

一、国家制定并不断完善网络安全战略 …………（140）

二、国家建立和完善网络安全标准体系 …………（142）

三、支持网络安全技术和产业发展 ………………（148）

四、国家推进网络安全社会化服务体系建设 ……（151）

五、网络安全宣传教育 ……………………………（152）

六、支持培养网络安全人才 ………………………（154）

七、国家参与网络安全国际合作 ………………………… (158)

第十章　网络安全法行政和民事法律责任问题 ……… (163)
　　一、网络运营者不履行网络安全保护义务的行政责任 …… (163)
　　二、关键信息基础设施运营者不履行网络安全保护
　　　　义务的行政责任 …………………………………… (165)
　　三、网络产品和服务提供者违反网络安全保护
　　　　义务的行政责任 …………………………………… (167)
　　四、网络运营者违反用户身份管理规定的行政责任 ……… (169)
　　五、违反网络安全服务活动管理规定的行政责任 ………… (170)
　　六、个人和组织实施危害网络安全行为的行政责任 ……… (171)
　　七、网络运营者、网络产品或者服务提供者侵害个人
　　　　信息保护权的行政责任 …………………………… (173)
　　八、侵犯公民个人信息的行政责任 ……………………… (175)
　　九、关键信息基础设施运营者违反国家安全审查
　　　　规定的行政责任 …………………………………… (176)
　　十、关键信息基础设施运营者违反数据管理
　　　　规定的行政责任 …………………………………… (177)
　　十一、非法利用信息网络的行政责任 …………………… (178)
　　十二、网络运营者不履行信息安全管理义务的行政
　　　　　责任 ………………………………………………… (179)
　　十三、电子信息发送服务提供者、应用软件下载服务提供者
　　　　　不履行信息安全管理义务的行政责任 ………… (181)
　　十四、网络运营者违反协助监督执法义务的行政责任 …… (182)
　　十五、发布或者传输违法信息的行政责任 ……………… (183)
　　十六、国家机关政务网络运营者不履行网络安全保护
　　　　　义务的行政责任 ………………………………… (184)
　　十七、网络安全监督管理渎职行为的行政责任 ………… (185)
　　十八、违反网络安全法规定构成违反治安管理
　　　　　行为的认定处罚 ………………………………… (188)
　　十九、违反《网络安全法》规定的民事责任 …………… (191)

第十一章 《网络安全法》刑事法律责任问题 (193)

- 一、网络安全法相关刑法罪名 (193)
- 二、侵犯公民个人信息罪的认定处罚 (194)
- 三、非法侵入计算机信息系统罪的认定处罚 (198)
- 四、非法获取计算机信息系统数据、非法控制计算机信息系统罪的认定处罚 (199)
- 五、提供侵入、非法控制计算机信息系统程序、工具罪的认定处罚 (201)
- 六、破坏计算机信息系统罪的认定处罚 (203)
- 七、拒不履行信息网络安全管理义务罪的认定处罚 (207)
- 八、非法利用信息网络罪的认定处罚 (212)
- 九、帮助信息网络犯罪活动罪的认定处罚 (215)
- 十、编造、故意传播虚假信息罪的认定处罚 (217)

附录 (218)

- 一、相关法律和行政法规 (218)
- 二、相关部门规章一览表（截至2019年8月） (320)
- 三、相关政策规范性文件一览表（截至2019年8月） (322)

参考文献 (330)

第一章
我国网络安全立法基本情况

一、"网络"和"网络安全"术语的法律定义

如何界定网络、网络安全等概念,是网络安全立法的一个基本问题,涉及网络安全法的调整对象和范围。

关于"网络",通常有三个容易混淆的术语:一是互联网(Internet);二是网络(Network);三是网络空间(Cyberspace),又被称为"赛博空间"。实际上,这三个术语内涵不同。互联网是指TCP(传输控制协议)/IP(互联网协议)、域名解析系统(DNS)将不同的计算机设备按照一定的规则实现全球互联互通。美国联邦网络委员会(FNC)对"互联网"的定义是指符合以下条件的全球信息系统:(1)根据互联网协议(IP)或其今后的扩展协议/后续协议,由一个全球独一无二的地址空间逻辑地连接在一起;(2)能够支持使用传输控制协议/互联网协议(TCP/IP)集或其今后的扩展协议/后续协议,和/或其他与IP兼容的协议的通信;(3)并且公开或私下提供、使用相关基础设施上分层的高级别服务,或使这些服务可访问。[1]

网络这一术语包含的范围比互联网要宽,除了互联网外,它还包括局域网(如内网、专网)、工业控制系统(有的被称为工业互联网)、物联网等,也就是说,只要是具有传输、处理数据信息功能的信息系

---

[1] http://www.internetsociety.org/. (访问日期:2019年7月4日)

统，都可以称之为网络。对于网络空间，目前国内外没有统一的定义，通常认为是它与现实空间对应的，由互联网及其应用所产生的各种资源和社会关系的综合。普遍认为，网络空间是一个人造的、看不见的虚拟空间。美国军方认为"网络空间"包括互联网、电信网、计算机系统以及嵌入式处理器和控制器。

《网络安全法》对"网络""网络安全"术语进行了明确的定义。《网络安全法》第七十六条规定：网络，是指由计算机或者其他信息终端及相关设备组成的按照一定的规则和程序对信息进行收集、存储、传输、交换、处理的系统。这一定义主要基于我国网络安全工作的实际，并借鉴了国外的立法经验。网络安全，是指通过采取必要措施，防范对网络的攻击、侵入、干扰、破坏和非法使用以及意外事故，使网络处于稳定可靠运行的状态，以及保障网络数据的完整性、保密性、可用性的能力。

一般认为，网络安全大致可以分为三个层面：第一层面是网络基础设施的安全；第二层面是网络上运行、存储的数据信息的安全；第三层面是利用信息网络技术进行连接和控制的系统的安全。

网络安全有如下特点：一是网络安全是整体的而不是割裂的，在信息时代，网络安全对国家安全牵一发而动全身，同许多方面的安全有着密切关系；二是网络安全是动态的而不是静态的，信息技术变化越来越快，过去分散独立的网络变得高度关联、相互依赖，网络安全的威胁来源和攻击手段在不断变化，需要树立动态、综合的防护理念；三是网络安全是开放的而不是封闭的，只有立足开放环境，加强对外交流、合作、互动、博弈，运用先进技术，网络安全水平才会不断提高；四是网络安全是相对的而不是绝对的，没有绝对安全，要立足基本国情保安全；五是网络安全是共同的而不是孤立的，网络安全为人民，网络安全靠人民，维护网络安全是全社会共同的责任，需要政府、企业、社会组织、广大网民共同参与，共筑网络安全防线。

针对"网络安全"的各种认知和观点，《网络安全法》中将"网络安全"的范围确定为"网络运行安全"和"网络信息安全"。其中，"网络运行安全"是指"防范对网络的攻击、侵入、干扰、破坏和非法使用以及意外事故，使网络处于稳定可靠运行的状态"，"网络信息安全"是指"保障网络数据的完整性、保密性、可用性"。网络安全的定义使用"通过采取必要措施,防范对网络的攻击、侵入、干扰、破坏和非法使用以及意外事故,使网络处于稳定可靠运行的状态,以及保障网络数据的完整性、保密性、可用性的能力"的描述,符合网络安全客观实际和主要特点,也避免造成认识上的混淆。

二、我国网络安全法律制度体系初步形成

互联网是20世纪人类伟大的科技发明,它以前所未有之势为计算机和通信世界带来了变革。[①] 当今时代,以互联网为代表的信息网络技术日新月异,创造了网络这一人类生活新空间,网络空间已经成为与陆地、海洋、天空、太空同等重要的人类活动新领域。但网络在提高人类认识世界、改造世界的能力,给人类社会生产生活带来极大便利,推动人类社会发展进步的同时,也带来了安全威胁和风险挑战,网络安全已成为事关党的长期执政、国家长治久安、经济社会发展和人民群众福祉的基础性、全局性安全问题。习近平总书记指出,"没有网络安全就没有国家安全,没有信息化就没有现代化"。应对网络安全风险和威胁挑战,保障网络安全,维护网络空间主权、安全和发展利益,离不开坚实的法制保障。法律是治国之重器,法治是国家治理体系和治理能力的重要依托。加强网络安全治理,妥善应对网络安全风险威胁,离不开法治这个治理的最理想模式和有效手段,依法治理是我国网络安全治理的基本原则之一。依法治理网络,首先得有法,需要有完备的网络安全法律制度,让网络在法治轨道上健康运行,这就涉及网络安全立法问题。网络安全法律制度体系建设必须坚持立法先行。

国家高度重视网络安全立法。1994年4月20日,北京中关村地区教育与科研示范网接入国际互联网的64K专线开通,实现了与国际互联

---

① http://www.internetsociety.org/.(访问日期:2019年7月4日)

网的全功能连接,这标志着中国正式接入国际互联网。[①] 全功能接入国际互联网,标志着我国正式融入互联网国际社会,网络安全立法工作也随之同步开展。自 1994 年以来,我国陆续出台了一系列维护网络安全的法律、行政法规、部门规章和规范性文件,为网络安全治理提供了基本依据,在网络安全工作中发挥了重要作用。1994 年 2 月 18 日,国务院颁布《计算机信息系统安全保护条例》,1996 年 2 月 1 日发布《计算机信息网络国际联网管理暂行规定》,这是我国维护网络安全的早期立法活动,在此期间,主要是将互联网作为信息技术工具对待。2000 年以后,人们逐步认识到互联网具有强大的媒体属性、商业机会和社会价值,相继制定出台了《电信条例》《互联网信息服务管理办法》等,开始重视对网络信息治理的立法。《电子签名法》的制定推动了我国电子商务的发展,《全国人民代表大会常务委员会关于维护互联网安全的决定》的出台意味着网络安全立法进入新的发展阶段。党的十八大以来,我国网络安全立法工作取得突破性进展。

但是也要看到,一段时期以来,有关网络安全的立法总体上呈现分散、碎片化状态,层级不高,规范内容交叉重叠,缺乏一部统领网络安全领域的综合性、全局性、基础性的专门法律来加以规范,导致网络安全工作难以形成合力。究其原因,主要在于网络发展快,认识有个过程,立法条件尚不成熟。

随着网络安全问题的日益凸显,网络安全工作面临新的形势和问题。为应对网络安全面临的严峻形势,立足国情,制定网络安全法显得十分必要和紧迫。因此,2013 年下半年网络安全法的制定提上国家立法机关的日程,先后列入全国人大常委会 2014 年、2015 年、2016 年度立法工作计划。2015 年 6 月,网络安全法提请全国人大常委会第十五次会议进行了初审。2016 年 6 月,全国人大常委会第二十一次会议进行了二审。2016 年 10 月,全国人大常委会第二十四次会议进行了三审,并于当年 11 月 7 日以 154 票赞成、0 票反对、1 票弃权的结果表决通过了《中华人民共和国网络安全法》(以下称《网络安全法》)这部

---

① 国务院新闻办公室:《中国互联网状况》白皮书。

法律。

《网络安全法》的出台是我国网络安全立法史上具有里程碑意义的事件。《网络安全法》于2017年6月1日起正式实施。《网络安全法》的制定实施，标志着我国网络安全立法工作取得重大突破，网络安全立法工作从此进入提速发展的新时期。

《网络安全法》的出台具有十分重要的意义。

第一，制定网络安全法，是学习贯彻习近平总书记关于网络安全工作系列重要讲话精神，贯彻落实总体国家安全观，切实保障我国网络安全的重要举措。党的十八大以来，以习近平同志为核心的党中央从总体国家安全观出发，就网络安全问题提出了一系列新思想新观点新论断，对加强网络安全工作做出重要部署。习近平总书记关于网络强国战略的重要思想，以及全面推进网络空间法治化建设的指示精神，是做好网络安全各项工作的科学指南。制定网络安全法，是学习贯彻习近平总书记重要讲话精神，贯彻落实总体国家安全观，适应国家网络安全工作新形势新任务新要求，落实中央决策部署，做好网络安全工作，维护网络空间主权、安全和发展利益的重要举措。

第二，制定网络安全法，是落实中央全面依法治国战略部署，加快国家网络安全法治建设，推进网络安全工作法治化的客观需求。2012年党的十八大提出要"健全信息安全保障体系"。党的十八届四中全会决定要求完善网络安全保护方面的法律法规。党的十八届四中全会《关于全面推进依法治国若干重大问题的决定》明确提出，贯彻落实总体国家安全观，加快国家安全法治建设，抓紧出台反恐怖等一批急需法律，推进公共安全法治化，构建国家安全法律制度体系。网络安全法是国家安全法律制度体系的组成部分，网络安全工作法治化是大趋势，依法治网、依法管网是法治时代网络安全工作的基本原则和要求。广大人民群众十分关注网络安全，强烈要求健全网络安全保障体系，提高网络安全保护能力，依法加强网络空间治理，规范网络信息传播秩序，惩治网络违法犯罪，使网络空间清朗起来。进入21世纪以来，历次全国"两会"都有全国人大代表提出议案、建议，全国政协委员提出提案，呼吁制定出台专门的网络安全法。为适应国家网络安全工作的新形势新任务，落实党中央的要求，回应人民群众的期待，制定一部网络安全法十分必要。网络安全法以法律的形式明确网络安全工作原则、职责任务和基本制度，依法建立健全相关工作体制机制，规范国家、监管部门、网络运营者、网络使用者等主体在网络安全领域的职责、权利和义务，完善网络安全法律制度体系，服务于我国网络安全战略建设，为建设网络强国战略提供了法律制度保障。

第三，制定网络安全法，是提升网络安全保护和监管能力，应对网络安全威胁风险，维护国家安全、社会公共利益，保护公民、法人和其他组织的合法权益，促进经济社会信息化健康发展的必然要求。我国是一个网络大国，网民众多，网络应用渗透到社会生活的各个方面。同时，也是面临网络安全威胁最严重的国家之一，网络安全形势日益严峻。当前，网络空间环境情况复杂，网络诈骗、网络非法入侵等网络违法犯罪活动猖獗，个人信息泄露比较突出。同时，我国的网络安全工作还存在一些亟待解决的突出问题。一是关键信息基础设施保护体系亟待建立。电信、能源、交通、金融、政务等关键信息基础设施支撑着相关行业或领域的重要业务，存储着大量个人和业务数据，而这些已成为网络攻击的重点对象。目前我国关键信息基础设施安全保护整体水平还不高，难以有效抵御国家级、有组织、大强度的网络攻击。二是公民、法人和其他组织在网络空间的合法权益保护亟待加强。网上非法获取、倒卖个人信息，侵犯知识产权等事件时有发生，严重损害企业和个人权益，甚至危害个人生命安全。三是网络空间的国家安全和社会公共利益面临挑战。恐怖和犯罪组织利用网络策划组织暴力、恐怖活动，传播极端、暴恐等信息，甚至企图颠覆国家政权、推翻社会主义制度，危害国家安全和社会稳定，危害社会公共利益。为了解决上述问题，迫切需要加强网络安全立法，建立完善相关法律制度，运用法治手段提升网络安全工作能力，维护网络空间主权和国家安全、社会公共利益，提高全社会的网络安全意识和网络安全保护水平，使我国的网络空间更加清朗、更加安全、更加开放、更加充满活力。

第四，制定网络安全法，是参与网络空间国际竞争和国际治理，提高网络空间国际竞争力和话语权，维护网络空间主权的必然选择。国家主权拓展延伸到网络空间，网络空间主权成为国家主权的重要组成部分。尊重网络空间主权，维护网络安全，谋求共治，实现共赢，正在成为国际社会的共识。网络领域的竞争是当前国家间重要的竞争领域之一。国际上争夺和控制网络空间战略资源、抢占规则制定权和战略制高点、谋求战略主动权的竞争日趋激烈。目前，网络领域的国际规则尚未形成。从国际上看，各国普遍重视网络领域的立法，对关键信息基础设施保护、个人信息安全保护、数据安全管理等方面事项进行立法规制。在与其他国家进行合作和竞争过程中，如何保证本国利益、保障本国公民和企业利益的最大化是各国政府高度重视的问题。我国加强网络安全立法，制定完善网络安全制度规则，积累中国制度经验，可以为推进全球互联网治理体系变革，开展国际合作，构建网络空间命运共同体贡献中国智慧和方案。

总之，以法律的形式明确网络安全方面的原则、任务和制度，依法建立健全相关体制机制，完善网络安全制度体系，是应对网络安全各种威胁和风险，统领网络安全各领域工作，维护我国网络安全紧迫的现实需要。网络安全法明确了网络安全方面的基本原则和职责任务，规定了网络安全的基本制度，覆盖了网络安全各领域的工作，是一部名副其实的网络安全基本法，也是国家安全领域的一部重要法律。它不仅规定了网络安全工作体制机制，而且以法律形式确立了网络安全方面相关制度，明确了国家、主管部门、网络运营者、网络使用者的网络安全责任。该法是一部集国家安全与网络安全、网络产品安全与服务安全、网络运行安全与网络信息安全于一体的综合性、全局性、基础性法律。《网络安全法》作为我国网络安全领域的基本法，是中国特色社会主义法律体系的重要组成部分，它的出台，具有划时代的重要意义，必将有力地促进我国网络强国战略的实施和信息化建设的健康发展。

三、我国网络安全法律制度体系的构成

网络安全法律制度体系是由保障网络安全的法律、行政法规、部门

规章和规范性文件等多层次规范组成的相互配合的法律体系。我国的网络安全立法从两条主线发力，建立网络安全法律制度体系。一条主线是网络安全专门立法，一条主线是采取补充立法方式。从立法层级看，涵盖法律的各个层级，包括法律、行政法规、部门规章和规范性文件、司法解释等。

（一）专门立法

1. 法律。主要是：《全国人民代表大会常务委员会关于维护互联网安全的决定》（2000年12月）、《全国人民代表大会常务委员会关于加强网络信息保护的决定》（2012年12月）、《中华人民共和国电子签名法》（2004年8月）、《中华人民共和国网络安全法》（2016年11月）《中华人民共和国电子商务法》（2018年8月）。

2. 行政法规。主要是：《中华人民共和国计算机信息系统安全保护条例》（1994年2月发布，2011年1月修订）、《中华人民共和国计算机信息网络国际联网管理暂行规定》（1996年2月发布，1997年5月修订）、《计算机信息网络国际联网安全保护管理办法》（1997年12月发布，2011年1月修订）、《中华人民共和国电信条例》（2000年9月）、《互联网信息服务管理办法》（2000年9月发布，2011年1月修订）、《互联网上网服务营业场所管理条例》（2002年9月发布）。

3. 部门规章。主要是：《计算机信息系统安全专用产品检测和销售许可证管理办法》（公安部，1997年12月）、《计算机信息系统国际联网保密管理规定》（国家保密局，2000年1月）、《计算机病毒防治管理办法》（公安部，2000年4月）、《互联网安全保护技术措施规定》（公安部，2005年12月）、《互联网电子公告服务管理规定》（原信息产业部，2000年10月）、《互联网IP地址备案管理办法》（原信息产业部，2005年2月）、《非经营性互联网信息服务备案管理办法》（原信息产业部，2005年2月）、《互联网电子邮件服务管理办法》（原信息产业部，2006年2月）、《通信网络安全防护管理办法》（工业和信息化部，2010年1月）、《电信和互联网用户个人信息保护规定》（工业和信息化部，2013年7月）、《电话用户真实身份登记规定》（工业和信息化部，2013

年7月)、《通信短信息服务管理规定》(工业和信息化部,2015年5月)、《网络出版服务管理规定》(原国家新闻出版广电总局、工业和信息化部,2016年2月)、《网络表演经营活动管理办法》(文化部,2016年12月)、《互联网直播服务管理规定》(国家互联网信息办公室,2016年12月)、《互联网新闻信息服务管理规定》(国家互联网信息办公室,2017年5月)、《网络产品和服务安全审查办法(试行)》(国家互联网信息办公室,2017年6月)、《电信业务经营许可管理》(工业和信息化部,2017年7月)、《互联网域名管理办法》(工业和信息化部,2017年8月)、《金融信息服务管理规定》(国家互联网信息办公室,2018年12月)、《区块链信息服务管理规定》(国家互联网信息办公室,2019年2月)等。

4. 司法解释。主要是:《最高人民法院、最高人民检察院关于办理利用互联网、移动通讯终端、声讯台制作、复制、出版、贩卖、传播淫秽电子信息刑事案件具体应用法律若干问题的解释》(2004年9月)、《最高人民法院、最高人民检察院关于办理利用互联网、移动通讯终端、声讯台制作、复制、出版、贩卖、传播淫秽电子信息刑事案件具体应用法律若干问题的解释(二)》(2010年1月)、《最高人民法院 最高人民检察院 公安部关于办理网络赌博犯罪案件适用法律若干问题的意见》(2010年8月)、最高法、最高检《关于办理危害计算机信息系统安全刑事案件具体应用法律若干问题的解释》(2011年8月)、《最高人民法院 最高人民检察院关于办理利用信息网络实施诽谤等刑事案件适用法律若干问题的解释》(2013年9月)、《最高人民法院、最高人民检察院关于办理侵犯公民个人信息刑事案件适用法律若干问题的解释》(2017年3月20日)。

5. 规范性文件。中央网信办(国家互联网信息办公室)、公安部、工业和信息化部等相关部门出台了一系列网络安全相关规范性文件,如《微博客信息服务管理规定》(国家互联网信息办公室,2018年2月)、《互联网新闻信息服务新技术新应用安全评估管理规定》(国家互联网信息办公室,2017年10月)、《互联网群组信息服务管理规定》(国家互联网信息办公室,2017年9月)、《互联网用户公众账号服务管理规定》（国家互联网信息办公室，2017年9月）、《互联网跟帖评论服务管理规定》（国家互联网信息办公室，2017年8月）、《移动智能终端应用软件预置和分发管理暂行规定》（工业和信息化部，2016年12月）、《信息安全等级保护管理办法》（公安部，2007年6月）、《互联网骨干网间互联管理暂行规定》（原信息产业部，2001年）、《工业和信息化部关于印发〈公共互联网网络安全威胁监测与处置办法〉的通知》（工业和信息化部，2017年8月9日）、《关于加强国家网络安全标准化工作的若干意见》（中央网信办、原国家质检总局、国家标准化管理委员会，2016年8月）等。

6. 地方性法规和地方政府规章。如内蒙古自治区人大常委会制定了《计算机信息系统安全保护办法》，黑龙江省人大常委会制定了《工业信息安全管理条例》，江苏省和浙江省分别发布了《徐州市计算机信息系统安全保护条例》和《杭州市计算机信息网络安全保护管理条例》，福建省人大常委会通过了《福建省电信设施建设与保护条例》，广东省出台了《广东省计算机信息系统安全保护条例》《关于落实电信用户真实身份信息登记制度的决定》。

（二）相关法律中涉及维护网络安全的内容和条款。

我国有多部法律涉及网络安全，延伸适用到网络安全领域，下面列举部分法律规范：

1. 《中华人民共和国刑法》第二百八十五条：违反国家规定，侵入国家事务、国防建设、尖端科学技术领域的计算机信息系统的，处三年以下有期徒刑或者拘役。违反国家规定，侵入前款规定以外的计算机信息系统或者采用其他技术手段，获取该计算机信息系统中存储、处理或者传输的数据，或者对该计算机信息系统实施非法控制，情节严重的，处三年以下有期徒刑或者拘役，并处或者单处罚金；情节特别严重的，处三年以上七年以下有期徒刑，并处罚金。提供专门用于侵入、非法控制计算机信息系统的程序、工具，或者明知他人实施侵入、非法控制计算机信息系统的违法犯罪行为而为其提供程序、工具，情节严重的，依照前款的规定处罚。单位犯前三款罪的，对单位判处罚金，并对其直接负责的主管人员和其他直接责任人员，依照各该款的规定处罚。

第二百八十六条：违反国家规定，对计算机信息系统功能进行删除、修改、增加、干扰，造成计算机信息系统不能正常运行，后果严重的，处五年以下有期徒刑或者拘役；后果特别严重的，处五年以上有期徒刑。违反国家规定，对计算机信息系统中存储、处理或者传输的数据和应用程序进行删除、修改、增加的操作，后果严重的，依照前款的规定处罚。故意制作、传播计算机病毒等破坏性程序，影响计算机系统正常运行，后果严重的，依照第一款的规定处罚。单位犯前三款罪的，对单位判处罚金，并对其直接负责的主管人员和其他直接责任人员，依照第一款的规定处罚。

第二百八十六条之一：网络服务提供者不履行法律、行政法规规定的信息网络安全管理义务，经监管部门责令采取改正措施而拒不改正，有下列情形之一的，处三年以下有期徒刑、拘役或者管制，并处或者单处罚金：（一）致使违法信息大量传播的；（二）致使用户信息泄露，造成严重后果的；（三）致使刑事案件证据灭失，情节严重的；（四）有其他严重情节的。单位犯前款罪的，对单位判处罚金，并对其直接负责的主管人员和其他直接责任人员，依照前款的规定处罚。有前两款行为，同时构成其他犯罪的，依照处罚较重的规定定罪处罚。

第二百八十七条：利用计算机实施金融诈骗、盗窃、贪污、挪用公款、窃取国家秘密或者其他犯罪的，依照本法有关规定定罪处罚。第二百八十七条之一：利用信息网络实施下列行为之一，情节严重的，处三年以下有期徒刑或者拘役，并处或者单处罚金：（一）设立用于实施诈骗、传授犯罪方法、制作或者销售违禁物品、管制物品等违法犯罪活动的网站、通讯群组的；（二）发布有关制作或者销售毒品、枪支、淫秽物品等违禁物品、管制物品或者其他违法犯罪信息的；（三）为实施诈骗等违法犯罪活动发布信息的。单位犯前款罪的，对单位判处罚金，并对其直接负责的主管人员和其他直接责任人员，依照第一款的规定处罚。有前两款行为，同时构成其他犯罪的，依照处罚较重的规定定罪处罚。

第二百八十七条之二：明知他人利用信息网络实施犯罪，为其犯罪提供互联网接入、服务器托管、网络存储、通讯传输等技术支持，或者提供广告推广、支付结算等帮助，情节严重的，处三年以下有期徒刑或者拘役，并处或者单处罚金。单位犯前款罪的，对单位判处罚金，并对其直接负责的主管人员和其他直接责任人员，依照第一款的规定处罚。有前两款行为，同时构成其他犯罪的，依照处罚较重的规定定罪处罚。

2.《中华人民共和国国家安全法》第二十五条：国家建设网络与信息安全保障体系，提升网络与信息安全保护能力，加强网络和信息技术的创新研究和开发应用，实现网络和信息核心技术、关键基础设施和重要领域信息系统及数据的安全可控；加强网络管理，防范、制止和依法惩治网络攻击、网络入侵、网络窃密、散布违法有害信息等网络违法犯罪行为，维护国家网络空间主权、安全和发展利益。

3.《中华人民共和国民法总则》第一百零九条：自然人的人身自由、人格尊严受法律保护。第一百一十条：自然人享有生命权、身体权、健康权、姓名权、肖像权、名誉权、荣誉权、隐私权、婚姻自主权等权利。法人、非法人组织享有名称权、名誉权、荣誉权等权利。第一百一十一条：自然人的个人信息受法律保护。任何组织和个人需要获取他人个人信息的，应当依法取得并确保信息安全，不得非法收集、使用、加工、传输他人个人信息，不得非法买卖、提供或者公开他人个人信息。

4.《中华人民共和国电子商务法》第二十三条：电子商务经营者收集、使用其用户的个人信息，应当遵守法律、行政法规有关个人信息保护的规定。第三十条：电子商务平台经营者应当采取技术措施和其他必要措施保证其网络安全、稳定运行，防范网络违法犯罪活动，有效应对网络安全事件，保障电子商务交易安全。电子商务平台经营者应当制定网络安全事件应急预案，发生网络安全事件时，应当立即启动应急预案，采取相应的补救措施，并向有关主管部门报告。

5.《中华人民共和国侵权责任法》第三十六条：网络用户、网络服务提供者利用网络侵害他人民事权益的，应当承担侵权责任。网络用户利用网络服务实施侵权行为的，被侵权人有权通知网络服务提供者采取删除、屏蔽、断开链接等必要措施。网络服务提供者接到通知后未及时采取必要措施的，对损害的扩大部分与该网络用户承担连带责任。网络服务提供者知道网络用户利用其网络服务侵害他人民事权益，未采取必要措施的，与该网络用户承担连带责任。

6.《中华人民共和国未成年人保护法》第三十三条：国家采取措施，预防未成年人沉迷网络；第三十四条：禁止任何组织、个人制作或者向未成年人出售、出租或者以其他方式传播淫秽、暴力、凶杀、恐怖、赌博等毒害未成年人的图书、报刊、音像制品、电子出版物以及网络信息等。

7.《中华人民共和国治安管理处罚法》第二十九条：违反下列行为之一的，处五日以下拘留；情节较重的，处五日以上十日以下拘留：（一）违反国家规定，侵入计算机信息系统，造成危害的；（二）违反国家规定，对计算机信息系统功能进行删除、修改、增加、干扰，造成计算机信息系统不能正常运行的；（三）违反国家规定，对计算机信息系统中存储、处理、传输的数据和应用程序进行删除、修改、增加的；（四）故意制作、传播计算机病毒等破坏性程序，影响计算机系统正常运行的。

8.《中华人民共和国保守国家秘密法》第二十八条：互联网及其他公共信息网络运营商、服务商应当配合公安机关、国家安全机关、检察机关对泄密案件进行调查；发现利用互联网及其他公共信息网络发布的信息涉及泄露国家秘密的，应当立即停止传输，保存有关记录，向公安机关、国家安全机关或者保密行政管理部门报告；应当根据公安机关、国家安全机关或者保密行政管理部门的要求，删除涉及泄露国家秘密的信息。

9.《中华人民共和国反恐怖主义法》第十八条：电信业务经营者、互联网服务提供者应当为公安机关、国家安全机关依法进行防范、调查恐怖活动提供技术接口和解密等技术支持和协助。第十九条：电信业务经营者、互联网服务提供者应当依照法律、行政法规规定，落实网络安全、信息内容监督制度和安全技术防范措施，防止含有恐怖主义、极端主义内容的信息传播；发现含有恐怖主义、极端主义内容的信息的，应当立即停止传输，保存相关记录，删除相关信息，并向公安机关或者有关部门报告。网信、电信、公安、国家安全等主管部门对含有恐怖主义、极端主义内容的信息，应当按照职责分工，及时责令有关单位停止传输、删除相关信息，或者关闭相关网站、关停相关服务。有关单位应当立即执行，并保存相关记录，协助进行调查。对互联网上跨境传输的含有恐怖主义、极端主义内容的信息，电信主管部门应当采取技术措施，阻断传播。

四、我国《网络安全法》的主要内容

《网络安全法》是一部统领网络安全工作的综合性、全局性、基础性的法律。《网络安全法》以法律的形式确立了网络安全工作体制、原则和维护网络安全的各项任务，明确了国家网络安全战略、网络权利和义务使用保护、未成年人保护等法律要求；从规范保障网络运行安全和信息安全两大方面，建立了网络安全等级保护制度、关键信息基础设施安全保护制度、网络产品和服务安全制度、个人信息保护制度、网络安全审查制度、网络安全监测预警和应急制度等网络安全法律制度，对网络安全标准体系建设、网络安全技术和产业发展、网络安全社会化服务体系建设、网络安全管理创新、网络安全宣传教育、网络安全人才培养等支持和促进网络安全事业发展问题提出了法律要求，并明确规定了违反网络安全法行为的法律责任。

（一）关于调整范围和适用范围

法律的调整范围是指法律调整和规范的社会关系，其决定一部法律的方向、结构和主要内容。根据《网络安全法》的规定，该法的调整范围包括网络运行安全和网络信息安全两个方面，调整的是这两个方面的主体责任、监管制度、权利义务、法律后果等社会关系。

法律的适用范围是指法律的效力范围，包括法律的空间效力和时间效力。法律的空间效力，即法律适用的主体范围、地域范围，主体范围是指法律对人的效力，即法律对什么人（包括自然人、法人和其他组织）有效；地域范围是指法律在什么地域行使管辖权。法律的时间效力，即法律在什么时间生效。

第一，《网络安全法》的空间效力。《网络安全法》第二条规定："在中华人民共和国境内建设、运营、维护和使用网络，以及网络安全的监督管理，适用本法。"据此，《网络安全法》适用的空间效力，一是在中华人民共和国境内适用。即"在中华人民共和国境内建设、运营、维护和使用网络，以及网络安全的监督管理，适用本法"。所谓中华人民共和国境内，是指除香港特别行政区、澳门特别行政区以外的中华人民共和国国境范围以内的所有地域。在我国，由全国人大及其常委会制定的法律，在全国范围内适用；由有立法权的地方人大及其常委会依法制定的地方性法规，在各地方行政区域范围内适用，并不得与国家法律相抵触。《网络安全法》是由全国人大常委会制定的全国性法律，其效力范围及于全国。但是有一种情形例外，即在"一国两制"方针指导下，根据宪法、香港特别行政区基本法和澳门特别行政区基本法的规定，自中华人民共和国恢复对香港特别行政区和澳门特别行政区行使主权时起，除两个基本法附件中规定的特别行政区适用的全国性法律外，其他法律不适用于特别行政区。本法未被列入两个基本法的附件，因此，本法原则上不适用于两个特别行政区。二是具有特定的域外效力。《网络安全法》第五条规定："国家采取措施，监测、防御、处置来源于中华人民共和国境内外的网络安全风险和威胁，保护关键信息基础设施免受攻击、侵入、干扰和破坏，依法惩治网络违法犯罪活动，维护网络空间安全和秩序。"第七十五条规定："境外的机构、组织、个人从事攻击、侵入、干扰、破坏等危害中华人民共和国的关键信息基础设施的活动，造成严重后果的，依法追究法律责任；国务院公安部门和有关部门可以决定对该机构、组织、个人采取冻结财产或者其他必要的制裁措施。"即国家有权采取措施，对来源于中华人民共和国境内外的网络安全风险和威胁进行监测、防御、处置，对从事攻击、侵入、干扰、破坏等危害中华人民共和国的关键信息基础设施的活动的境外机构、组织、个人具有管辖权。上述规定既适应了网络的特点，也是网络主权原则的具体体现。

第二，网络安全法的时间效力。法律中明确规定法律的生效时间，一般涉及到法律有无溯及力的问题。法律的溯及力就是新法律施行后，对生效前发生的事件和行为是否适用新法的问题。如果适用，就是具有溯及力；如果不适用就是不具有溯及力。如果具有溯及力，法律要明确规定适用原则，如"从旧兼从轻"的原则。一般法律没有溯及力，这种不溯及既往的原则已成为各国立法所共同遵循的通例。法律从何时开始生效，一般根据该项法律的性质和实际需要来决定。《网络安全法》第七十九条规定：本法自 2017 年 6 月 1 日起施行。可见，《网络安全法》公布后，并未立即生效施行，而是经过一定时期后才开始施行。这样规定，主要是考虑到该法的基础性和特殊性，它是我国第一部网络安全专门法律，需要一定的时间进行学习宣传贯彻，同时为制定相关配套行政法规、部门规章等留出时间。

（二）关于网络安全工作的基本原则

我国的《网络安全法》明确规定了以下网络安全工作的基本原则：

一是网络空间主权原则。网络空间具有国家主权。《网络安全法》用法律形式确立了网络空间主权原则。该法第一条立法宗旨明确规定："为了保障网络安全，维护网络空间主权和国家安全、社会公共利益，保护公民、法人和其他组织的合法权益，促进经济社会信息化健康发展，制定本法。"此前，2015 年 7 月 1 日第十二届全国人民代表大会常务委员会第十五次会议通过的我国新的《国家安全法》第二十五条第一次明确了"网络空间主权"这一概念，《国家安全法》规定："国家建设网络与信息安全保障体系，提升网络与信息安全保护能力，加强网络和信息技术的创新研究和开发应用，实现网络和信息核心技术、关键基础设施和重要领域信息系统及数据的安全可控；加强网络管理，防范、制止和依法惩治网络攻击、网络入侵、网络窃密、散布违法有害信息等网络违法犯罪行为，维护国家网络空间主权、安全和发展利益。"主权，是一个国家在其管辖区域内所拥有的至高无上的、排他性的政治权力，体现为对内最高统治权和对外独立权的统一。网络空间主权，是一国国家主权在网络空间中的自然延伸和表现，是国家对网络空间在一定范围内享有独立、排他和最高的权力。网络空间已经成为与陆地、海洋、天空、太空同等重要的人类活动新领域，国家主权拓展延伸到网络空间，网络空间主权成为国家主权的重要组成部分。尊重网络空间主权，维护网络安全，谋求共治，实现共赢，正在成为国际社会共识。《网络安全法》体现了国家主权原则。该法第二条明确规定"在中华人民共和国境内建设、运营、维护和使用网络，以及网络安全的监督管理，适用本法。"这是我国网络空间主权对内最高管辖权的具体体现。2016年12月27日国家互联网信息办公室发布的《国家网络空间安全战略》明确"尊重维护网络空间主权"原则，强调指出，"网络空间主权不容侵犯，尊重各国自主选择发展道路、网络管理模式、互联网公共政策和平等参与国际网络空间治理的权利。各国主权范围内的网络事务由各国人民自己做主，各国有权根据本国国情，借鉴国际经验，制定有关网络空间的法律法规，依法采取必要措施，管理本国信息系统及本国疆域上的网络活动；保护本国信息系统和信息资源免受侵入、干扰、攻击和破坏，保障公民在网络空间的合法权益；防范、阻止和惩治危害国家安全和利益的有害信息在本国网络传播，维护网络空间秩序。任何国家都不搞网络霸权、不搞双重标准，不利用网络干涉他国内政，不从事、纵容或支持危害他国国家安全的网络活动。"《国家网络空间安全战略》的上述表述，就是网络空间主权的基本内容。网络主权原则是我国维护国家安全和利益、参与网络空间国际治理与合作所坚持的基本原则。捍卫网络空间主权，就是根据宪法和法律法规管理我国主权范围内的网络活动，保护我国信息设施和信息资源安全，采取包括经济、行政、科技、法律、外交、军事等一切措施，坚定不移地维护我国网络空间主权，坚决反对通过网络颠覆我国国家政权、破坏我国国家主权的一切行为。《网络安全法》明确网络空间主权原则，适应中国网络发展实际，为依法监管在中国领土上的网络活动，抵御危害中国网络安全的活动奠定了法律基础。同时，也可与国际社会同步，优化网络空间治理体系，确保国家利益、国民利益不受侵害。

二是网络安全与信息化发展并重原则。习近平总书记指出，网络安全和信息化是相辅相成的。安全是发展的前提，发展是安全的保障，安全和发展要同步推进。一定要认识到，技术都具有"双刃剑"效应，一方面可以造福社会、造福人民，另一方面也可以被一些人用来损害社会公共利益和民众利益。从世界范围来看，网络安全威胁和风险日益突出，并日益向政治、经济、文化、社会、生态、国防等领域传导渗透。特别是国家关键信息基础设施面临较大风险隐患，网络安全防控能力薄弱，难以有效应对国家级、有组织的高强度网络攻击。《网络安全法》体现了"安全和发展要同步推进"思想和要求。该法第三条规定："国家坚持网络安全与信息化发展并重，遵循积极利用、科学发展、依法管理、确保安全的方针，推进网络基础设施建设和互联互通，鼓励网络技术创新和应用，支持培养网络安全人才，建立健全网络安全保障体系，提高网络安全保护能力。"本条明确了"积极利用、科学发展、依法管理、确保安全"的信息化发展方针，是指导信息化建设工作的总原则。我国的《国家网络空间安全战略》明确了"统筹网络安全与发展"原则，强调指出，没有网络安全就没有国家安全，没有信息化就没有现代化。网络安全和信息化是一体之两翼、驱动之双轮。要正确处理发展和安全的关系，坚持以安全保发展，以发展促安全。安全是发展的前提，任何以牺牲安全为代价的发展都难以持续。发展是安全的基础，不发展是最大的不安全。没有信息化发展，网络安全就没有保障，已有的安全甚至会丧失。

三是全社会共同治理原则。习近平总书记指出，国家安全工作归根结底是保障人民利益，要坚持国家安全一切为了人民、一切依靠人民，为群众安居乐业提供坚强保障。网络安全是共同的而不是孤立的。网络安全为人民，网络安全靠人民，维护网络安全是全社会共同的责任，需要政府、企业、社会组织、广大网民共同参与，共筑网络安全防线。《网络安全法》全面体现了"网络安全为人民，网络安全靠人民"的思想要求。该法第六条规定："国家倡导诚实守信、健康文明的网络行为，推动传播社会主义核心价值观，采取措施提高全社会的网络安全意识和水平，形成全社会共同参与促进网络安全的良好环境。"第十一条规定："网络相关行业组织按照章程，加强行业自律，制定网络安全行为规范，指导会员加强网络安全保护，提高网络安全保护水平，促进行业健康发展。"第十四条规定："任何个人和组织有权对危害网络安全的行为向网信、电信、公安等部门举报。收到举报的部门应当及时依法作出处理；不属于本部门职责的，应当及时移送有权处理的部门。有关部门应当对举报人的相关信息予以保密，保护举报人的合法权益。"网络空间安全仅仅依靠政府是无法实现的，需要政府、企业、社会组织、技术社群和公民等网络利益相关者的共同参与。《网络安全法》坚持全社会共同治理原则，要求采取措施鼓励全社会共同参与，政府部门、网络建设者、网络运营者、网络服务提供者、网络行业相关组织、高等院校、职业学校、社会公众等都应根据各自的角色参与网络安全治理工作。

四是依法治理原则。依法治理原则，就是全面推进网络空间法治化，坚持依法治网、依法管网、依法办网、依法上网，让互联网在法治轨道上健康运行。依法构建良好网络秩序，保护网络空间信息依法有序自由流动，保护个人隐私，保护知识产权。任何组织和个人在网络空间享有自由、行使权利的同时，须遵守法律，尊重他人权利，对自己在网络上的言行负责。《网络安全法》充分体现了依法治理原则。该法第九条规定："网络运营者开展经营和服务活动，必须遵守法律、行政法规，尊重社会公德，遵守商业道德，诚实信用，履行网络安全保护义务，接受政府和社会的监督，承担社会责任。"第十条规定："建设、运营网络或者通过网络提供服务，应当依照法律、行政法规的规定和国家标准的强制性要求，采取技术措施和其他必要措施，保障网络安全、稳定运行，有效应对网络安全事件，防范网络违法犯罪活动，维护网络数据的完整性、保密性和可用性。"第十二条规定："国家保护公民、法人和其他组织依法使用网络的权利，促进网络接入普及，提升网络服务水平，为社会提供安全、便利的网络服务，保障网络信息依法有序自由流动。任何个人和组织使用网络应当遵守宪法法律，遵守公共秩序，尊重社会公德，不得危害网络安全，不得利用网络从事危害国家安全、荣誉和利益，煽动颠覆国家政权、推翻社会主义制度，煽动分裂国家、破坏国家统一，宣扬恐怖主义、极端主义，宣扬民族仇恨、民族歧视，传播暴力、淫秽色情信息，编造、传播虚假信息扰乱经济秩序和社会秩序，以及侵害他人名誉、隐私、知识产权和其他合法权益等活动。"《网络安全法》注重保护未成年人合法权益。该法第十三条规定："国家支持研究开发有利于未成年人健康成长的网络产品和服务，依法惩治利用网络从事危害未成年人身心健康的活动，为未成年人提供安全、健康的网络环境。"根据《网络安全法》的这一规定，国家网信办已经起草了《未成年人网络保护条例（送审稿）》。在全面推进依法治国的大背景下，维护网络安全必须坚持社会主义法治原则。开展网络安全的各项工作，都应当遵守宪法和法律，尊重和保障人权，依法保护公民的权利和自由。为贯彻落实《网络安全法》，实现网络安全法治化，下一步还要制定相关法规和配套制度，建立起完善的网络安全法治体系。依法治理网络空间原则要求必须坚持依法、公开、透明管网治网，切实做到有法可依、有法必依、执法必严、违法必究。健全网络安全法律法规体系，明确社会各方面的责任和义务，明确网络安全管理要求。加快对现行法律的修订和解释，使之适用于网络空间。完善网络安全相关制度，建立网络信任体系，提高网络安全管理的科学化规范化水平。加强网络空间通信秘密、言论自由、商业秘密，以及名誉权、财产权等合法权益的保护。

　　五是国际合作原则。《网络安全法》体现了国际合作原则。该法第七条规定："国家积极开展网络空间治理、网络技术研发和标准制定、打击网络违法犯罪等方面的国际交流与合作，推动构建和平、安全、开放、合作的网络空间，建立多边、民主、透明的网络治理体系。"应该看到，互联网没有可见的疆域，各国互联网彼此相联，又分属不同主权范围，这就决定了加强国际交流与合作的必要性。网络空间领域的国际交流与合作，目的是推动构建和平、安全、开放、合作的网络空间，建立多边、民主、透明的网络治理体系。和平，是指信息技术滥用得到有效遏制，网络空间军备竞赛等威胁国际和平的活动得到有效控制，网络空间冲突得到有效防范。安全，是指网络安全风险得到有效控制，国家网络安全保障体系健全完善，核心技术装备安全可控，网络和信息系统运行稳定可靠；网络安全人才满足需求，全社会的网络安全意识、基本防护技能和利用网络的信心大幅提升。开放，是指信息技术标准、政策和市场开放、透明，产品流通和信息传播更加顺畅，数字鸿沟日益弥合；不分大小、强弱、贫富，世界各国特别是发展中国家都能分享发展机遇、共享发展成果、公平参与网络空间治理。合作，是指世界各国在技术交流、打击网络恐怖和网络犯罪等领域的合作更加密切，多边、民主、透明的国际互联网治理体系健全完善，以合作共赢为核心的网络空间命运共同体逐步形成。我国的网络空间战略也明确了国际合作原则。和平利用网络空间符合人类的共同利益。各国应遵守《联合国宪章》关于不得使用或威胁使用武力的原则，防止信息技术被用于与维护国际安全和稳定相悖的目的，共同抵制网络空间军备竞赛、防范网络空间冲突。坚持相互尊重、平等相待、求同存异、包容互信，尊重彼此在网络空间的安全利益和重大关切，推动构建和谐网络世界。反对以国家安全为借口，利用技术优势控制他国网络和信息系统、收集和窃取他国数据，更不能以牺牲别国安全谋求自身所谓绝对安全。在相互尊重、相互信任的基础上，加强国际网络空间对话合作，推动互联网全球治理体系变革。深化同各国的双边、多边网络安全对话交流和信息沟通，有效管控分歧，积极参与全球和区域组织网络安全合作，推动互联网地址、根域名服务器等基础资源管理国际化。支持联合国发挥主导作用，推动制定各方普遍接受的网络空间国际规则、网络空间国际反恐公约，健全打击网络犯罪司法协助机制，深化在政策法律、技术创新、标准规范、应急响应、关键信息基础设施保护等领域的国际合作。加强对发展中国家和落后地区互联网技术普及和基础设施建设的支持援助，努力弥合数字鸿沟。推动"一带一路"建设，提高国际通信互联互通水平，畅通信息丝绸之路。搭建世界互联网大会等全球互联网共享共治平台，共同推动互联网健康发展。通过积极有效的国际合作，建立多边、民主、透明的国际互联网治理体系，共同构建和平、安全、开放、合作、有序的网络空间。

（三）关于网络安全保护和监督管理体制

《网络安全法》用法律形式明确了我国网络安全工作的监督管理体制和职责分工，以及政府有关部门在网络安全保护和监督管理的主体责任。《网络安全法》第八条规定："国家网信部门负责统筹协调网络安全工作和相关监督管理工作。国务院电信主管部门、公安部门和其他有关机关依照本法和有关法律、行政法规的规定，在各自职责范围内负责网络安全保护和监督管理工作。县级以上地方人民政府有关部门的网络安全保护和监督管理职责，按照国家有关规定确定。"根据这一规定，我国网络安全保护和监督管理职责分工如下：

第一，国家网信部门的职责。我国原有的网络安全保护和监督管理体制涉及多个部门，职能有一些重叠和交叉。为此，《网络安全法》明确规定，国家网信部门负责统筹协调网络安全工作和相关监督管理工作，包括网络安全工作的统筹协调和网络安全相关监督管理工作两方面职责。所谓统筹协调，主要是统筹协调网络安全保护和监督管理工作的重大决策、重大问题、重要事项，制定国家网络安全战略、宏观规划和重大政策，不断提高网络安全保护和监管能力。

按照现行机构设置，国家网信部门是指国家互联网信息办公室。国家互联网信息办公室属于国务院的办事机构，成立于2011年5月，主要职责包括：落实互联网信息传播方针政策和推动互联网信息传播法制建设，指导、协调、督促有关部门加强互联网信息内容管理，负责网络新闻业务及其他相关业务的审批和日常监管，指导有关部门做好网络游戏、网络视听、网络出版等网络文化领域业务布局规划，协调有关部门做好网络文化阵地建设的规划和实施工作，负责重点新闻网站的规划建设，组织、协调网上宣传工作，依法查处违法违规网站，指导有关部门督促电信运营企业、接入服务企业、域名注册管理和服务机构等做好域名注册、互联网地址（IP地址）分配、网站登记备案、接入等互联网基础管理工作，在职责范围内指导各地互联网有关部门开展工作。2014年2月，中共中央网络安全和信息化领导小组成立，同时成立了领导小组办事机构——中共中央网络安全与信息化领导小组办公室，由国家互联网信息办公室承担具体职责。"中共中央网络安全和信息化委员会办公室"（简称"中央网信办"），与"国家互联网信息办公室"（简称"国家网信办"）属于一个机构两块牌子。2014年8月，国务院发布《国务院关于授权国家互联网信息办公室负责互联网信息内容管理工作的通知》（国发【2014】33号），授权"重新组建的国家互联网信息办公室负责全国互联网信息内容管理工作,并负责监督管理执法"。自此,国家网信办获得了行政执法权,成为《网络安全法》所称的"国家网信部门"。根据国务院的授权,国家网信办主要负责的是"互联网信息内容管理"。"内容管理"既包括对在网络上发布的信息进行内容审查,也包括对内容的传播形式乃至网络传播平台进行管理。近年来,国家网信办发布的一系列规范性文件就把信息搜索、论坛社区、跟帖评论、群组信息、用户公众账号、微博客、移动互联网应用程序、互联网直播节目等平台服务的提供者列为监管对象。2018 年 3 月,中共中央印发《深化党和国家机构改革方案》,将中央网络安全和信息化领导小组改为"中央网络安全和信息化委员会",负责该领域重大工作的顶层设计、总体布局、统筹协调、整体推进、督促落实,该委员会的办事机构即"中共中央网络安全和信息化委员会办公室"。国家网信办在加挂了"中共中央网络安全和信息化委员会办公室"后被正式列入中共中央直属机构序列,其统筹协调网络安全与信息化工作的地位得到进一步强化。

第二,国务院电信主管部门、公安部门和其他有关机关的职责。《网络安全法》规定,国务院电信主管部门、公安部门和其他有关机关在各自职责范围内负责网络安全保护和监督管理工作。按照现行的机构设置,国务院电信主管部门是指工业和信息化部,主要负责电信网、互联网行业网络安全保护和监督管理工作。具体负责网络强国建设相关工作;负责互联网行业管理(含移动互联网);协调电信网、互联网、专用通信网的建设,促进网络资源共建共享;组织开展新技术新业务安全评估,加强信息通信业准入管理,拟订相关政策并组织实施;指导电信和互联网相关行业自律和相关行业组织发展;负责信息通信领域网络与信息安全保障体系建设;拟定电信网、互联网及工业控制系统网络与信息安全规划、政策、标准并组织实施,加强电信网、互联网及工业控制系统网络安全审查;拟订电信网、互联网数据安全管理政策、规范、标准并组织实施;负责网络安全防护、应急管理和处置。国务院公安部门,即公安部,负责组织实施网络安全保护和监督管理工作,依法查处打击网络违法犯罪活动。主要承担计算机信息系统安全保护、计算机病毒防治管理、网络安全等级保护、关键信息基础设施安全保护、网络安全监测预警和信息通报、网络违法犯罪案件查处等工作。其他有关机关，在各自职责范围内负责网络安全保护和监督管理工作。如国家能源局负责能源系统的网络安全保护和监督管理工作，中国人民银行负责金融系统网络安全保护和监督管理工作，中国民航局负责民航系统网络安全保护和监督管理工作，国家铁路局负责铁路系统网络安全保护和监督管理工作，国家税务总局负责税务系统网络安全保护和监督管理工作等等。这种网络安全监管体制，既沿袭了历史形成的监管体制，也符合当前信息化与现实社会全面融合的特点和我国网络安全监管实际。

第三，地方人民政府有关部门的职责。《网络安全法》规定，县级以上地方人民政府有关部门的网络安全保护和监督管理职责，按照国家有关规定确定。这主要是考虑到县级政府机构设置与中央政府机构设置不一定一一对应的现实情况。"县级以上地方人民政府"，是指除乡、民族乡、镇人民政府以外的地方各级人民政府，包括省、自治区、直辖市人民政府，设区的市、自治州人民政府，县、自治县、市辖区人民政府等。根据宪法和地方组织法的规定，县级以上地方各级人民政府依照法律规定的权限，管理本行政区域内的经济、教育、科学、文化、卫生、公安等行政工作。"县级以上地方人民政府有关部门"，是指由地方各级政府依照《地方各级人民代表大会和地方各级人民政府组织法》《地方各级人民政府机构设置和编制管理条例》的规定确定的本级政府负责网络安全保护和监督管理职责的部门。"国家有关规定"包括有关法律、行政法规和有关部门的"三定"（定机构、定职能、定编制）方案等规定。考虑到各地的职能部门机构设置不一致，以及机构改革变动等情况，《网络安全法》做了灵活规定。从现行机构设置和实际情况来看，"县级以上地方人民政府有关部门"，是指按照有关地方人民政府的规定，对本行政区域内负有网络安全保护和监督管理职责的政府主管部门。目前，全国县级以上地方人民政府基本上设立了网信、工信、公安等部门，负责网络安全保护和监督管理工作。

(三)关于保障网络产品和服务安全

维护网络安全,首先要保障网络产品和服务的安全。《网络安全法》主要做了以下规定:一是,明确网络产品和服务提供者的安全义务,包括:不得设置恶意程序,及时向用户告知安全缺陷、漏洞等风险,持续提供安全维护服务等;二是,总结实践经验,将网络关键设备和网络安全专用产品的安全认证和安全检测制度上升为法律并做了必要的规范;三是,建立关键信息基础设施运营者采购网络产品、服务的安全审查制度,规定:关键信息基础设施的运营者采购网络产品或者服务,可能影响国家安全的,应当通过国家网信部门会同国务院有关部门组织的安全审查。

(四)关于保障网络运行安全

保障网络运行安全,必须落实网络运营者第一责任人的责任。据此,《网络安全法》将现行的网络安全等级保护制度上升为法律,要求网络运营者按照网络安全等级保护制度的要求,采取相应的管理措施和技术防范等措施,履行相应的网络安全保护义务。为了保障关键信息基础设施安全,维护国家安全、经济安全和保障民生,《网络安全法》设专节对关键信息基础设施的运行安全做了规定,实行重点保护。范围包括基础信息网络、重要行业和领域的重要信息系统、重要政务网络、用户数量众多的商业网络等,并对关键信息基础设施安全保护办法的制定、负责安全保护工作的部门、运营者的安全保护义务、有关部门的监督和支持等做了规定。《计算机信息系统安全保护条例》《计算机信息网络国际联网安全保护管理办法》等也对网络服务提供者规定了相关网络安全义务与责任。

(五)关于保障网络数据安全

随着云计算、大数据等技术的发展和应用,网络数据安全对维护国家安全、经济安全,保护公民合法权益,促进数据利用至关重要。为此,《网络安全法》做了以下规定:一是,要求网络运营者采取数据分类、重要数据备份和加密等措施，防止网络数据被窃取或者篡改；二是，加强对公民个人信息的保护，防止公民个人信息数据被非法获取、泄露或者非法使用；三是，要求关键信息基础设施的运营者在境内存储公民个人信息等重要数据；确需在境外存储或者向境外提供的，应当按照规定进行安全评估。

（六）关于保障网络信息安全

2012年全国人大常委会关于加强网络信息保护的决定对规范网络信息传播活动做了原则规定。《网络安全法》坚持加强网络信息保护的决定确立的原则，进一步完善了相关管理制度。一是，确立以上决定规定的网络身份管理制度即网络实名制，以保障网络信息的可追溯。二是，明确网络运营者处置违法信息的义务，规定：网络运营者发现法律、行政法规禁止发布或者传输的信息，应当立即停止传输，采取消除等处置措施，防止信息扩散，保存有关记录，并向有关主管部门报告。三是，规定发送电子信息、提供应用软件不得含有法律、行政法规禁止发布或者传输的信息。四是，规定为维护国家安全和侦查犯罪的需要，侦查机关依照法律规定，可以要求网络运营者提供必要的支持与协助。五是，赋予有关主管部门处置违法信息、阻断违法信息传播的权力。相关网络安全规章也对网络信息安全做了明确规定。如《互联网信息服务管理办法》规定，我国互联网信息服务分为经营性和非经营性两类，国家对经营性互联网信息服务实行许可制度，对非经营性互联网信息服务实行备案制度。同时，对与公共利益和意识形态安全密切相关的新闻、出版、教育、医疗保健、药品和医疗器械等互联网信息服务实行许可审批，有关部门据此制定了相应的部门规章，如《互联网新闻信息服务管理规定》《互联网视听节目服务管理规定》等。

（七）关于监测预警和应急处置

为了加强国家的网络安全监测预警和应急制度建设，提高网络安全保障能力，《网络安全法》做了以下规定：一是，要求国务院有关部门建立健全网络安全监测预警和信息通报制度，加强网络安全信息收集、分析和情况通报工作；二是，建立网络安全应急工作机制，制定应急预案；三是，规定预警信息的发布及网络安全事件应急处置措施；四是，为维护国家安全和社会公共秩序，处置重大突发社会安全事件，对网络管制做出规定。

（八）关于网络安全法律责任

《网络安全法》明确了对违反本法规定的法律责任，包括刑事责任、行政责任和民事责任，但是只是原则性规定。在执法、司法操作中，涉及刑事责任的，适用刑法；涉及民事责任的，适用民法总则；涉及行政责任的，适用相关的行政实体法。涉及网络安全刑事司法程序问题，适用刑事诉讼法、相关刑事司法解释。涉及网络安全民事司法程序问题，适用刑事诉讼法及其相关民事司法解释。涉及网络安全行政执法程序问题，适用行政处罚法、治安处罚法、人民警察法、电信条例等法律法规。

五、我国《网络安全法》配套立法进展情况

《网络安全法》为构建和完善国家网络安全法律制度体系，提供了完整的基本制度框架，预留了重要接口，但《网络安全法》的制度设计相对比较原则，因此需要通过配套立法进一步细化和完善。国家高度重视网络安全配套立法工作，全国人大常委会抓紧制定配套法律，国务院及相关部门抓紧制定、修订配套行政法规和部门规章，不断健全完善网络安全法律制度体系。同时，在相关立法工作中涉及网络安全问题的，注意与《网络安全法》相衔接和保持一致。

《网络安全法》自2017年6月1日正式生效实施两年多以来，配套立法工作取得明显进展，主要是围绕关键信息基础设施保护、网络安全等级保护、个人信息和数据保护、网络信息内容、网络安全审查、网络产品和服务管理、网络安全事件应急、网络犯罪预防、未成年人网络保护等方面进行。

根据 2018 年 9 月 7 日出台的《十三届全国人大常委会立法规划》,[①] 条件比较成熟、任期内拟提请审议的涉及网络安全的相关法律草案有《数据安全法》《个人信息保护法》《密码法》《治安管理处罚法（修改）》；需要抓紧工作、条件成熟时提请审议的涉及网络安全的相关法律草案有《电信法》《人民警察法（修改）》等。根据国务院立法计划，正在制定的网络安全行政法规有《关键信息基础设施安全保护条例》《网络安全等级保护条例》《未成年人网络保护条例》《数据安全管理办法》《公共安全视频图像信息系统管理条例》等，正在修订的相关行政法规有《互联网信息服务管理办法》等；国家网信、工信、公安、安全、保密等部门正在制定的相关部门规章有《网络安全审查办法》《个人信息出境安全评估办法》《网络安全漏洞评估管理办法》等。但是，从实际需要看，目前《网络安全法》核心配套制度亟待抓紧完善，补充立法有待抓紧健全，重大关键问题需要抓紧协商达成共识，为《网络安全法》的贯彻实施提供坚实的支撑。

[①] http://www.pkulaw.cn/.（访问日期：2019 年 7 月 14 日）

第二章
网络运营者安全义务相关法律问题

一、网络运营者应当落实网络安全等级保护制度

网络安全法第二十一条规定:"国家实行网络安全等级保护制度。网络运营者应当按照网络安全等级保护制度的要求,履行下列安全保护义务,保障网络免受干扰、破坏或者未经授权的访问,防止网络数据泄露或者被窃取、篡改:(一)制定内部安全管理制度和操作规程,确定网络安全负责人,落实网络安全保护责任;(二)采取防范计算机病毒和网络攻击、网络侵入等危害网络安全行为的技术措施;(三)采取监测、记录网络运行状态、网络安全事件的技术措施,并按照规定留存相关的网络日志不少于六个月;(四)采取数据分类、重要数据备份和加密等措施;(五)法律、行政法规规定的其他义务。"

(一)网络安全等级保护制度

国家实行网络安全等级保护制度,对网络实施分等级保护、分等级监管。网络安全保护制度源于我国已经实施多年的信息安全等级保护制度。《网络安全法》在总结我国信息安全等级保护制度成效和实践经验的基础上,将其更名为"网络安全等级保护制度",作为网络安全一项基本法律制度予以规范,并对其中主要的安全保护措施做了衔接性的规定,明确了网络运营者按照网络安全等级保护制度要求应当承担的安全保护义务。

网络安全等级保护是指对关系国家安全、国计民生、公共利益的数据以及收集、存储、传输、处理这些数据的网络和系统分等级实行安全保护。这里所说的"网络"是指由计算机或者其他信息终端及相关设备组成的按照一定规则和程序对信息进行收集、存储、传输、交换、处理的系统。这里所说的"数据"是指通过网络收集、存储、传输、处理和产生的各种电子数据。网络安全保护制度,是根据网络的重要性不同进行分级,分别提出安全管理要求和技术要求,区分自愿性和强制性。国家通过制定统一的网络安全等级保护管理规范和技术标准,对网络和数据分等级组织开展安全保护,对等级保护工作的实施进行监管。

根据网络在国家安全、经济建设、社会生活中的重要程度,以及其一旦遭到破坏、丧失功能或者数据被篡改、泄露、丢失、损毁后,对国家安全、社会秩序、公共利益以及相关公民、法人和其他组织的合法权益的危害程度等因素,网络分为五个安全保护等级。第一级,一旦受到破坏会对相关公民、法人和其他组织的合法权益造成损害,但不危害国家安全、社会秩序和公共利益的一般网络;第二级,一旦受到破坏会对相关公民、法人和其他组织的合法权益造成严重损害,或者对社会秩序和公共利益造成危害,但不危害国家安全的一般网络;第三级,一旦受到破坏会对相关公民、法人和其他组织的合法权益造成特别严重损害,或者会对社会秩序和社会公共利益造成严重危害,或者对国家安全造成危害的重要网络;第四级,一旦受到破坏会对社会秩序和公共利益造成特别严重危害,或者对国家安全造成严重危害的特别重要网络;第五级,一旦受到破坏后会对国家安全造成特别严重危害的极其重要网络。

(二) 网络运营者应当落实网络安全等级保护制度

网络运营者在网络建设过程中,应当同步规划、同步建设、同步运行网络安全保护、保密和密码保护措施。涉密网络应当依据国家保密规定和标准,结合系统实际进行保密防护和保密监管。网络运营者应当依法开展网络定级备案、安全建设整改、等级测评和自查等工作,采取管理和技术措施,保障网络基础设施安全、网络运行安全、数据安全和信息安全,有效应对网络安全事件,防范网络违法犯罪活动。

网络运营者应当按照网络安全等级保护制度的要求，履行下列安全保护义务，保障网络免受干扰、破坏或者未经授权的访问，防止网络数据泄露或者被窃取、篡改：

1. 制定内部安全管理制度和操作规程，确定网络安全负责人，落实网络安全保护责任。主要是落实管理层面的义务，网络运营者建立健全内部网络安全管理责任制度。

2. 采取防范计算机病毒和网络攻击、网络侵入等危害网络安全行为的技术措施。本款是技术层面的义务，要求网络运营者采取技术措施防病毒、防网络攻击、防网络侵入等危害网络安全行为，保障网络免受干扰、破坏或者未经授权的访问。这里所说的技术措施，是指保护网络安全的技术设施、设备和技术方法，包括硬件和软件方面的技术措施。根据2006年3月1日起施行的《互联网安全保护技术措施规定》（公安部令第82号）要求，互联网服务提供者、联网使用单位负责落实互联网安全保护技术措施，并保障互联网安全保护技术措施功能的正常发挥。

3. 采取监测、记录网络运行状态、网络安全事件的技术措施，按照规定留存相关的网络日志不少于六个月。网络运营者应当履行网络日志留存的义务，采取监测、记录、留存日志等相关技术措施。网络日志是对网络信息系统的用户访问、运行状态、系统维护等情况的记录。留存网络日志，对于追溯源头、开展调查，维护网络安全具有重要意义。是否通过立法确立网络运营者的数据留存义务和留存时间，国际上有不同的做法。欧盟2006年制定的数据留存指令、美国爱国者法案、英国数据留存与调查权力法案、德国2015年数据存储法等都有明确规定。

我国的《网络安全法》对网络运营者网络日志留存义务做了以下规定：一是监测、记录网络日志。采取技术措施监测、记录网络运行状态、网络安全事件。这里所说的技术措施，主要是指具有记录、跟踪网络运行状态，监测、记录网络安全事件等安全审计功能的技术设施、设备和技术方法，包括软件和硬件。二是按照规定留存相关的网络日志，即留存监测、记录的网络日志。网络日志留存的种类和期限要按照有关规定实施。这里所说的"有关规定"是灵活性表述，是授权下位法明确留存网络日志的种类和时限。现行的行政法规、规章对网络日志留存及期限做了规定。国务院 2000 年 9 月制定实施的《互联网信息服务管理办法》规定，互联网接入服务提供者应当记录上网用户的上网时间、用户账号、互联网地址或者域名、主叫电话号码等信息；互联网信息服务提供者和互联网接入服务提供者的记录备份应当保存 60 日，并在国家有关机关依法查询时，予以提供。公安部《互联网安全保护技术措施规定》（公安部令第 82 号）规定，网络服务提供者要留存用户注册信息、登录和退出时间、主叫号码、账号、互联网地址或域名、系统维护日志。

4. 采取数据分类、重要数据备份和加密等措施。一是要对数据进行分类，目的是分清哪些是重要数据，确定重点保护对象。二是对重要数据要采取备份和加密措施。备份是为了防止数据丢失、难以找回，加密是为了防止数据泄露或者被窃取、篡改。

5. 法律、行政法规规定的其他义务。这是兜底条款，是为了给相关配套法律法规留下余地。现有涉及网络运营者网络安全保护义务的法律、行政法规有《中华人民共和国国家安全法》《中华人民共和国反恐怖主义法》《中华人民共和国计算机信息系统安全保护条例》《计算机信息网络国际联网安全保护管理办法》等。这些法律、行政法规对网络运营者承担的网络安全保护义务提出了明确要求。如《中华人民共和国反恐怖主义法》第十九条规定："电信业务经营者、互联网服务提供者应当依照法律、行政法规规定，落实网络安全、信息内容监督制度和安全技术防范措施，防止含有恐怖主义、极端主义内容的信息传播；发现含有恐怖主义、极端主义内容的信息的，应当立即停止传输，保存相关记录，删除相关信息，并向公安机关或者有关部门报告。"

二、网络运营者应当落实网络用户身份管理制度

《网络安全法》第二十四条第一款规定："网络运营者为用户办理网络接入、域名注册服务，办理固定电话、移动电话等入网手续，或者

为用户提供信息发布、即时通讯等服务，在与用户签订协议或者确认提供服务时，应当要求用户提供真实身份信息。用户不提供真实身份信息的，网络运营者不得为其提供相关服务。"第二十四条第二款规定："国家实施网络可信身份战略，支持研究开发安全、方便的电子身份认证技术，推动不同电子身份认证之间的互认。"

（一）实行网络用户身份管理制度的必要性

网络身份实名制是随着互联网的发展而产生的。网络自身具有匿名隐身特性，一些不法分子利用网络的这一特点，传播各种违法有害信息，策划实施网络违法犯罪。网络行为难以追溯到现实世界中的个体，给违法犯罪分子提供了便利，导致网络欺诈、网络谣言、网络侵权等活动猖獗，给公众利益造成损失的同时，严重扰乱了网络空间秩序，广大网民对此深恶痛绝。为此，《网络安全法》将网络身份实名制上升为法律，有利于网络身份的可确认、可追溯，解决防范打击网络违法犯罪中取证难、查处难问题，有利于有效减少网络欺诈、网络造谣传谣、网络侵权等行为，营造负责任的网络空间环境，促进网民文明上网、健康上网。

2012年，全国人民代表大会常务委员会制定的《关于加强网络信息保护的决定》第六条规定："网络服务提供者为用户办理网站接入服务，办理固定电话、移动电话等入网手续，或者为用户提供信息发布服务，应当在与用户签订协议或者确认提供服务时，要求用户提供真实身份信息"，以立法形式确立了网络实名制。

2013年9月实施的工业和信息化部制定的《电话用户真实身份信息登记规定》要求电信用户在入网环节实行实名登记管理。《电话用户真实身份信息登记规定》规定，电话用户真实身份信息登记，是指电信业务经营者为用户办理固定电话、移动电话（含无线上网卡）等入网手续，在与用户签订协议或者确认提供服务时，如实登记用户提供的真实身份信息的活动。真实身份信息主要是通过有效证件获取。个人身份有效证件包括：居民身份证、临时居民身份证或者户口簿；中国人民解放军军人身份证件、中国人民武装警察身份证件；港澳居民来往内地通行证、台湾居民来往大陆通行证或者其他有效旅行证件；外国公民护照以及法律、行政法规和国家规定的其他有效身份证件。单位有效证件包括：组织机构代码证；营业执照；事业单位法人证书或者社会团体法人登记证书；法律、行政法规和国家规定的其他有效证件或者证明文件。

2015年中央网信办制定的《互联网用户账号名称管理规定》要求，在互联网应用环节实行实名登记管理。《互联网用户账号名称管理规定》规定，互联网信息服务提供者应当按照"后台实名、前台自愿"的原则，要求互联网信息服务使用者通过真实身份信息认证后注册账号。互联网用户账号名称，是指机构或个人在博客、微博客、即时通信工具、论坛、贴吧、跟帖评论等互联网信息服务中注册或使用的账号名称。2015年12月通过的《反恐怖主义法》第二十一条规定：电信、互联网、金融、住宿、长途客运、机动车租赁等业务经营者、服务提供者，应当对客户身份进行查验。对身份不明或者拒绝身份查验的，不得提供服务。

2016年5月，工业和信息化部发出关于贯彻落实《反恐怖主义法》等法律规定，进一步做好电话用户真实身份信息登记工作的通知》，通知要求从严做好新入网用户实名登记，在为新用户办理入网手续时，必须采取二代身份证识别设备、联网核验等措施核验用户身份信息，禁止人工录入居民身份证信息；加强网络营销渠道用户入网实名登记管理；全面完成未实名老用户补登记工作，2017年6月30日前全部电话用户实现实名登记。

2018年8月通过的《中华人民共和国电子商务法》第二十七条规定：电子商务平台经营者应当要求申请进入平台销售商品或者提供服务的经营者提交其身份、地址、联系方式、行政许可等真实信息，进行核验、登记，建立登记档案，并定期核验更新。

（二）网络用户身份管理制度的主要内容

《网络安全法》并未要求全面实施实名制，主要是要求网络运营者在办理用户入网、域名注册和信息发布、即时通讯等服务时审查用户的真实身份。根据该法的规定，网络运营者为用户办理网络接入、域名注册服务，办理固定电话、移动电话等入网手续，以及为用户提供信息发布、即时通信等服务，在与用户签订协议或者确认提供服务时，应当要求用户提供真实身份信息。用户不提供真实身份信息的，网络运营者不得为其提供相关服务。如果提供相关服务的，要承担相应的法律责任。《网络安全法》第六十一条规定："网络运营者违反本法规定，未要求用户提供真实身份信息，或者对不提供真实身份信息的用户提供相关服务的，由有关主管部门责令改正；拒不改正或者情节严重的，处五万元以上五十万元以下罚款，并可以由有关主管部门责令暂停相关业务、停业整顿、关闭网站、吊销相关业务许可证或者吊销营业执照，对直接负责的主管人员和其他直接责任人员处一万元以上十万元以下罚款。"

（三）网络可信身份战略

随着互联网特别是移动互联网的快速发展，身份识别和认证已成为保证互联网安全有序发展的关键因素，但目前网络身份认证的方式多种多样，各种网络身份认证技术的功能、性能以及安全性等方面没有统一的认证方式，而传统的身份认证识别方式，又不能很好地满足网络身份认证的实际需要，因此开发安全、方便的电子身份认证技术，规范网络身份安全认证方式，成为网络身份认证领域迫切需要解决的问题。建立网络可信身份体系有利于这一问题的解决，但这是个复杂的系统工程，涉及面广，既有技术问题，也有法律政策问题，必须有国家的支持和推动，才能取得实际成效。为此，《网络安全法》提出，国家实施网络可信身份战略，支持研究开发安全、方便的电子身份认证技术，推动不同电子身份认证之间的互认。

国家实施网络可信身份战略，符合国际潮流，顺应网络发展，对维护我国网络秩序，提高我国网络空间整体安全水平，推动网络创新和网络经济发展具有重要的意义。推动网络可信身份战略，必须依靠和发动全民力量，特别是互联网企业的力量，共同建立我国自主可控的网络身份管理生态体系，让可信的实体畅通无阻，让不可信的实体寸步难行。美国等发达国家重视推动国家可信身份战略。2011年4月，美国发布了《网络空间可信身份国家战略》，计划用十年左右的时间，构建一个网络可信身份生态系统。其目的是推动安全、高效、易用的身份管理和认证方案，提高美国网络空间安全的整体水平，建立起网上虚拟实体的诚信体系，减少网络创新及交易成本，最终繁荣美国网络经济，巩固美国经济全球霸权地位。下一步，我国有关部门将研究制定我国的可信身份战略，一是明确国家网络可信身份体系框架、各参与方的职责任务，建立网络可信身份服务体系、可信服务评估评价体系、网络实体征信体系，建立健全网络身份服务提供商资质管理制度，规范网络身份服务提供商的市场环境。二是制定详细的网络可信身份体系构建路线图，建立实施机制，制定完善相关法规和政策文件，制定框架、接口、协议等方面标准，推动可信身份服务产业的发展。

三、网络运营者应当落实防范和应对网络安全事件义务

《网络安全法》第二十五条规定："网络运营者应当制定网络安全事件应急预案，及时处置系统漏洞、计算机病毒、网络攻击、网络侵入等安全风险；在发生危害网络安全的事件时，立即启动应急预案，采取相应的补救措施，并按照规定向有关主管部门报告。"

网络安全事件是指由于自然或者人为以及软硬件本身缺陷或故障的原因，对网络造成危害，或对社会造成负面影响的事件。网络安全事件分为有害程序事件、网络攻击事件、数据破坏事件、设备设施故障和灾害性事件等。

按照"谁主管谁负责、谁运行谁负责"的原则，网络运营者作为网络的所有者、管理者和网络服务提供者，是网络安全事件发现处置的第一责任主体，在网络安全事件应急处置中处于重要地位，发挥不可替代的作用。网络安全法第十条也规定了网络运营者要有效应对网络安全事件。

根据网络安全法的规定，一是网络运营者应当制定应急预案，及时处置系统漏洞、计算机病毒、网络攻击、网络侵入等安全风险。系统漏洞是指操作系统或应用软件在逻辑设计上的缺陷或错误，被不法者利

用，通过网络植入木马、病毒等方式来攻击或控制整个电脑，窃取计算机中的重要资料和信息，甚至破坏系统。在不同种类的软硬件设备，同种设备的不同版本之间，不同设备构成的不同系统之间，以及同种系统在不同的设置条件下，都会存在各自不同的安全漏洞问题。二是发生网络安全事件时，要立即启动应急预案，采取相应的补救措施，并按照规定向有关主管部门报告。网络安全事件应急预案要明确网络安全事件的分级分类、职责分工、组织指挥、监测预警、应急响应流程、处置方法和保障措施等内容。发生网络安全事件时，要立即启动应急预案，采取各种技术措施及时控制事态发展，最大限度地防止事件蔓延控制事态发展；尽快分析事件发生原因，根据网络运行和承载业务情况，初步判断事件的影响、危害和可能波及的范围，提出应对措施建议；事发单位在先期处置的同时要按照预案要求，及时向上级主管部门、属地网络安全监管部门报告事件信息；事发单位在先期处置过程中应尽量保留相关证据，采取手工记录、截屏、文件备份和影像设备记录等各种手段，对事件发生、发展、处置的过程、步骤、结果进行详细记录，尽可能保存原始证据，为事件处置、调查、处理提供客观证据。

四、网络运营者应当落实执法协助义务

《网络安全法》第二十八条规定："网络运营者应当为公安机关、国家安全机关依法维护国家安全和侦查犯罪的活动提供技术支持和协助。"

互联网的快速发展在为人们生活带来便利、促进社会进步的同时，也容易被犯罪分子利用。防范打击利用网络空间进行的犯罪活动，离不开网络运营者的协助配合，因此，在法律中对网络运营者为公安机关、国家安全机关依法维护国家安全和侦查犯罪的活动提供技术支持和协助做出明确规定，非常必要。《国家安全法》《反间谍法》《反恐怖主义法》等对此都有规定，《反间谍法》第十二条规定，国家安全机关因侦查间谍行为的需要，根据国家有关规定，经过严格的批准手续，可以采

取技术侦查措施。《反恐怖主义法》第十八条明确规定："电信业务经营者、互联网服务提供者应当为公安机关、国家安全机关依法进行防范、调查恐怖活动提供技术接口和解密等技术支持和协助。"《网络安全法》规定的网络运营者的此项义务，是与上述法律规定相衔接的。

根据《网络安全法》的规定：一是网络运营者应当为公安机关、国家安全机关提供技术支持和协助；二是提供技术支持和协助的范围是公安机关、国家安全机关依法维护国家安全和侦查犯罪的活动。这里所说的网络运营者是指网络的所有者、管理者和网络服务提供者，包括中国移动、中国联通、中国电信等基础电信运营商，宽带业务经营者等接入服务商，腾讯、新浪、百度等互联网内容提供者。这里所说的技术支持和协助包括提供数据技术接口、解密支持、核查网络身份信息、调取数据等。公安机关、国家安全机关行使此项权力，必须严格按照规定的权限和程序进行。

五、国家支持网络运营者之间开展网络安全合作

《网络安全法》第二十九条规定："国家支持网络运营者之间在网络安全信息收集、分析、通报和应急处置等方面进行合作，提高网络运营者的安全保障能力。有关行业组织建立健全本行业的网络安全保护规范和协作机制，加强对网络安全风险的分析评估，定期向会员进行风险警示，支持、协助会员应对网络安全风险。"

（一）国家支持网络运营者之间开展网络安全合作

网络具有互联互通性，网络运营商面临共同的网络安全风险和威胁。在网络安全风险和威胁面前，不能单打独斗，网络运营者之间必须加强合作，共享信息资源，才能共同应对网络安全风险威胁。网络运营者加强网络安全信息收集、分析、通报和应急处置等方面的合作，有利于提高网络运营者的安全保障能力。

（二）行业组织组织开展网络安全协助

网络安全行业协会、行业联盟等行业组织代表网络安全行业的共同利益，对本行业状况比较熟悉了解，要发挥桥梁和纽带作用，建立健全网络安全行业自律和协作机制，搭建平台，组织开展网络安全风险分析评估，定期向会员进行风险警示，支持、协助会员应对网络安全风险，为会员提供良好的服务。

第三章
网络产品和服务安全法律问题

一、网络产品和服务提供者的安全义务

《网络安全法》第二十二条第一款规定：网络产品、服务应当符合相关国家标准的强制性要求。网络产品、服务的提供者不得设置恶意程序，发现其网络产品、服务存在安全缺陷、漏洞等风险时，应当立即采取补救措施，按照规定及时告知用户并向有关主管部门报告。

（一）网络产品和服务应当符合国家标准的强制性要求

产品，是用来满足人们需求和欲望的物体或无形的载体。依照产品质量法的定义，产品是指经过加工、制作，用于销售的产品。服务是指为其他人提供的劳动。网络产品、服务，是指与网络相关的产品和服务，包括网络硬件、软件和服务。网络产品包括服务器、路由器等。网络服务范围广泛，包括网络认证、检测、监测、运维、风险评估、技术支持服务等，此类服务具有极高的专业性和技术性，必须遵循一定的标准。所谓标准，根据《中华人民共和国标准化法》的规定，是指农业、工业、服务业以及社会事业等领域需要统一的技术要求。标准包括国家标准、行业标准、地方标准和团体标准、企业标准。国家标准分为强制性标准、推荐性标准，行业标准、地方标准是推荐性标准。强制性标准必须执行，国家鼓励采用推荐性标准。根据标准化法规定，对需要在全国范围内统一的技术要求，应当制定国家标准。国家标准分为强制标准

和推荐性标准。对保障人身健康和生命财产安全、国家安全、生态环境安全以及满足经济社会管理基本需要的技术要求，应当制定强制性国家标准。强制性国家标准由国务院批准发布或者授权批准发布。不符合强制性标准的产品、服务，不得生产、销售、进口或者提供。对满足基础通用、与强制性国家标准配套、对各有关行业起引领作用等需要的技术要求，可以制定推荐性国家标准。推荐性国家标准由国务院标准化行政主管部门制定，即国家市场监督管理总局。目前我国网络产品、服务的标准多为推荐性的行业标准，国务院有关部门正在根据实际需要和标准化的规定，抓紧制定相关产品和服务的强制性国家标准。尚未制定强制性国家标准的网络产品和服务，按照产品质量法的规定，也必须符合保障人体健康和人身、财产安全的要求。

（二）网络产品和服务的提供者不得设置恶意程序

恶意程序，又称"流氓软件"、广告软件、间谍软件、恶意共享软件，通常是指在未明确提示用户或未经用户许可的情况下，在用户计算机或其他终端上安装运行，侵犯用户合法权益的程序，包括计算机病毒、"木马"程序、"钓鱼软件"等，具有强制安装、难以卸载、恶意收集用户信息、侵犯用户知情权和选择权等的程序。其中，计算机病毒，是指编制或者在计算机程序中插入的破坏计算机功能或者毁坏数据，影响计算机使用，并能自我复制的一组计算机指令或者程序代码。"木马"程序，是指潜伏在计算机中，可受外部用户控制以窃取本机信息或者控制权的程序。"钓鱼软件"也叫盗号木马，是一种木马程序，通常以精心设计的虚假网页引诱用户上当，达到盗取银行、信用卡账号密码等目的。

（三）发现网络风险及时采取应对措施

由于技术原因，网络产品和服务的安全缺陷、漏洞等风险难以避免。缺陷，是指产品存在危及人身、他人财产安全的不合理的危险。漏洞，一般是指软件存在安全性问题，影响安全稳定运行，可能被用于网络入侵、攻击、干扰、破坏和窃取数据。网络产品和服务的提供者发现其网络产品、服务存在安全缺陷、漏洞等风险时，应当立即采取补救措施，按照规定及时告知用户并向有关主管部门报告。《消费者权益保护法》第十九条规定，经营者发现其提供的商品或者服务存在缺陷，有危及人身、财产安全危险的，应当立即向有关部门报告和告知消费者，并采取相应的处置措施。关于告知的方式和途径，《网络安全法》没有明确规定，实践中，可以由网络产品、服务提供者根据安全缺陷、漏洞等风险等级确定告知的具体情形、程序、时限等。

二、网络产品和服务提供者的安全维护义务

《网络安全法》第二十二条第二款规定：网络产品、服务的提供者应当为其产品、服务持续提供安全维护；在规定或者当事人约定的期限内，不得终止提供安全维护。

网络安全是动态的，网络产品和服务通常都需要进行经常性的安全维护，以弥补安全缺陷，防范可能的安全风险，因此网络产品、服务的提供者应当为其产品、服务持续提供安全维护；在规定或者当事人约定的期限内，不得终止提供安全维护。实践中，一些网络产品和服务的提供者凭借市场优势地位，不合理中断安全维护服务，给用户造成不便和安全风险，本条对此做了针对性规定。实践中，可综合产品服务的重要程度、使用范围、终止安全服务后可能造成的后果等因素，合理地确定应当提供安全维护的期限。

三、网络产品和服务提供者的用户信息保护义务

《网络安全法》第二十二条第三款规定：网络产品、服务具有收集用户信息功能的，其提供者应当向用户明示并取得同意；涉及用户个人信息的，还应当遵守本法和有关法律、行政法规关于个人信息保护的

规定。

　　大量网络产品、服务，特别是移动互联网应用程序 APP 具有收集用户信息的功能，存在信息收集的功能被滥用的情形。而不少网络产品和服务提供者未在用户购买、使用产品和服务时告知用户，导致许多用户在不知情的情况下信息被收集、使用。为此，《网络安全法》明确规定，网络产品、服务具有收集用户信息功能的，其提供者应当向用户明示并取得同意。涉及用户个人信息的，应当遵守网络安全法和有关法律、行政法规关于个人信息保护的规定。个人信息，是指以电子或者其他方式记录的能够单独或者与其他信息结合识别自然人个人身份的各种信息，包括但不限于自然人的姓名、出生日期、身份证件号码、个人生物识别信息、住址、电话号码等。《网络安全法》的有关规定，主要是第四章"网络信息安全"的有关规定。《网络安全法》第四十一条规定："网络运营者收集、使用个人信息，应当遵循合法、正当、必要的原则，公开收集、使用规则，明示收集、使用信息的目的、方式和范围，并经被收集者同意。网络运营者不得收集与其提供的服务无关的个人信息，不得违反法律、行政法规的规定和双方的约定收集、使用个人信息，并应当依照法律、行政法规的规定和与用户的约定，处理其保存的个人信息。"这里的网络运营者，是指网络的所有者、管理者和网络服务提供者。鉴于网络运营者不包括网络产品、服务的提供者，故《网络安全法》第二十二条对此专门做了规定，避免制度上的漏洞。有关法律，是指《全国人大常委会关于加强网络信息保护的决定》《中华人民共和国侵权责任法》等。目前，国家立法机关正在制定《个人信息保护法》，相关部门也在制定出台涉及个人信息保护的规章制度，以建立完善的个人信息保护法律制度体系。

四、网络关键设备和网络安全专用产品

　　《网络安全法》第二十三条规定：网络关键设备和网络安全专用产品应当按照相关国家标准的强制性要求，由具备资格的机构安全认证合

格或者安全检测符合要求后，方可销售或者提供。国家网信部门会同国务院有关部门制定、公布网络关键设备和网络安全专用产品目录，并推动安全认证和安全检测结果互认，避免重复认证、检测。

（一）网络关键设备和网络安全专用产品安全认证和安全检测制度

为了确保网络关键设备和网络安全专用产品安全可控，《网络安全法》规定了网络关键设备和网络安全专用产品安全认证和安全检测制度。认证，是有国家认可的认证机构证明一个组织的产品、服务、管理体系符合相关标准、技术规范和其他强制性要求的合格评定活动。认证的目的是判断产品或服务符合标准。网络关键设备，是指出现故障或损坏后严重影响网络运行的设备，是对网络有重大影响的硬件和软件设备。网络安全专用产品，以前称计算机信息系统安全专用产品，包括防计算机病毒、防火墙、入侵检测系统、入侵防御系统、网络漏洞扫描和补丁管理产品、网络违法信息识别与管控设备、网络与数据容灾备份设备等。根据《中华人民共和国计算机信息系统安全保护条例》（1994年2月18日国务院令第147号发布）规定，计算机信息系统安全专用产品，是指用于保护计算机信息系统安全的专用硬件和软件产品。国家对计算机信息系统安全专用产品的销售实行许可证制度。根据1997年12月12日施行的《计算机信息系统安全专用产品检测和销售许可证管理办法》（公安部令第32号）规定，安全专用产品的生产者申领销售许可证，必须对其产品进行安全功能检测和认定。中华人民共和国境内的安全专用产品进入市场销售，实行销售许可证制度。安全专用产品的生产者在其产品进入市场销售之前，必须申领《计算机信息系统安全专用产品销售许可证》。《计算机病毒防治管理办法》（2000年4月26日，公安部令第51号）第十三条规定：任何单位和个人销售、附赠的计算机病毒防治产品，应当具有计算机信息系统安全专用产品销售许可证，并贴有"销售许可"标记。《中华人民共和国电信条例》规定，国家对电信终端设备、无线电通信设备和涉及网间互联的设备实行进网许可制度。接入公用电信网的电信终端设备、无线电通信设备和涉及网间互联的设备，必须符合国家规定的标准并取得进网许可证。办理电信设备进网许可证，应当向国务院信息产业主管部门提出申请，并附送经国务院产品质量监督部门认可的电信设备检测机构出具的检测报告或者认证机构出具的产品质量认证证书。

按照相关标准和合格评定程序对相关产品进行检测、认证，是我国法律确立的重要制度，也是国际通行做法。安全认证与安全审查不同，安全审查是在安全认证的基础上对机构或产品服务的可控、可信性进行判断，目的是发现风险、规范行为、保障安全，作用是建立准入和退出机制。安全审查的实施主体是国家网信部门，工业和信息化部负责组织实施网络关键设备安全检测工作。国家认证认可监督管理委员会是安全认证的主管部门。安全认证和安全检测的具体实施由具有资质的机构进行。

（二）对网络关键设备和网络安全专用产品安全认证和安全检测的要求

在实践中，我国有多个政府部门依据各自职责开展网络相关设备和产品的安全认证和安全检测，认证和检测的产品范围有重复，项目有交叉，标准规范不一致，同类设备、产品容易出现重复认证、检测，造成资源浪费，增加企业成本负担。《网络安全法》要求国家网信部门会同国务院有关部门制定、公布网络关键设备和网络安全专用产品目录，并推动安全认证和安全检测结果互认，避免重复认证、检测，给企业带来不必要的经济负担和成本。

国家认证认可监督管理委员会制定了《网络关键设备和网络安全专用产品安全认证实施规则》（CNCA – CCIS – 2018），明确了网络关键设备和网络安全专用产品安全认证的要求、程序和认证证书、标识使用等。

为推进网络关键设备安全检测工作顺利开展，工业和信息化部起草了《网络关键设备安全检测实施办法（征求意见稿）》，[①] 拟以规范性文件形式印发，并于2019年6月4日面向社会公开征求意见。该实施办

[①] http://www.miit.gov.cn/newweb/n1146285/n1146352/n3054355/n3057724/n3057728/c6991606/content.html.

法涉及网络关键设备安全检测管理流程、生产企业、检测机构的责任和义务、监督管理等内容，明确由工信部负责组织实施网络关键设备安全检测工作。网络关键设备生产企业应保证：质量保证体系和售后服务措施持续有效；通过安全检测的网络关键设备在有效期内的一致性，设备持续符合相关标准的要求，质量稳定、安全可靠；提交的材料真实有效；接受和配合工信部的监督管理。根据该实施办法，网络关键设备是指列入国家互联网信息办公室、工业和信息化部、公安部、国家认证认可监督管理委员会发布的《网络关键设备和网络安全专用产品目录》中的网络关键设备。工业和信息化部网络关键设备安全检测服务窗口统一接收网络关键设备安全检测相关材料。

2017年6月1日，国家互联网信息办公室、工业和信息化部、公安部、国家认证认可监督管理委员会关于发布《网络关键设备和网络安全专用产品目录（第一批）》的公告，明确了一批网络关键设备和网络安全专用产品（见表1）。公告称：第一，列入《网络关键设备和网络安全专用产品目录》的设备和产品，应当按照相关国家标准的强制性要求，由具备资格的机构安全认证合格或者安全检测符合要求后，方可销售或者提供。具备资格的机构指国家认证认可监督管理委员会、工业和信息化部、公安部、国家互联网信息办公室按照国家有关规定共同认定的机构。第二，网络关键设备和网络安全专用产品认证或者检测委托人，选择具备资格的机构进行安全认证或者安全检测。第三，网络关键设备、网络安全专用产品选择安全检测方式的，经安全检测符合要求后，由检测机构将网络关键设备、网络安全专用产品检测结果（含本公告发布之前已经本机构安全检测符合要求、且在有效期内的设备与产品）依照相关规定分别报工业和信息化部、公安部。选择安全认证方式的，经安全认证合格后，由认证机构将认证结果（含本公告发布之前已经本机构安全认证合格、且在有效期内的设备与产品）依照相关规定报国家认证认可监督管理委员会。

表 1　网络关键设备和网络安全专用产品目录（第一批）

	设备或产品类别	范围
网络关键设备	1. 路由器	整系统吞吐量（双向）≥12Tbps 整系统路由表容量≥55 万条
	2. 交换机	整系统吞吐量（双向）≥30Tbps 整系统包转发率≥10Gpps
	3. 服务器（机架式）	CPU 数量≥8 个 单 CPU 内核数≥14 个 内存容量≥256GB
	4. 可编程逻辑控制器（PLC 设备）	控制器指令执行时间≤0.08 微秒
网络安全专用产品	5. 数据备份一体机	备份容量≥20T 备份速度≥60MB/s 备份时间间隔≤1 小时
	6. 防火墙（硬件）	整机吞吐量≥80Gbps 最大并发连接数≥300 万 每秒新建连接数≥25 万
	7. WEB 应用防火墙（WAF）	整机应用吞吐量≥6Gbps 最大 HTTP 并发连接数≥200 万
	8. 入侵检测系统（IDS）	满检速率≥15Gbps 最大并发连接数≥500 万
	9. 入侵防御系统（IPS）	满检速率≥20Gbps 最大并发连接数≥500 万
	10. 安全隔离与信息交换产品（网闸）	吞吐量≥1Gbps 系统延时≤5ms
	11. 反垃圾邮件产品	连接处理速率（连接/秒）＞100 平均延迟时间＜100ms
	12. 网络综合审计系统	抓包速度≥5Gbps 记录事件能力≥5 万条/秒
	13. 网络脆弱性扫描产品	最大并行扫描 IP 数量≥60 个
	14. 安全数据库系统	TPC‐E tpsE（每秒可交易数量）≥4500 个
	15. 网站恢复产品（硬件）	恢复时间≤2ms 站点的最长路径≥10 级

2018年3月15日，国家认监委、工业和信息化部、公安部、国家互联网信息办公室联合发布的《关于发布承担网络关键设备和网络安全专用产品安全认证和安全检测任务机构名录（第一批）的公告》（2018年第12号），承担网络关键设备和网络安全专用产品安全认证和安全检测任务的机构有16家（见表2）。

表2　承担网络关键设备和网络安全专用产品安全认证和安全检测任务机构名录（第一批）

序号	机构名称	对应法人单位	机构地址	联系方式	机构安全认证/检测范围*	说　明
1	中国信息安全认证中心	中国信息安全认证中心	北京市朝阳区朝外大街甲10号	联系人：布宁 电话：010-65994550 传真：010-65994271 E-mail：product@isccc.gov.cn 网址：www.isccc.gov.cn	网络关键设备和网络安全专用产品安全认证	选择认证方式的网络关键设备和网络安全专用产品，安全认证合格后，由认证机构报国家认证认可监督管理委员会
2	中国信息通信研究院/中国泰尔实验室	中国信息通信研究院	北京市海淀区花园北路52号	联系人：孟艾立 电话：010-62301781 传真：010-62304104 E-mail：mengaili@caict.ac.cn 网址：www.caict.ac.cn	网络关键设备安全检测	选择检测方式的网络关键设备，安全检测符合要求后，由检测机构报工业和信息化部
3	国家计算机网络与信息安全管理中心	国家计算机网络与信息安全管理中心	北京市朝阳区裕民路甲3号	联系人：舒敏 电话：010-82000285 传真：010-82991001 E-mail：shumin@cert.org.cn 网址：www.cert.org.cn		

续表

序号	机构名称	对应法人单位	机构地址	联系方式	机构安全认证/检测范围*	说明
4	国家工业控制系统与产品安全质量监督检验中心	工业和信息化部电子科学技术情报研究所（工业和信息化部电子第一研究所）	北京市石景山区鲁谷路35号	联系人：张格 电话：010-88686441 传真：010-88686134 E-mail：zhangge@etiri.org.cn 网址：www.etiri.org.cn	网络关键设备安全检测	选择检测方式的网络关键设备，安全检测符合要求后，由检测机构报工业和信息化部
5	中国电子技术标准化研究院赛西实验室	中国电子技术标准化研究院	北京市东城区安定门东大街一号	联系人：徐克超 电话：010-64102728 传真：010-64102681 E-mail：xukc@cesi.cn 网址：www.cesi.cn		
6	工业和信息化部电子第五研究所	工业和信息化部电子第五研究所	广东省广州市天河区东莞庄路110号	联系人：杨林 电话：020-85131193 传真：020-87236171 E-mail：lynny@ceopei.biz 网址：www.ceprei.com		
7	信息产业数据通信产品质量监督检验中心	北京通和实益电信科学技术研究所有限公司	北京市海淀区学院路40号研7楼B座	联系人：朱小舟 电话：010-62301146 传真：010-62301146 E-mail：jcxz@chinawllc.com 网址：www.chinawllc.com		

续表

序号	机构名称	对应法人单位	机构地址	联系方式	机构安全认证/检测范围*	说明
8	国家电话交换机质量监督检验中心	电信科学技术第一研究所	上海市平江路8号	联系人：凌巍 电话：021-64032150-8024 传真：021-64437412 E-mail：lingw@tftxlab.com 网址：www.fritt.com.cn	网络关键设备安全检测	选择检测方式的网络关键设备，安全检测符合要求后，由检测机构报工业和信息化部
9	信息产业无线通信产品质量监督检验中心	西安通和电信设备检测有限公司	西安市翠华路275号	联系人：闫赟 电话：029-85231236 传真：029-85231236 E-mail：Wxzj1236@163.com 网址：www.radio-qtc.com		
10	信息产业有线通信产品质量监督检验中心	成都泰瑞通信设备检测有限公司	成都市大慈寺路22号	联系人：甘露 电话：028-86763710 传真：028-86763700 E-mail：ganlu@cdtr-lab.cn 网址：www.cdtr-lab.cn		
11	信息产业光通信产品质量监督检验中心	武汉网锐实验室（信息产业光通信产品质量监督检验中心）	武汉市江夏区藏龙岛谭湖路2号1号楼	联系人：胡春琳 电话：027-87691311 传真：027-87691139 E-mail：clhu@wri.com.cn 网址：lab.wri.com.cn		
12	信息产业广州电话交换设备质量监督检验中心	中国电信集团公司广东分公司	广州市大河区中山大道西109号5号楼	联系人：王志中 电话：020-38639371 传真：020-38639370 E-mail：wangzz@gsta.com 网址：www.atlab.com.cn		

续表

序号	机构名称	对应法人单位	机构地址	联系方式	机构安全认证/检测范围*	说明
13	公安部计算机信息系统安全产品质量监督检验中心	公安部第三研究所	上海市岳阳路76号	联系人：顾健 电话：021-64335070 传真：021-64335838 E-mail：mail@mctc.org.cn 网址：www.mctc.org.cn	网络安全专用产品安全检测	选择检测方式的网络安全专用产品，安全检测符合要求后，由检测机构报公安部
14	公安部安全与警用电子产品质量检测中心	公安部第一研究所	北京市首体南路一号	联系人：范红 电话：010-68773196 传真：010-68773344 E-mail：jczx68773764@163.com 网址：www.tcspbj.com		
15	国家计算机病毒应急处理中心计算机病毒防治产品检验实验室	国家计算机病毒应急处理中心	天津经济技术开发区第四大街80号天大科技园C6	联系人：陈建民 电话：022-66211255 传真：022-66211155 E-mail：contect@cverc.org.cn 网址：www.cverv.org.cn		
16	信息产业信息安全测评中心	中国电子科技集团公司第十五研究所	北京市海淀区北四环中路211号华北计算技术研究所	联系人：刘健 电话：010-89056104 传真：010-89055529 E-mail：liuj@itstec.org.cn 网址：www.itstec.org.cn		

* 各机构具体的安全认证或安全检测范围应依据国家认证认可监督管理委员会批准的认证机构业务范围或检验检测机构资质认定范围。

国家市场监督管理总局成立的中国网络安全审查技术与认证中心（CCRC），是我国负责网络安全审查与认证的第三方公正机构和法人实体，业务上接受中央网络安全与信息化委员会办公室指导，依据《网络安全法》的规定，对网络关键设备和网络安全专用产品依据国家标准强制性要求开展安全认证。该中心自2018年7月正式受理网络关键设备和网络安全专用产品认证申请工作。

五、网络安全服务活动

《网络安全法》第二十六条规定："开展网络安全认证、检测、风险评估等活动，向社会发布系统漏洞、计算机病毒、网络攻击、网络侵入等网络安全信息，应当遵守国家有关规定。"

随着信息化建设的发展和网络应用的普及，我国的网络安全服务业正在快速发展，相关服务机构广泛开展网络安全认证、检测、风险评估等网络安全服务，为提高网络安全保护能力，保障网络运行安全和数据安全发挥了作用。为了确保网络产品和服务安全可控，《网络安全法》规定了网络安全审查制度、网络关键设备和网络安全专用产品安全认证和安全检测制度。网络关键设备和网络安全专用产品应当按照相关国家标准的强制性要求，由具备资格的机构安全认证合格或者安全检测符合要求后，方可销售或者提供。网络安全服务的种类很多，如何管理目前尚缺乏成熟的制度，因此，《网络安全法》对开展网络安全认证、检测、风险评估等活动，向社会发布系统漏洞、计算机病毒、网络攻击、网络侵入等网络安全信息做了原则性规定，要求遵守国家有关规定，目的是为有关部门制定配套的规范和开展网络安全执法提供法律依据。

系统漏洞，是指操作系统或应用软件在逻辑设计上的缺陷或错误被不法者利用，通过网络植入木马、病毒等方式来攻击或控制整个电脑，窃取计算机中的重要资料和信息，甚至破坏系统。操作系统漏洞、应用软件漏洞、硬件漏洞甚至是用户不良操作习惯所造成的人为漏洞等，其实都是隐藏在病毒爆发、黑客攻击、网络钓鱼、网页挂马等安全现象背后的技术性根源。在不同种类的软硬件设备、同种设备的不同版本之间、由不同设备构成的不同系统之间，以及同种系统在不同的设置条件下，都会存在各自不同的安全漏洞问题。木马，通常由一个隐秘运行在目标计算机中的服务端程序和一个运行在黑客计算机中的控制端程序组成，是一种特殊的远程控制软件。《计算机病毒防治管理办法》（公安部令第51号）第七条规定："任何单位和个人不得向社会发布虚假的计算机病毒疫情。"实践中，有的机构和个人滥用技术特长优势，为了谋取不正当利益，随意发布没有经过有关部门分析研判和确认的系统漏洞、网络攻击等安全风险信息，成为网络安全隐患。

为加强网络安全漏洞管理，工业和信息化部会同公安部等有关部门起草了《网络安全漏洞管理规定（征求意见稿）》，拟以规范性文件形式印发，并于2019年6月18日向社会征求意见。根据《网络安全漏洞管理规定（征求意见稿）》，我国境内网络产品、服务提供者和网络运营者，以及开展漏洞检测、评估、收集、发布及相关竞赛等活动的组织或个人，应当遵守本规定。第三方组织或个人通过网站、媒体、会议等方式向社会发布漏洞信息，应当遵循必要、真实、客观、有利于防范和应对网络安全风险的原则，并遵守以下规定：不得在网络产品、服务提供者和网络运营者向社会或用户发布漏洞修补或防范措施之前发布相关漏洞信息；不得刻意夸大漏洞的危害和风险；不得发布和提供专门用于利用网络产品、服务、系统漏洞从事危害网络安全活动的方法、程序和工具；应当同步发布漏洞修补或防范措施。网络产品、服务提供者、网络运营者、第三方组织未按本规定进行漏洞修补或采取防范措施并违反本规定向社会发布漏洞信息，由工业和信息化部、公安部等有关部门组织对其进行约谈或给予行政处罚。

国家互联网信息办公室制定、自2017年6月1日起实施的《网络产品和服务安全审查办法（试行）》规定，关系国家安全的网络和信息系统采购的重要网络产品和服务，应当经过网络安全审查。审查的重点是网络产品和服务的安全性、可控性。审查的方式包括实验室检测、现场检查、在线监测、背景调查。国家互联网信息办公室会同有关部门成立网络安全审查委员会，负责审议网络安全审查的重要政策，统一组织网络安全审查工作，协调网络安全审查相关重要问题。网络安全审查委员会聘请相关专家组成网络安全审查专家委员会，在第三方评价基础上，对网络产品和服务的安全风险及其提供者的安全可信状况进行综合评估。金融、电信、能源、交通等重点行业和领域主管部门，根据国家网络安全审查工作要求，组织开展本行业、本领域网络产品和服务安全审查工作。目前，国家互联网信息办公室会同国家发展和改革委员会、工业和信息化部、公安部、国家安全部、商务部、财政部、中国人民银行、国家市场监督管理总局、国家广播电视总局、国家保密局、国家密码管理局联合起草了《网络安全审查办法（征求意见稿）》（将取代《网络产品和服务安全审查办法（试行）》），已经向社会公开征求意见。

第四章
网络安全等级保护相关法律问题

一、网络安全等级保护制度是具有
中国特色的网络安全法律制度

（一）网络安全等级保护的概念

网络安全等级保护是指对网络（包括信息系统、数据等）实施分等级安全保护、分等级安全监管，对网络中使用的网络安全产品实行按等级管理，对网络中发生的安全事件分等级响应、处置。[①] 网络安全保护制度，是根据网络的重要性不同进行分级，分别提出管理和技术要求。国家通过制定统一的网络安全等级保护管理规范和技术标准，对网络和数据分等级组织开展安全保护，对等级保护工作的实施进行监管。

从发展史看，网络安全等级保护制度是具有中国特色的网络安全制度，充分体现了网络安全工作的中国方案和中国智慧。从实践情况看，网络安全等级保护制度是适合中国国情和网络安全工作需要的一项基本制度。网络安全等级保护制度是国家在国民经济和社会信息化的发展过程中，提高网络安全保障能力和水平，维护国家安全、社会稳定和公共利益，保障和促进信息化建设健康发展的一项基本的网络安全法律制度。实施网络安全等级保护，能够充分调动国家、法人和其他组织及公

---

① 参见郭启全等编著：《网络安全法与网络安全等级保护制度培训教程（2018版）》，中国工信出版集团、电子工业出版社2018年版。

民的积极性，发挥各方面的作用，达到有效保护的目的，增强安全保护的整体性、针对性和实效性，使网络安全建设更加突出重点、统一规范、科学合理，对促进我国信息化健康发展起到重要的推动作用。该制度和标准借鉴了国际上的信息安全管理体系认证制度以及一些国家对政府信息系统强制性安全认证的做法。一是能够有效地提高我国网络安全建设的整体水平，有利于在信息化建设过程中同步建设网络安全设施，保障网络安全与信息化建设相协调；二是有利于为网络安全建设和管理提供系统性、针对性、可行性的指导和服务，有效控制建设成本；三是有利于优化网络安全资源的配置，对网络分级实施保护，重点保障关键信息基础设施的安全；四是有利于明确国家、法人和其他组织、公民的网络安全责任，加强网络安全监管。该制度实施以来，对于增强网络运营者的安全意识，有效应对网络安全风险，妥善处置网络安全事件，提高网络安全保护能力，起到了重要作用。

网络安全等级保护制度在十多年成功实践的基础上，结合当前信息技术的发展和形势需要，不断与时俱进、健全完善。目前，公安部牵头，会同中央网信办、国家保密局、国家密码管理局等有关部门按照《网络安全法》的要求起草的《网络安全等级保护条例》已经征求社会意见。随着《网络安全法》的实施和网络安全等级保护系列新的技术标准的颁布实施，网络安全等级保护制度进入了新时代（俗称 2.0 时代）。目前，《网络安全等级保护条例》正在按照立法程序顺利推进，相关及配套规章制度正在陆续出台。

（二）网络安全等级保护的法律政策依据

1994 年以来，国家及有关部门就信息安全等级保护制度陆续出台了一系列法律政策和规范性文件，制定了一系列管理规范和技术标准，不断健全完善网络安全等级保护制度，为网络安全等级保护制度提供了法律政策保障。

1994 年国务院颁布的《中华人民共和国计算机信息系统安全保护条例》规定，"计算机信息系统实行安全等级保护，安全等级的划分标准和安全等级保护的具体办法，由公安部会同有关部门制定"。1995 年

2月第八届全国人大常委会第十二次会议通过的《中华人民共和国人民警察法》第六条规定，公安机关的人民警察按照职责分工，依法履行"监督管理计算机信息系统的安全保护工作"。

2003年中央办公厅、国务院办公厅转发的《国家信息化领导小组关于加强信息安全保障工作的意见》（中办发［2003］27号）明确指出，"实行信息安全等级保护制度。要重点保护基础信息网络和关系国家安全、经济命脉、社会稳定等方面的重要信息系统，抓紧建立信息安全等级保护制度，制定信息安全等级保护的管理办法和技术指南"。2004年7月，原国家网络与信息安全协调小组第三次会议审议通过，公安部、国家保密局、国家密码管理委员会办公室、原国务院信息化工作办公室联合印发《关于印发〈关于信息安全等级保护工作的实施意见〉的通知》（公通字［2004］66号），明确了开展信息安全等级保护工作的重要意义、基本原则、主要内容、职责分工、保护要求以及实施计划等。2007年6月，公安部、国家保密局、国家密码管理委员会办公室、原国务院信息化工作办公室联合制定出台《信息安全等级保护管理办法》（公通字［2007］43号），明确了信息安全等级保护的基本原则、职责分工、等级划分与保护、等级保护的实施与管理和法律责任等，具体规范了信息安全等级保护管理的各个方面。根据该管理办法，公安机关负责信息安全等级保护工作的监督、检查、指导。国家保密工作部门负责等级保护工作中有关保密工作的监督、检查、指导。国家密码管理部门负责等级保护工作中有关密码工作的监督、检查、指导。涉及其他职能部门管辖范围的事项，由有关职能部门依照国家法律法规的规定进行管理。原国务院信息化工作办公室及地方信息化领导小组办事机构负责等级保护工作的部门间协调。

2009年，公安部印发《关于开展信息安全等级保护安全建设整改工作的指导意见》（公信安［2009］1429号），提出了信息安全等级保护建设工作的时间进度安排。2010年，公安部印发《关于推动信息安全等级保护测评体系建设和开展等级测评工作的通知》（公信安［2010］303号），推动了信息安全等级保护测评工作的有序开展。2012年，国务院发布《国务院关于大力推进信息化发展和切实保障信息安全的若干意见》（国发［2012］23号），规定"落实信息安全等级保护制度，开展相应等级的安全建设和管理，做好信息系统定级备案、整改和监督检查"。2014年12月，中办、国办下发《关于加强社会治安防控体系建设的意见》，要求"健全信息安全等级保护制度，加强公民个人信息安全保护"。

在中央出台的有关网络安全工作的文件和中央网信办历年工作部署中，都要求完善网络安全等级保护制度。2016年11月7日第十二届全国人民代表大会常务委员会第二十四次会议通过的《网络安全法》第二十一条规定，国家实行网络安全等级保护制度，正式明确了网络安全等级保护制度成为一项法律制度。

（三）网络安全等级保护制度的基本原则

网络安全等级保护制度遵循以下基本原则：

一是明确责任，共同保护。通过等级保护，组织和动员国家、法人和其他组织、公民共同参与网络安全保护工作；各方主体按照规范和标准分别承担相应的、明确具体的网络安全保护责任。

二是依照标准，自行保护。国家运用强制性的规范及标准，要求网络运营者按照相应的建设和管理要求，科学准确定级，实施保护策略和措施。

三是同步建设，动态调整。网络在新建、改建、扩建时应当同步建设安全设施，保障网络安全与信息化建设相适应。因网络的应用类型、范围等条件的变化及其他原因，安全保护等级需要变更的，应当根据等级保护的管理规范和技术标准的要求，重新确定网络的安全保护等级。等级保护的管理规范和技术标准应按照等级保护工作开展的实际情况适时修订。

四是指导监督，重点保护。国家指定网络安全监管职能部门通过备案、指导、检查、督促整改等方式，对重要数据和网络的安全保护工作进行指导监督。国家重点保护涉及国家安全、经济命脉、社会稳定的关键基础设施、重要信息系统、重要网站、大数据和工业控制系统等，主要包括：国家和社会公共事务处理信息系统（党政机关电子公文、电子政务、公共服务等）；能源、交通、水利、金融、税务、海关、审计、工商、财政、社会保障、国防工业等关系国家安全、国计民生、经济命脉的网络；教育、国家科研等单位的网络；公用通信、广播电视传输、公共互联网等基础信息网络；网络数据中心、重要网站和其他领域的重要网络；信息服务企业的大数据；物联网等。

（四）网络安全等级保护制度与关键信息基础设施保护的关系

网络安全等级保护制度是我国网络安全保障领域普适性的制度，是关键信息基础设施保护的基础，而关键信息基础设施是网络安全等级保护制度保护的重中之重。《网络安全法》第三十一条规定，国家对公共通信和信息服务、能源、交通、水利、金融、公共服务、电子政务等重要行业和领域，以及其他一旦遭到破坏、丧失功能或者数据泄露，可能严重危害国家安全、国计民生、公共利益的关键信息基础设施，在网络安全等级保护制度的基础上，实行重点保护。网络安全等级保护制度和关键信息基础设施保护是网络安全的两个重要方面，不可分割。关键信息基础设施运营单位须按照网络安全等级保护制度要求，开展关键信息基础设施定级备案、等级测评、安全建设整改、安全检查等强制性、规定性工作。网络运营者应当在安全保护等级为第三级（含）以上网络中确定关键信息基础设施，即认定为关键信息基础设施的，其安全保护等级不低于第三级。网信、公安、保密、密码等部门要落实关键信息基础设施保护监管责任，关键信息基础设施网络运营单位和保护工作部门要落实主体责任。各相关单位、部门要各司其职、各负其责，充分发挥职能作用，调动国家资源力量，切实保障关键信息基础设施安全。

二、网络安全等级保护制度体系的内容

（一）网络安全等级保护范围

根据《网络安全等级保护条例（征求意见稿）》，网络安全等级保护工作重点保护的是涉及国家安全、国计民生、社会公共利益的网络的

基础设施安全、运行安全和数据安全。一是将网络基础设施、重要信息系统、网站、大数据中心、云计算平台、物联网、工控系统、公众服务平台、互联网企业等全部纳入等级保护对象。二是将风险评估、安全监测、通报预警、案事件调查、数据防护、灾难备份、应急处置、自主可控、供应链安全、效果评价、综治考核等重点措施纳入等级保护制度并实施。

（二）网络安全等级保护工作原则

根据《网络安全等级保护条例（征求意见稿）》第四条规定，网络安全等级保护工作的原则：一是网络安全等级保护工作应当按照突出重点、主动防御、综合防控的原则，建立健全网络安全防护体系，重点保护涉及国家安全、国计民生、社会公共利益的网络的基础设施安全、运行安全和数据安全。二是网络运营者在网络建设过程中，应当同步规划、同步建设、同步运行网络安全保护、保密和密码保护措施。三是涉密网络应当依据国家保密规定和标准，结合系统实际进行保密防护和保密监管。

（三）网络安全等级保护各方职责任务

《网络安全等级保护条例（征求意见稿）》规定了网络安全等级保护工作各方的职责任务。

1. 国家层面。中央网络安全和信息化领导机构统一领导网络安全等级保护工作，国家网信部门负责网络安全等级保护工作的统筹协调。

2. 监管部门。网络安全等级保护监管部门主要是公安机关、保密管理部门、密码管理部门。国务院公安部门主管网络安全等级保护工作，负责网络安全等级保护工作的监督管理，依法组织开展网络安全保卫。国家保密行政管理部门主管涉密网络分级保护工作，负责网络安全等级保护工作中有关保密工作的监督管理。国家密码管理部门负责网络安全等级保护工作中有关密码管理工作的监督管理。国务院其他有关部门依照有关法律法规的规定，在各自职责范围内开展网络安全等级保护相关工作。县级以上地方人民政府依照《网络安全等级保护条例》和有关法律法规规定，开展网络安全等级保护工作。

3. 行业主管部门。行业主管部门应当组织、指导本行业、本领域落实网络安全等级保护制度。

4. 网络运营者。网络运营者应当依法开展网络定级备案、安全建设整改、等级测评和自查等工作，采取管理和技术措施，保障网络基础设施安全、网络运行安全、数据安全和信息安全，有效应对网络安全事件，防范网络违法犯罪活动。

（四）网络安全等级的划分与监管保护

《网络安全等级保护条例（征求意见稿）》第十五条规定，根据网络在国家安全、经济建设、社会生活中的重要程度，以及其一旦遭到破坏、丧失功能或者数据被篡改、泄露、丢失、损毁后，对国家安全、社会秩序、公共利益以及相关公民、法人和其他组织的合法权益的危害程度等因素，网络分为五个安全保护等级：

第一级，一旦受到破坏会对相关公民、法人和其他组织的合法权益造成损害，但不危害国家安全、社会秩序和公共利益的一般网络。第一级网络运营者应当依据国家有关管理规范和技术标准进行保护。

第二级，一旦受到破坏会对相关公民、法人和其他组织的合法权益造成严重损害，或者对社会秩序和公共利益造成危害，但不危害国家安全的一般网络。第二级网络运营者，应当依据国家有关管理规范和技术标准进行保护。国家网络安全监管部门对该级网络安全等级保护工作进行指导。

第三级，一旦受到破坏会对相关公民、法人和其他组织的合法权益造成特别严重损害，或者会对社会秩序和社会公共利益造成严重危害，或者对国家安全造成危害的重要网络。第三级网络运营者应当依据国家有关管理规范和技术标准进行保护。国家网络安全监管部门对该级网络安全等级保护工作进行监督、检查。

第四级，一旦受到破坏会对社会秩序和公共利益造成特别严重危害，或者对国家安全造成严重危害的特别重要网络。第四级网络运营者应当依据国家有关管理规范、技术标准和业务专门需求进行保护。国家网络安全监管部门对该级网络安全等级保护工作进行强制监督、检查。

第五级，一旦受到破坏后会对国家安全造成特别严重危害的极其重要网络。第五级网络运营者应当依据国家有关管理规范、技术标准和业务特殊需求进行保护。国家指定专门部门对该级网络安全等级保护工作进行专门监督、检查。

（五）网络安全等级保护工作的环节

网络安全等级保护工作流程包括定级备案、安全建设、等级测评、安全整改和监督检查等环节。

关于定级备案，《网络安全等级保护条例（征求意见稿）》第十六条规定：网络运营者应当在规划设计阶段确定网络的安全保护等级。当网络功能、服务范围、服务对象和处理的数据等发生重大变化时，网络运营者应当依法变更网络的安全保护等级。第十七条规定，对拟定为第二级以上的网络，其运营者应当组织专家评审；有行业主管部门的，应当在评审后报请主管部门核准。跨省或者全国统一联网运行的网络由行业主管部门统一拟定安全保护等级，统一组织定级评审。行业主管部门可以依据国家标准规范，结合本行业网络特点制定行业网络安全等级保护定级指导意见。第十八条规定，第二级以上网络运营者应当在网络的安全保护等级确定后十个工作日内，到县级以上公安机关备案。因网络撤销或变更调整安全保护等级的，应当在十个工作日内向原受理备案公安机关办理备案撤销或变更手续。备案的具体办法由国务院公安部门组织制定。第十九条规定，公安机关应当对网络运营者提交的备案材料进行审核。对定级准确、备案材料符合要求的，应在十个工作日内出具网络安全等级保护备案证明。

目前，网络定级的最新标准依据是《网络安全等级保护定级指南》（GA/T1389-2017）。网络运营者或主管部门应参考强制性国家标准《计算机信息系统 安全保护等级划分准则》（GB/T17859-1999）、《网络安全等级保护定级指南》（GA/T1389-2017）的要求，梳理出定级对象并合理确定其所属网络的安全保护等级、确定其安全责任单位和具体责任人。

关于安全建设，最新的标准依据是《网络安全等级保护基本要求》（GB/T22239-2019）、《网络安全等级保护安全设计技术要求》（GB/T25070-2019）。

关于等级测评，最新的标准依据是《网络安全等级保护测评要求》（GB/T28448-2019）。

（六）网络运营者的安全保护义务

主要包括四个方面的安全保护义务：

一是一般安全保护义务。《网络安全等级保护条例（征求意见稿）》第二十条规定了网络运营者应当依法履行的十一项一般性安全保护义务：1. 确定网络安全等级保护工作责任人，建立网络安全等级保护工作责任制，落实责任追究制度。2. 建立安全管理和技术保护制度，建立人员管理、教育培训、系统安全建设、系统安全运维等制度。3. 落实机房安全管理、设备和介质安全管理、网络安全管理等制度，制定操作规范和工作流程。4. 落实身份识别、防范恶意代码感染传播、防范网络入侵攻击的管理和技术措施。5. 落实监测、记录网络运行状态、网络安全事件、违法犯罪活动的管理和技术措施，并按照规定留存六个月以上可追溯网络违法犯罪的相关网络日志。6. 落实数据分类、重要数据备份和加密等措施。7. 依法收集、使用、处理个人信息，并落实个人信息保护措施，防止个人信息泄露、损毁、篡改、窃取、丢失和滥用。8. 落实违法信息发现、阻断、消除等措施，落实防范违法信息大量传播、违法犯罪证据灭失等措施。9. 落实互联网备案和用户真实身份查验等责任。10. 对网络中发生的案事件，应当在二十四小时内向属地公安机关报告；泄露国家秘密的，应当同时向属地保密行政管理部门报告。11. 法律、行政法规规定的其他网络安全保护义务。

二是特殊安全保护义务。根据《网络安全等级保护条例（征求意见稿）》第二十二条规定，第三级以上网络的运营者，除履行十一项一般网络安全保护义务之外，还应当履行八项特殊安全保护义务：1. 确定网络安全管理机构，明确网络安全等级保护的工作职责，对网络变更、网络接入、运维和技术保障单位变更等事项建立逐级审批制度；

2. 制定并落实网络安全总体规划和整体安全防护策略，制定安全建设方案，并经专业技术人员评审通过；3. 对网络安全管理负责人和关键岗位的人员进行安全背景审查，落实持证上岗制度；4. 对为其提供网络设计、建设、运维和技术服务的机构和人员进行安全管理；5. 落实网络安全态势感知监测预警措施，建设网络安全防护管理平台，对网络运行状态、网络流量、用户行为、网络安全案事件等进行动态监测分析，并与同级公安机关对接；6. 落实重要网络设备、通信链路、系统的冗余、备份和恢复措施；7. 建立网络安全等级测评制度，定期开展等级测评，并将测评情况及安全整改措施、整改结果向公安机关和有关部门报告；8. 法律和行政法规规定的其他网络安全保护义务。

　　三是安全责任义务。第三级以上网络运营者在开展技术维护、监测预警、信息通报、应急处置以及数据信息安全等工作时应当履行规定的责任义务：1. 网络产品和和服务。《网络安全等级保护条例（征求意见稿）》第二十八条规定：网络运营者应当采购、使用符合国家法律法规和有关标准规范要求的网络产品和服务。第三级以上网络运营者应当采用与其安全保护等级相适应的网络产品和服务；对重要部位使用的网络产品，应当委托专业测评机构进行专项测试，根据测试结果选择符合要求的网络产品；采购网络产品和服务，可能影响国家安全的，应当通过国家网信部门会同国务院有关部门组织的国家安全审查。2. 技术维护。第二十九条规定：第三级以上网络应当在境内实施技术维护，不得在境外远程技术维护。因业务需要，确需进行境外远程技术维护的，应当进行网络安全评估，并采取风险管控措施。实施技术维护，应当记录并留存技术维护日志，并在公安机关检查时如实提供。3. 建立网络安全监测预警与信息通报制度。第三十条规定：第三级以上网络运营者应当建立健全网络安全监测预警和信息通报制度，按照规定向同级公安机关报送网络安全监测预警信息，报告网络安全事件。有行业主管部门的，同时向行业主管部门报送和报告。4. 数据和个人信息安全保护。第三十一条规定：网络运营者应当建立并落实重要数据和个人信息安全保护制度；采取保护措施，保障数据和信息在收集、存储、传输、使用、提供、销毁过程中的安全；建立异地备份恢复等技术措施，保障重要数据的完整性、保密性和可用性。未经允许或授权,网络运营者不得收集与其提供的服务无关的数据和个人信息;不得违反法律、行政法规规定和双方约定收集、使用和处理数据和个人信息;不得泄露、篡改、损毁其收集的数据和个人信息;不得非授权访问、使用、提供数据和个人信息。5. 网络安全应急。第三十二条规定:第三级以上网络的运营者应当按照国家有关规定,制定网络安全应急预案,定期开展网络安全应急演练。网络运营者处置网络安全事件应当保护现场,记录并留存相关数据信息,并及时向公安机关和行业主管部门报告。

四是网络运营者的其他义务。《网络安全等级保护条例(征求意见稿)》第二十二条规定:新建的第二级网络上线运行前应当按照网络安全等级保护有关标准规范,对网络的安全性进行测试。新建的第三级以上网络上线运行前应当委托网络安全等级测评机构按照网络安全等级保护有关标准规范进行等级测评,通过等级测评后方可投入运行。第二十三条规定:第三级以上网络的运营者应当每年开展一次网络安全等级测评,发现并整改安全风险隐患,并每年将开展网络安全等级测评的工作情况及测评结果向备案的公安机关报告。第二十四条规定:网络运营者应当对等级测评中发现的安全风险隐患,制定整改方案,落实整改措施,消除风险隐患。第三十四条规定:网络运营者应当按照网络安全等级保护制度要求,采取措施,管控云计算、大数据、人工智能、物联网、工控系统和移动互联网等新技术、新应用带来的安全风险,消除安全隐患。

三、网络安全等级保护制度的发展支持

《网络安全等级保护条例(征求意见稿)》第二章中明确了国家和政府落实网络安全等级保护制度的职责任务,重点体现在组织领导、技术支持、保障考核、宣传培训和鼓励创新等方面,从国家层面保障支持等级保护制度的实施和落地,形成自上而下的等级保护工作推进体系。《网络安全等级保护条例(征求意见稿)》第八条规定,国家建立健全

网络安全等级保护制度的组织领导体系、技术支持体系和保障体系。各级人民政府和行业主管部门应当将网络安全等级保护制度实施纳入信息化工作总体规划，统筹推进。第九条规定，国家建立完善等级保护标准体系。标准化部门和公安、保密、密码部门根据各自职责，组织制定等级保护国家标准、行业标准。在投入和保障方面，各级人民政府鼓励扶持网络安全等级保护重点工程和项目，支持网络安全等级保护技术的研究开发和应用。在技术支持方面，国家建设网络安全等级保护专家队伍和等级测评、安全建设、应急处置等技术支持体系，为网络安全等级保护制度提供支撑。

四、涉密网络系统的安全保护制度

《网络安全等级保护条例（征求意见稿）》第四章中提出了涉密网络安全保密总体要求，以及涉密网络分级保护要求和涉密网络使用管理要求，明确了涉密网络全过程管理，规定了涉密网络密级确定、方案论证、建设实施、测评审查、风险评估、重大变化以及废止等环节的保密管理要求。

在涉密网络密级确定、方案论证和建设实施方面，《网络安全等级保护条例（征求意见稿）》第三十五条规定：涉密网络按照存储、处理、传输国家秘密的最高密级分为绝密级、机密级和秘密级。第三十六条规定：涉密网络运营者应当依法确定涉密网络的密级，通过本单位保密委员会（领导小组）的审定，并向同级保密行政管理部门备案。第三十七条规定：涉密网络运营者规划建设涉密网络，应当依据国家保密规定和标准要求，制定分级保护方案，采取身份鉴别、访问控制、安全审计、边界安全防护、信息流转管控、电磁泄漏发射防护、病毒防护、密码保护和保密监管等技术与管理措施。第三十八条规定：涉密网络运营者委托其他单位承担涉密网络建设的，应当选择具有相应涉密信息系统集成资质的单位，并与建设单位签订保密协议，明确保密责任，采取保密措施。第三十九条规定：涉密网络中使用的信息设备，应当从国家有关主管部门发布的涉密专用信息设备名录中选择；未纳入名录的，应选择政府采购目录中的产品。确需选用进口产品的，应当进行安全保密检测。涉密网络运营者不得选用国家保密行政管理部门禁止使用或者政府采购主管部门禁止采购的产品。涉密网络中使用的安全保密产品，应当通过国家保密行政管理部门设立的检测机构检测。计算机病毒防护产品应当选用取得计算机信息系统安全专用产品销售许可证的可靠产品，密码产品应当选用国家密码管理部门批准的产品。

在测评审查、风险评估和监测预警方面，《网络安全等级保护条例（征求意见稿）》第四十条规定：涉密网络应当由国家保密行政管理部门设立或者授权的保密测评机构进行检测评估，并经设区的市级以上保密行政管理部门审查合格，方可投入使用。涉密网络运营者在涉密网络投入使用后，应定期开展安全保密检查和风险自评估，并接受保密行政管理部门组织的安全保密风险评估。绝密级网络每年至少进行一次，机密级和秘密级网络每两年至少进行一次。公安机关、国家安全机关涉密网络投入使用后的管理，依照国家保密行政管理部门会同公安机关、国家安全机关制定的有关规定执行。第四十一条规定：涉密网络运营者应当制定安全保密管理制度，组建相应管理机构，配置安全保密管理人员，落实安全保密责任。第四十二条规定：涉密网络运营者应建立健全本单位涉密网络安全保密监测预警和信息通报制度，发现安全风险隐患的，应及时采取应急处置措施，并向保密行政管理部门报告。

在重大变化和涉密网络废止方面，《网络安全等级保护条例（征求意见稿）》第四十三条规定：有下列情形之一的，涉密网络运营者应当按照国家保密规定及时向保密行政管理部门报告并采取相应措施：（一）密级发生变化的；（二）连接范围、终端数量超出审查通过的范围、数量的；（三）所处物理环境或者安全保密设施变化可能导致新的安全保密风险的；（四）新增应用系统的，或者应用系统变更、减少可能导致新的安全保密风险的。对上述所列情形，保密行政管理部门应当及时作出是否对涉密网络重新进行检测评估和审查的决定。第四十四条规定：涉密网络不再使用的，涉密网络运营者应当及时向保密行政管理部门报告，并按照国家保密规定和标准对涉密信息设备、产品、涉密载体等进行处理。

五、网络密码管理制度

《网络安全等级保护条例（征求意见稿）》第五章中明确提出了密码配备使用、管理和应用安全性评估的有关要求，对网络的密码保护做出规定。其中，对涉密网络，明确密码检测、装备、采购、使用以及系统设计、运行维护、日常管理等要求；对非涉及国家秘密网络、第三级以上网络提出密码保护要求，明确规定网络运营者应在网络规划、建设和运行阶段委托专业测评机构开展密码应用安全性评估，并对评估结果备案提出了要求。

《网络安全等级保护条例（征求意见稿）》第四十五条明确了确定密码的要求：国家密码管理部门根据网络的安全保护等级、涉密网络的密级和保护等级，确定密码的配备、使用、管理和应用安全性评估要求，制定网络安全等级保护密码标准规范。第四十六条规定了涉密网络密码保护：涉密网络及传输的国家秘密信息，应当依法采用密码保护。密码产品应当经过密码管理部门批准，采用密码技术的软件系统、硬件设备等产品，应当通过密码检测。密码的检测、装备、采购和使用等，由密码管理部门统一管理；系统设计、运行维护、日常管理和密码评估，应当按照国家密码管理相关法规和标准执行。第四十七条规定了非涉密网络密码保护：非涉密网络应当按照国家密码管理法律法规和标准的要求，使用密码技术、产品和服务。第三级以上网络应当采用密码保护，并使用国家密码管理部门认可的密码技术、产品和服务。第三级以上网络运营者应在网络规划、建设和运行阶段，按照密码应用安全性评估管理办法和相关标准，委托密码应用安全性测评机构开展密码应用安全性评估。网络通过评估后，方可上线运行，并在投入运行后，每年至少组织一次评估。密码应用安全性评估结果应当报受理备案的公安机关和所在地设区市的密码管理部门备案。第四十八条规定了密码安全管理责任：网络运营者应当按照国家密码管理法规和相关管理要求，履行密码安全管理职责，加强密码安全制度建设，完善密码安全管理措施，规范密码使用行为。任何单位和个人不得利用密码从事危害国家安全、社会公共利益的活动，或者从事其他违法犯罪活动。

六、网络安全等级保护制度保障和监督管理

为深入推进实施网络安全等级保护制度，《网络安全等级保护条例（征求意见稿）》第六章规定了公安机关、行业主管（监管）部门等在网络安全监督管理中的职责和监管要求，就重大隐患处置、安全服务机构监管、事件调查以及保密、密码的监督管理等分别做了明确规定，提出了网络运营者和技术支持单位应履行的执法协助义务。

一是县级以上公安机关负责网络安全等级保护制度监督管理。《网络安全等级保护条例（征求意见稿）》第四十九条规定，县级以上公安机关对网络运营者依照国家法律法规规定和相关标准规范要求，落实网络安全等级保护制度，开展网络安全防范、网络安全事件应急处置、重大活动网络安全保护等工作，实行监督管理；对第三级以上网络运营者按照网络安全等级保护制度落实网络基础设施安全、网络运行安全和数据安全保护责任义务，实行重点监督管理。县级以上公安机关对同级行业主管部门依照国家法律法规规定和相关标准规范要求，组织督促本行业、本领域落实网络安全等级保护制度，对开展网络安全防范、网络安全事件应急处置、重大活动网络安全保护等工作情况进行监督、检查、指导。地市级以上公安机关每年将网络安全等级保护工作情况通报同级网信部门。

二是县级以上公安机关组织开展安全检查。《网络安全等级保护条例（征求意见稿）》第五十条规定，县级以上公安机关对网络运营者开展下列网络安全工作情况进行监督检查：（一）日常网络安全防范工作；（二）重大网络安全风险隐患整改情况；（三）重大网络安全事件应急处置和恢复工作；（四）重大活动网络安全保护工作落实情况；（五）其他网络安全保护工作情况。公安机关对第三级以上网络运营者

每年至少开展一次安全检查。涉及相关行业的可以会同其行业主管部门开展安全检查。必要时，公安机关可以委托社会力量提供技术支持。公安机关依法实施监督检查，网络运营者应当协助、配合，并按照公安机关要求如实提供相关数据信息。第五十一条规定，公安机关在监督检查中发现网络安全风险隐患的，应当责令网络运营者采取措施立即消除；不能立即消除的，应当责令其限期整改。公安机关发现第三级以上网络存在重大安全风险隐患的，应当及时通报行业主管部门，并向同级网信部门通报。第五十二条规定，公安机关在监督检查中发现重要行业或本地区存在严重威胁国家安全、公共安全和社会公共利益的重大网络安全风险隐患的，应报告同级人民政府、网信部门和上级公安机关。

三是测评机构和安全建设机构的监管。《网络安全等级保护条例（征求意见稿）》第五十三条规定，国家对网络安全等级测评机构和安全建设机构实行推荐目录管理，指导网络安全等级测评机构和安全建设机构建立行业自律组织，制定行业自律规范，加强自律管理。非涉密网络安全等级测评机构和安全建设机构的具体管理办法，由国务院公安部门制定。保密等级测评机构管理办法由国家保密行政管理部门制定。

四是网络运营者关键人员的管理。《网络安全等级保护条例（征求意见稿）》第五十四条规定，第三级以上网络运营者的关键岗位人员以及为第三级以上网络提供安全服务的人员，不得擅自参加境外组织的网络攻防活动。

五是网络事件的调查。《网络安全等级保护条例（征求意见稿）》第五十五条规定，公安机关应当根据有关规定处置网络安全事件，开展事件调查，认定事件责任，依法查处危害网络安全的违法犯罪活动。必要时，可以责令网络运营者采取阻断信息传输、暂停网络运行、备份相关数据等紧急措施。网络运营者应当配合、支持公安机关和有关部门开展事件调查和处置工作。

六是紧急情况的处置。《网络安全等级保护条例（征求意见稿）》第五十六条规定，网络存在的安全风险隐患严重威胁国家安全、社会秩序和公共利益的，紧急情况下公安机关可以责令其停止联网、停机整顿。

七是保密行政管理部门负责对涉密网络的安全保护工作进行监督管理。《网络安全等级保护条例（征求意见稿）》第五十七条规定，保密行政管理部门负责对涉密网络的安全保护工作进行监督管理，负责对非涉密网络的失泄密行为的监管。发现存在安全隐患，违反保密法律法规，或者不符合保密标密的，按照《中华人民共和国保守国家秘密法》和国家保密相关规定处理。

八是密码管理部门负责对网络安全等级保护工作中的密码管理进行监督管理。《网络安全等级保护条例（征求意见稿）》第五十八条规定，密码管理部门负责对网络安全等级保护工作中的密码管理进行监督管理，监督检查网络运营者对网络的密码配备、使用、管理和密码评估情况。其中重要涉密信息系统每两年至少开展一次监督检查。监督检查中发现存在安全隐患，或者违反密码管理相关规定，或者不符合密码相关标准规范要求的，按照国家密码管理相关规定予以处理。

九是行业监督管理。《网络安全等级保护条例（征求意见稿）》第五十九条规定，行业主管部门应当组织制定本行业、本领域网络安全等级保护工作规划和标准规范，掌握网络基本情况、定级备案情况和安全保护状况；监督管理本行业、本领域网络运营者开展网络定级备案、等级测评、安全建设整改、安全自查等工作。行业主管部门应当监督管理本行业、本领域网络运营者依照网络安全等级保护制度和相关标准规范要求，落实网络安全管理和技术保护措施，组织开展网络安全防范、网络安全事件应急处置、重大活动网络安全保护等工作。

十是监督管理责任。《网络安全等级保护条例（征求意见稿）》第六十条规定，网络安全等级保护监督管理部门及其工作人员应当对在履行职责中知悉的国家秘密、个人信息和重要数据严格保密，不得泄露、出售或者非法向他人提供。

十一是执法协助义务。《网络安全等级保护条例（征求意见稿）》第六十一条规定，网络运营者和技术支持单位应当为公安机关、国家安全机关依法维护国家安全和侦查犯罪的活动提供支持和协助。

十二是网络安全约谈制度。《网络安全等级保护条例（征求意见稿）》第六十二条规定，省级以上人民政府公安部门、保密行政管理部门、密码管理部门在履行网络安全等级保护监督管理职责中，发现网络存在较大安全风险隐患或者发生安全事件的，可以约谈网络运营者的法定代表人、主要负责人及其行业主管部门。

七、网络安全等级保护标准体系

为推动落实我国的网络安全等级保护工作，全国信息安全标准化技术委员会和公安部信息系统安全标准化技术委员会组织制定了网络安全等级保护工作需要的一系列标准，为开展网络安全等级保护工作提供了标准保障。这些标准分为基础类、应用类、产品类和其他类。2019年5月10日，国家市场监督管理总局、中国国家标准管理委员会发布了一批新的网络安全等级保护标准，自2019年12月1日起开始实施。这批网络安全等级保护标准包括《信息安全技术 网络安全等级保护基本要求》（GB/T22239-2019，代替GB/T 22239-2008）、《信息安全技术 网络安全等级保护安全设计技术要求》（GB/T25070-2019，代替GB/T 25070-2010）、《信息安全技术 网络安全等级保护测评要求》（GB/T28448-2019，代替GB/T 28448-2012）。这批标准与《信息安全技术 信息系统安全等级保护定级指南》（GB/T22240-2008）、《计算机信息系统安全保护等级划分准则》（GB/T17859-1999）等构成网络安全等级保护标准体系。

第五章
关键信息基础设施运行安全相关法律问题

一、关键信息基础设施的界定和范围

(一) 关键信息基础设施的界定

信息网络技术的发展推动了关键基础设施的信息化。随着信息网络技术的快速发展，基础设施领域对计算机网络的依赖程度日渐提高，国家对经济社会事务的管理日益高度依赖网络，如能源、交通、水利、金融等国民经济重要行业，供电、供水、供气、城市轨道交通、教育、医疗卫生等关系民生的公共服务领域，关键信息基础设施已经成为关键基础设施的重要组成部分。关键信息基础设施被视为国家重要战略资源，近年来，以关键信息基础设施为对象的网络攻击事件数量大幅增多，安全风险问题突出。面向公众提供网络信息服务或支撑能源、通信、金融等重要行业运行的关键信息基础设施一旦发生数据泄露、遭到破坏或丧失功能，将严重危害国家安全与社会公共利益。因此，各国纷纷以立法形式保护关键信息基础设施安全，加强关键信息基础设施安全保护立法成为当今世界各国网络空间安全制度建设的核心内容。

我国高度重视关键基础设施安全保护立法。2003年，在国务院出台的关于信息化建设安全保障的文件中提出，要"重点保障基础信息网络和重要信息系统安全"，并明确了基础信息网络是广电网、电信网、互联网，重要信息系统是银行、证券、保险、民航、铁路、电力、海关、税务等行业的系统。2014年2月27日，习近平总书记在中央网络安全和信息化领导小组第一次会议上明确指示,"要抓紧制定互联网信息内容管理、国家关键信息基础设施保护等方面的专项法规,解决工作急需"。这是第一次正式提出"关键信息基础设施"这个概念。这次会议指出,建设网络强国,要有良好的信息基础设施,形成实力雄厚的信息经济,要完善关键信息基础设施保护等法律法规等。2016年4月19日,习近平总书记在网络安全和信息化工作座谈会上明确要求,"要树立正确的网络安全观,加快构建关键信息基础设施安全保障体系,全天候全方位感知网络安全态势,增强网络安全防御能力和威慑能力"。

  关于关键信息基础设施的定义,迄今为止国际社会并未形成共识。国际社会使用国家关键基础设施(CI)的概念比较早,那么,关键基础设施与关键信息基础设施(CII)是否是一回事呢?有观点认为,在网络安全保护领域,关键信息基础设施与关键基础设施术语的含义大体上是一致的。但是,关键基础设施的范围要大于关键信息基础设施,关键信息基础设施是关键基础设施的组成部分,因为关键基础设施不仅仅包含信息和通信方面,还包括信息设施以外的其他物理设施设备。理解关键信息基础设施这一术语,首先要明确"关键"一词的含义。瑞士联邦苏黎世工业学院编制的《国际关键信息基础设施保护(CIIP)手册(2004年版)》认为,"关键"一词的含义取决于当事者的看法,该术语的含义是不断发生变化的。作为系统概念的关键性、作为象征意义的关键性和作为保护重点的基础设施含义不同。作为系统概念的关键性是指,某个基础设施和组成部分之所以关键,是由其在整个基础设施系统中的结构性地位决定的。尤其是当它在其他基础设施或部门之间起着连接渠道的作用,从而强化了相互依赖型的时候。作为象征意义的关键性是指,某个基础设施和组成部分之所以关键,取决于它在社会中担任的角色或发挥的功能,而相互依赖性位居第二位。作为保护重点的基础设施,保护的实际对象不是静态的基础设施,而是服务、物理和信息流动以及它们在社会上所担任的角色和发挥的功能,尤其是通过基础设施体现出了的核心价值。社会政治背景下的关键性问题,与关键基础设施被破坏和被摧毁的政治意义(关系到国家政权、社会制度和社会秩序稳定)联系到一起。反恐视角下的关键基础设施,与关键基础设施被破坏和被摧毁的恐怖主义意义（产生社会恐慌和社会混乱）联系到一起。

　　国际上，很多国家通过立法建立了关键基础设施保护制度。美国是最早使用关键基础设施概念并认识到关键基础设施安全重要性的国家，其制定了一系列保护关键基础设施的法律政策，并根据形势变化及时补充更新。1996年，克林顿政府组建了总统关键基础设施保护委员会（PCCIP），加强对关键基础设施的安全保护。1998年5月，克林顿总统发布第62号、第63号总统令，在政府内部设立相应机构负责关键基础设施保护。以总统令形式提出对国家关键基础设施的保护问题，成为美国关键基础设施保护法律政策保障体系建设的开始。2001年10月，布什总统发布《信息时代保护关键基础设施》行政令，组建国家基础设施顾问委员会（NIAC），取代总统关键基础设施保护委员会，并成为一个实体机构。2001年10月26日，布什总统签署《爱国者法案》，该法案首次定义了关键基础设施概念，认为关键基础设施是"对美国很重要的物理或虚拟的系统和资产，如果其功能丧失或遭到破坏，可能危及国家安全、经济安全、公众健康和社会稳定"。2002年11月，布什总统签署《2002国土安全法案》，组建国土安全部，负责关键信息基础设施安全保护。2003年2月，布什总统签署《关键基础设施和重要资产物理保护的国家战略》《确保网络空间安全国家战略》，前者明确了17项关键基础设施和5项重要资产，后者确立了3项总体战略目标和5项优先目标。2003年12月，布什总统发布第7号国家安全总统令《关键基础设施标识、优先级和保护》，确立了联邦各部局用来标识美国的关键基础设施和重要资源，并对其进行优先级排序和保护，防止恐怖分子袭击的国家政策。2006年，美国出台首部《国家基础设施保护计划》（后续更新为2009年、2013年版），确定了17类关键基础设施和重要资源。2008年，美国出台《国家网络安全综合计划》，将网络安全保护延伸到关键基础设施领域。2009年5月，奥巴马政府公布《网络空间政策评估：保障可信和强健的信息和通信基础设施》政策报告，进一步强调加强关键信息基础设施安全保护。2013年2月，奥巴马总统发布第21号总统令《提高关键基础设施的安全性和恢复力》，将关键基础设施总体描述为设施实体、各类网络、各类系统三类，以及这三类事物的结合体，并首次提出"关键基础设施恢复力"的概念。同月，白宫新闻秘书办公室发布《改善关键基础设施网络安全的行政令》，明确了16个关键基础设施保护部门，并授权美国政府相关部门制定关键基础设施网络安全框架，明确应遵循的安全标准和实施指南。该行政令指出，关键基础设施是指对美国非常重要的物理或虚拟的系统和资产。如果这类系统或资产遭到破坏或丧失工作能力，将对美国的国家安全、经济安全、公共安全或公众健康，或任何这些事项的集合体产生削弱影响。根据该行政令的要求，美国国家标准与技术研究院（NIST）2014年制定发布了由框架核心、实现层和框架概况三大部分组成的《关键基础设施网络安全框架》，并于2017年、2018年进行了修订。2017年5月，特朗普总统签发《关于加强联邦政府网络与关键基础设施网路安全的总统令》，要求及时向总统报告关键基础设施安全保护情况。为了加强关键基础设施保护，2018年10月，美国通过法案，在国土安全部国家保护与计划局的基础上组建新的机构网络安全和基础设施安全局，负责保护国家关键基础设施免受物理和网络威胁。网络安全和基础设施安全局下设两个主要中心，一个是国家网络安全和通信集成中心（英文缩写NC-CIC），主要负责为联邦政府、州、地方、部落和地区政府、私营部门以及国际合作伙伴等提供7×24小时全天候网络态势感知分析、事件响应和网络防御能力；一个是国家风险管理中心（简称NRMC），作为一个规划、分析和协作中心，主要是识别和解决国家关键基础设施面临的重大安全风险。

欧洲也十分重视关键基础设施保护。2004年10月欧洲理事会通过《打击恐怖主义活动，加强关键基础设施保护》战略，提出关键基础设施保护措施；2005年11月欧洲理事会出台《保护关键基础设施的欧洲计划》绿皮书，确定关键基础设施保护目标与要求；2008年出台《欧盟关键基础设施认定和安全评估指令》；2009年出台《加强欧盟关键基础设施保护指令》。2013年，欧洲议会通过《关键信息基础设施保护：面向全球网络安全》决议，强调欧盟在整体层面做好准备，提高应对网络和信息基础设施安全挑战的技术能力。德国2005年出台《国家信息设施保护计划》，2009年出台《关键基础设施保护国家战略》。英国

2010年出台《国家基础设施战略》，并于2011年进行了修订，进一步完善关键基础设施发展计划。

2012年7月，俄罗斯安全会议发布了《俄联邦关于保障关键基础设施生产和技术流程信息管理系统安全政策的优先方向》这一具有纲领性、指导性作用的政策文件。俄罗斯认为，关键基础设施是指对国家、联邦主体或行政区域正常运转起到关键作用的基础设施，一旦遭到攻击将对经济和社会造成不可逆转的负面影响，居民安全也受到巨大威胁。2015年1月，《俄联邦关键信息基础设施安全法》开始生效，该法明确了关键信息基础设施的概念、分类、主要保护措施、各部门职能分工、设备使用和管理监督等。2017年7月26日，俄罗斯总统普京签署修改的《俄联邦关键信息基础设施安全法》，标志着俄罗斯保护关键信息基础设施安全的法律体系基本形成。

日本《关键信息基础设施保护基本政策》将关键信息基础设施定义为明显的难以替代的服务，构成国民生活和社会经济活动的基础，如果其功能陷入停止、下降或不可利用状态，可能给国民生活或社会经济活动带来巨大影响。日本保护关键信息基础设施的政策最为主要的是日本信息安全政策会议制定的三次行动计划：2005年12月制定的《关于关键基础设施信息安全对策的行动计划》、2009年2月制定的《关于关键基础设施信息安全对策的第二次行动计划》、2015年5月制定的《关于关键基础设施信息安全对策的第三次行动计划》。这三个行动计划是日本政府与各关键基础设施企业之间共同制定并执行的行动准则。

我国的《网络安全法》借鉴国际立法经验和通行做法，根据中国国情和实践需要，对什么是关键信息基础设施进行了界定。《网络安全法》第三十一条规定："国家对公共通信和信息服务、能源、交通、水利、金融、公共服务、电子政务等重要行业和领域，以及其他一旦遭到破坏、丧失功能或者数据泄露，可能严重危害国家安全、国计民生、公共利益的关键信息基础设施，在网络安全等级保护制度的基础上，实行重点保护。关键信息基础设施的具体范围和安全保护办法由国务院制定。"根据该条，我国的关键信息基础设施是指一旦遭到破坏、丧失功能或者数据泄露，可能严重危害国家安全、国计民生、公共利益的重要网络设施和系统,并列举了公共通信和信息服务、能源、交通、水利、金融、公共服务、电子政务七个领域属于关键信息基础设施。这是我国首次在法律层面提出关键信息基础设施的概念,明确关键信息基础设施涉及的主要行业和领域,为我国明确关键信息基础设施的定义范畴提供了法律依据。

  关键信息基础设施是网络安全等级保护制度的对象,网络安全等级保护制度是关键信息基础设施保护的一项基础性制度。《网络安全法》第三十一条明确要求,在网络安全等级保护制度的基础上对关键信息基础设施实行重点保护。两项制度既不重复也不矛盾,既有相同的要求,也有不一样的要求。两者是普遍保护和重点保护的关系。等级保护制度借鉴了国际上通行的信息安全管理体系认证制度,关键信息基础设施因其重要,应当实行强制性的安全评测,遵守网络安全等级保护制度规定的管理要求和技术标准。其中,对关键信息基础设施保护的要求要高于网络安全等级保护制度的一般要求。关键信息基础设施的运营者除了按照网络安全等级保护制度的要求履行安全保护义务外,还要履行《网络安全法》第三十四条规定的安全保护义务。可见,网络安全保护制度是关键信息基础设施保护的一项基础性制度。

  网络安全等级保护的测评和定级为确定关键信息基础设施提供了依据。按照网络安全等级划分标准,网络运营者应当在第三级(含)以上网络中确定关键信息基础设施。关键信息基础设施本质上是一种聚合管理者、运营者以及第三方等力量的共同参与机制。通过这个机制,可以建立一个共享信息资源、技术经验和应对安全风险的平台,如《网络安全法》第三十一条第二款规定,国家鼓励关键信息基础设施以外的网络运营者自愿参与关键信息基础设施保护体系。总之,网络安全等级保护制度与关键信息基础设施安全保护这两项制度互为补充,共同发挥作用,也符合当前我国网络安全工作实际,有利于突出重点,提升网络安全保护能力水平。

(二)关键信息基础设施的范围

  美国在关键基础设施保护方面经验丰富,美国政府对关键基础设施的范围划分进行了多次调整。克林顿政府时期主要包括电信、电力系统、天然气及石油的存储和运输、银行和金融、交通运输、供水系统、紧急服务（包括医疗、警察、消防、救援）政府连续性等八个大类。小布什政府时期，经过不断修改，信息与通信部门、能源部门、银行与金融、交通运输、水利系统、应急服务部门、公共安全、关键制造业以及保证联邦、州和地方政府连续运作的领导机构等十八个基础设施部门入列。2013年奥巴马政府又细微调整为十六类。总体上美国对关键基础设施的分类正趋向稳定。

关于我国关键信息基础设施的具体范围，《网络安全法》并未明确，只是规定具体范围由国务院制定配套法规来确定。根据2017年7月11日国家互联网信息办公室发布的《关键信息基础设施安全保护条例（征求意见稿）》第三章第十八条规定，下列单位运行、管理的网络设施和信息系统，一旦遭到破坏、丧失功能或者数据泄露，可能严重危害国家安全、国计民生、公共利益的，应当纳入关键信息基础设施保护范围：（1）政府机关和能源、金融、交通、水利、卫生医疗、教育、社保、环境保护、公用事业等行业领域的单位；（2）电信网、广播电视网、互联网等信息网络，以及提供云计算、大数据和其他大型公共信息网络服务的单位；（3）国防科工、大型装备、化工、食品药品等行业领域科研生产单位；（4）广播电台、电视台、通讯社等新闻单位；（5）其他重点单位。

鉴于实践中关键信息基础设施的识别是动态的，并且比较复杂，因此，有必要制定关键信息基础设施识别指南作为统一标准。《关键信息基础设施安全保护条例（征求意见稿）》第十九条规定，国家网信部门会同国务院电信主管部门、公安部门等部门制定关键信息基础设施识别指南。国家行业主管或监管部门按照关键信息基础设施识别指南，组织识别本行业、本领域的关键信息基础设施，并按程序报送识别结果。关键信息基础设施识别认定过程中，应当充分发挥有关专家作用，提高关键信息基础设施识别认定的准确性、合理性和科学性。第二十条规定，新建、停运关键信息基础设施，或关键信息基础设施发生重大变化的，运营者应当及时将相关情况报告国家行业主管或监管部门。国家行业主管或监管部门应当根据运营者报告的情况及时进行识别调整，并按程序报送调整情况。

目前，不少行业主管部门制定了关键信息基础设施识别指南。例如，交通运输部制定的《交通运输关键信息基础设施识别认定指南（试行）》明确了交通运输关键信息基础设施的定义、识别方法和工作流程。在识别方法方面，一是根据交通运输领域关键核心业务对网络信息系统的依赖程度进行识别，二是根据网络信息系统自身重要程度进行识别。

二、关键信息基础设施安全保护主体的职责

《网络安全法》第三十二条规定："按照国务院规定的职责分工，负责关键信息基础设施安全保护工作的部门分别编制并组织实施本行业、本领域的关键信息基础设施安全规划，指导和监督关键信息基础设施运行安全保护工作。"

根据《关键信息基础设施安全保护条例（征求意见稿）》第四条规定，国家行业主管或监管部门按照国务院规定的职责分工，负责指导和监督本行业、本领域的关键信息基础设施安全保护工作。国家网信部门负责统筹协调关键信息基础设施安全保护工作和相关监督管理工作。国务院公安、国家安全、国家保密行政管理、国家密码管理等部门在各自职责范围内负责相关网络安全保护和监督管理工作。县级以上地方人民政府有关部门按照国家有关规定开展关键信息基础设施安全保护工作。

1. 关键信息基础设施安全保护部门的职责。《网络安全法》从国家、行业两个层面，分别规定了国家监管部门、行业主管部门在关键信息基础设施安全保护方面的职责。根据上述规定，国家行业主管或监管部门按照国务院规定的职责分工，负责指导和监督本行业、本领域的关键信息基础设施安全保护工作。

2. 关键信息基础设施运营者的职责。根据《网络安全法》和《关键信息基础设施安全保护条例（征求意见稿）》规定，关键信息基础设

施的运营者对本单位关键信息基础设施安全负主体责任，要落实网络安全保护义务责任，接受政府和社会监督，承担社会责任。国家监管部门、行业主管部门和县级以上地方人民政府有关部门负安全指导和监督责任，网络运营者承担安全主体责任。

3. 网络安全企业的作用。国家建立自愿参与关键信息基础设施保护机制。除了职能部门和关键信息基础设施主管部门外，网络安全企业也是关键信息基础设施保护的重要力量。《网络安全法》第三十一条规定："国家鼓励关键信息基础设施以外的网络运营者自愿参与关键信息基础设施保护体系。"《关键信息基础设施安全保护条例（征求意见稿）》第十二条规定，国家鼓励政府部门、运营者、科研机构、网络安全服务机构、行业组织、网络产品和服务提供者开展关键信息基础设施安全合作。

三、关键信息基础设施建设的"三同步"要求

《网络安全法》第三十三条规定："建设关键信息基础设施应当确保其具有支持业务稳定、持续运行的性能，并保证安全技术措施同步规划、同步建设、同步使用。"依照本条规定，建设关键信息基础设施，首先应当确保其性能，其次要落实网络系统建设与安全技术措施同步规划、同步建设、同步使用"三同步"要求。

关键信息基础设施是经济社会运行的神经中枢，与国家安全、社会稳定和公众利益密切相关，是网络安全的重中之重，必须确保其持续、稳定运行，因此法律对其技术性能提出更高的要求。实践中，一些网络发生安全事件，往往是在建设项目的设计阶段忽视安全技术保护需求，导致网络建成后存在重大安全隐患，而消除这些安全隐患需要事后付出巨大代价。因此，法律明确规定关键信息基础设施建设的"三同步"要求，目的是事前消除安全隐患、减少资源浪费，防止造成不可弥补的经济损失。落实"三同步"要求，一是关键信息基础设施要在项目设计阶段就按照规定落实安全技术要求设计；二是在项目经费申请中就要

编制落实安全技术措施所需的经费；三是严格按照安全技术措施设计要求施工；四是在项目验收中严格对安全技术措施进行调试、验收；五是要与安全技术措施同步启用运行。

四、关键信息基础设施运营者应当履行安全保护义务

根据《网络安全法》规定，关键信息基础设施运营者既要履行网络运营者的安全保护义务，又要履行作为关键信息基础设施运营者的安全保护义务。《网络安全法》第二十一条规定，网络运营者应当按照网络安全等级保护制度的要求，履行下列安全保护义务，保障网络免受干扰、破坏或者未经授权的访问，防止网络数据泄露或者被窃取、篡改：（一）制定内部安全管理制度和操作规程，确定网络安全负责人，落实网络安全保护责任；（二）采取防范计算机病毒和网络攻击、网络侵入等危害网络安全行为的技术措施；（三）采取监测、记录网络运行状态、网络安全事件的技术措施，并按照规定留存相关的网络日志不少于六个月；（四）采取数据分类、重要数据备份和加密等措施；（五）法律、行政法规规定的其他义务。《网络安全法》第三十四条规定："除本法第二十一条的规定外，关键信息基础设施的运营者还应当履行下列安全保护义务：（一）设置专门安全管理机构和安全管理负责人，并对该负责人和关键岗位的人员进行安全背景审查；（二）定期对从业人员进行网络安全教育、技术培训和技能考核；（三）对重要系统和数据库进行容灾备份；（四）制定网络安全事件应急预案，并定期进行演练；（五）法律、行政法规规定的其他义务。"

上述规定说明，关键信息基础设施运营者承担的安全保护义务要高于网络运营者按照网络安全等级保护制度要求承担的安全保护义务。除了承担作为网络运营者应当承担的安全保护义务外，还要承担《网络安全法》第三十四条规定的义务，这是由关键信息基础设施的重要地位所决定的。依照规定，关键信息基础设施运营者至少要履行九项安全保护义务。

《关键信息基础设施安全保护条例（征求意见稿）》进一步细化了网络安全法的有关规定。该条例第五条规定，关键信息基础设施的运营者对本单位关键信息基础设施安全负主体责任，履行网络安全保护义务，接受政府和社会监督，承担社会责任。第二十二条规定，运营者主要负责人是本单位关键信息基础设施安全保护工作第一责任人，负责建立健全网络安全责任制并组织落实，对本单位关键信息基础设施安全保护工作全面负责。第二十三条规定，运营者应当按照网络安全等级保护制度的要求，履行下列安全保护义务，保障关键信息基础设施免受干扰、破坏或者未经授权的访问，防止网络数据泄漏或者被窃取、篡改：（一）制定内部安全管理制度和操作规程，严格身份认证和权限管理；（二）采取技术措施，防范计算机病毒和网络攻击、网络侵入等危害网络安全行为；（三）采取技术措施，监测、记录网络运行状态、网络安全事件，并按照规定留存相关的网络日志不少于六个月；（四）采取数据分类、重要数据备份和加密认证等措施。第二十四条规定，除本条例第二十三条外，运营者还应当按照国家法律法规的规定和相关国家标准的强制性要求，履行下列安全保护义务：（一）设置专门网络安全管理机构和网络安全管理负责人，并对该负责人和关键岗位人员进行安全背景审查；（二）定期对从业人员进行网络安全教育、技术培训和技能考核；（三）对重要系统和数据库进行容灾备份，及时对系统漏洞等安全风险采取补救措施；（四）制定网络安全事件应急预案并定期进行演练；（五）法律、行政法规规定的其他义务。

关于网络安全管理负责人的安全职责，《关键信息基础设施安全保护条例（征求意见稿）》第二十五条规定，运营者网络安全管理负责人履行下列职责：（一）组织制定网络安全规章制度、操作规程并监督执行；（二）组织对关键岗位人员的技能考核；（三）组织制定并实施本单位网络安全教育和培训计划；（四）组织开展网络安全检查和应急演练，应对处置网络安全事件；（五）按规定向国家有关部门报告网络安全重要事项、事件。

关于网络安全关键岗位专业技术人员执政上岗，《关键信息基础设施安全保护条例（征求意见稿）》第二十六条规定，运营者网络安全关键岗位专业技术人员实行执证上岗制度。执证上岗具体规定由国务院人力资源社会保障部门会同国家网信部门等部门制定。

关于从业人员网络安全教育培训，《关键信息基础设施安全保护条例（征求意见稿）》第二十七条规定，运营者应当组织从业人员网络安全教育培训，每人每年教育培训时长不得少于一个工作日，关键岗位专业技术人员每人每年教育培训时长不得少于三个工作日。

五、关键信息基础设施运营者应当落实网络产品和服务国家安全审查制度

《网络安全法》第三十五条明确建立国家网络安全审查制度。该条规定，关键信息基础设施的运营者采购网络产品和服务，可能影响国家安全的，应当通过国家网信部门会同国务院有关部门组织的国家安全审查。根据《网络安全法》的规定，《关键信息基础设施安全保护条例（征求意见稿）》第三十一条规定，运营者采购网络产品和服务，可能影响国家安全的，应当按照网络产品和服务安全审查办法的要求，通过网络安全审查，并与提供者签订安全保密协议。

实践中，关键信息基础设施因使用的产品和服务存在安全漏洞、后门或者其他安全隐患而容易受到网络攻击、破坏，或者其存储、处理的数据资源被窃取、泄露，从而危害国家安全，国家网络安全审查是确保关键信息基础设施安全的国际通行做法。西方国家对关系国家安全的网络软硬件产品和服务会进行安全检测、评估，确定其是否符合安全标准和安全需求。国家网络安全审查是我国网络安全法律制度体系的重要组成部分。《网络安全法》依照世界贸易组织（WTO）国家安全例外原则，对关键信息基础设施运营者采购网络产品和服务应当通过国家安全审查做了明确规定。国家安全审查的目的是提高网络产品和服务安全可控水平，防范网络安全风险，维护国家安全。2015年颁布的《国家安全法》第五十九条规定：国家建立国家安全审查和监管的制度和机制，对影响或者可能影响国家安全的外商投资、特定物项和关键技术、网络

信息技术产品和服务、涉及国家安全事项的建设项目，以及其他重大事项和活动，进行国家安全审查，有效预防和化解国家安全风险。《网络安全法》的有关规定是《国家安全法》审查制度在网络安全领域的具体化。

需要指出的是，关键信息基础设施国家安全审查与《网络安全法》第二十三条规定的网络关键设备和网络安全专用产品的安全认证和安全检测制度有明显区别，主要是范围对象不同、依据内容不同、结论使用不同。前者只在可能影响国家安全的情形下启动，启动审查的条件、机制和程序由国家网信部门会同国务院有关部门共同确定。后者是对网络关键设备和网络专用产品进行认证、检测，确保其符合国家标准强制性要求。网络安全审查制度与外商投资国家安全审查制度也有明显区别，具体体现在审查重点、审查对象和审查内容等方面不同。

关键信息基础设施供应链安全是国家安全审查的重要内容。供应链包括硬件、软件和服务供应链，是一个具有全球性分布、供应商多样、产品服务复杂、全生命周期覆盖特点的复杂系统。各国高度重视关键信息基础设施供应链存在的安全风险，纷纷立法建立国家安全审查制度来保障供应链安全。美国是最早提出并系统实施供应链国家战略的国家，通过战略、法案、行政令、标准等构建了一套完整的供应链安全管理体系。2000 年，美国发布《国家信息安全保障采购政策》，对涉及国家安全的信息系统的采购进行安全审查，未通过安全审查的不得进入联邦政府的采购名单。美国针对联邦政府云计算服务出台《云计算环境信息系统安全授权》《联邦风险及授权管理计划》，国防领域出台《国防授权法案》《供应链风险要求》等相关安全审查政策，实现了对国家安全系统、国防系统、联邦政府系统的全面覆盖。

2017 年 5 月，国家互联网信息办公室正式发布了《网络产品和服务安全审查办法（试行）》，于 2017 年 6 月 1 日与《网络安全法》同步实施。作为网络安全顶层设计的延续，《网络产品和服务安全审查办法》明确了安全审查的目的、范围、内容及相关部门、机构职责等，标志着我国网络安全审查工作迈出了实质性步伐，对加强网络空间安全秩序维护、捍卫国家利益起到实质性推动作用。但是该审查办法只规范了制度框架，未明确审查依据和标准。

根据《网络产品和服务安全审查办法（试行）》规定，网络安全审查重点审查网络产品和服务的安全性、可控性，主要包括：（一）产品和服务自身的安全风险，以及被非法控制、干扰和中断运行的风险；（二）产品及关键部件生产、测试、交付、技术支持过程中的供应链安全风险；（三）产品和服务提供者利用提供产品和服务的便利条件非法收集、存储、处理、使用用户相关信息的风险；（四）产品和服务提供者利用用户对产品和服务的依赖，损害网络安全和用户利益的风险；（五）其他可能危害国家安全的风险。国家互联网信息办公室会同有关部门成立网络安全审查委员会，负责审议网络安全审查的重要政策，统一组织网络安全审查工作，协调网络安全审查相关重要问题。其网络安全审查委员会聘请相关专家组成网络安全审查专家委员会，在第三方评价基础上，对网络产品和服务的安全风险及其提供者的安全可信状况进行综合评估。网络安全审查办公室负责具体组织实施网络安全审查。按照国家有关要求、根据全国性行业协会建议和用户反映等，按程序确定审查对象，组织第三方机构、专家委员会对网络产品和服务进行网络安全审查，并发布或在一定范围内通报审查结果。金融、电信、能源、交通等重点行业和领域主管部门，根据国家网络安全审查工作要求，组织开展本行业、本领域网络产品和服务安全审查工作。公共通信和信息服务、能源、交通、水利、金融、公共服务、电子政务等重要行业和领域，以及其他关键信息基础设施的运营者采购网络产品和服务，可能影响国家安全的，应当通过网络安全审查。产品和服务是否影响国家安全由关键信息基础设施保护工作部门确定。网络产品和服务提供者应当对网络安全审查工作予以配合，并对提供材料的真实性负责。网络安全审查办公室不定期发布网络产品和服务安全评估报告。

2019年5月，国家互联网信息办公室对将取代《网络产品和服务安全审查办法（试行）》的《网络安全审查办法（征求意见稿）》向社会公开征求意见。《网络安全审查办法（征求意见稿）》由国家互联网信息办公室会同国家发展和改革委员会、工业和信息化部、公安部、国家安全部、商务部、财政部、中国人民银行、国家市场监督管理总局、国家广播电视总局、国家保密局、国家密码管理局联合起草，共 21 条，明确了网络安全审查的主体和职责分工、审查原则、启动程序、审查流程和时限要求、审查内容、监督办法等。

根据《网络安全审查办法（征求意见稿）》，网络安全审查坚持防范网络安全风险与促进先进技术应用、增强公正透明与保护知识产权相统一，坚持事前审查与持续监管、企业承诺与社会监督相结合，从产品和服务安全性、可能给国家安全带来的风险隐患等方面进行综合分析评判。中央网络安全和信息化委员会统一领导网络安全审查工作。国家互联网信息办公室会同国家发展和改革委员会、工业和信息化部、公安部、国家安全部、商务部、财政部、中国人民银行、国家市场监督管理总局、国家广播电视总局、国家保密局、国家密码管理局建立国家网络安全审查工作机制。网络安全审查办公室设在国家互联网信息办公室，负责组织制定网络安全审查相关制度规定和工作程序、组织网络安全审查、监督审查决定的实施。

根据《网络安全审查办法（征求意见稿）》，运营者采购网络产品和服务时，应预判产品和服务上线运行后带来的潜在安全风险，形成安全风险报告。可能导致以下情况的，应当向网络安全审查办公室申报网络安全审查：（一）关键信息基础设施整体停止运转或主要功能不能正常运行；（二）大量个人信息和重要数据泄露、丢失、毁损或出境；（三）关键信息基础设施运行维护、技术支持、升级更新换代面临供应链安全威胁；（四）其他严重危害关键信息基础设施安全的风险隐患。

根据《网络安全审查办法（征求意见稿）》，对于申报网络安全审查的采购活动，运营者应通过采购文件、合同或其他有约束力的手段要求产品和服务提供者配合网络安全审查，并与产品和服务提供者约定网络安全审查通过后合同方可生效。运营者申报网络安全审查时，应当提交以下材料：（一）申报书；（二）安全风险报告；（三）采购合同、协议等；（四）网络安全审查办公室要求的其他材料。网络安全审查办公室受理网络安全审查后，应在三十个工作日内完成初步审查，情况复杂的可延长十五个工作日。

根据《网络安全审查办法（征求意见稿）》，网络安全审查重点评估采购活动可能带来的国家安全风险，主要考虑以下因素：（一）对关键信息基础设施持续安全稳定运行的影响，包括关键信息基础设施被控制、被干扰和业务连续性被损害的可能性；（二）导致大量个人信息和重要数据泄露、丢失、毁损、出境等的可能性；（三）产品和服务的可控性、透明性以及供应链安全，包括因为政治、外交、贸易等非技术因素导致产品和服务供应中断的可能性；（四）对国防军工、关键信息基础设施相关技术和产业的影响；（五）产品和服务提供者遵守国家法律与行政法规情况，以及承诺承担的责任和义务；（六）产品和服务提供者受外国政府资助、控制等情况；（七）其他可能危害关键信息基础设施安全和国家安全的因素。

根据《网络安全审查办法（征求意见稿）》，网络安全审查办公室完成初步审查后，应形成审查结论建议，并送网络安全审查工作机制成员单位征求意见。审查结论建议包括通过审查、附条件通过审查、未通过审查三种情况。网络安全审查工作机制成员单位应在十五个工作日内书面回复意见。网络安全审查工作机制成员单位意见一致的，网络安全审查办公室以书面形式将审查结论反馈运营者；意见不一致的，进入特别审查程序并通知运营者。进入特别审查程序的，网络安全审查办公室应进一步听取相关部门、专业机构、专家意见，进行深入分析评估，形成审查结论建议，征求网络安全审查工作机制成员单位意见后，按程序报中央网络安全和信息化委员会批准。特别审查原则上应在四十五个工作日内完成，情况复杂的可以延长。网络安全审查办公室要求提供补充材料等，运营者应予以配合。审查时间从提交补充材料之日起计算。运营者应对所提供材料的真实性负责。在审查过程中拒绝按要求提供材料或故意提供虚假材料的，按未通过安全审查处理。

根据《网络安全审查办法（征求意见稿）》，参与网络安全审查的人员对审查工作中获悉的信息等承担保密义务，不得用于审查以外的目的。运营者应加强安全管理，督促产品和服务提供者认真履行网络安全审查中作出的承诺。网络安全审查办公室通过抽查、接受举报等形式加强事中事后监管。

根据《网络安全审查办法（征求意见稿）》，关键信息基础设施运营者是指经关键信息基础设施保护工作部门认定的运营者。安全可控是指产品和服务提供者不得利用提供产品和服务的便利条件非法获取用户数据、非法控制和操纵用户设备，不得利用用户对产品和服务的依赖性牟取不正当利益或者迫使用户更新换代等。

六、关键信息基础设施运营者应当落实采购网络产品和服务安全保密义务

鉴于关键信息基础设施的敏感性、保密性，关键信息基础设施运营者在采购网络产品和服务时，应当按照规定与网络产品和服务的提供者签订安全保密协议，明确其安全和保密义务与责任。安全保密协议应当包括需要保密事项、安全保密责任、限制性条件、安全保密期限、违约责任、争议的解决办法以及协议有效期等。对此，相关法律法规作出了明确规定。《网络安全法》第三十六条规定："关键信息基础设施的运营者采购网络产品和服务，应当按照规定与提供者签订安全保密协议，明确安全和保密义务与责任。"《关键信息基础设施安全保护条例（征求意见稿）》第三十一条规定，运营者采购网络产品和服务，可能影响国家安全的，应当按照网络产品和服务安全审查办法的要求，通过网络安全审查，并与提供者签订安全保密协议。第三十四条规定，关键信息基础设施的运行维护应当在境内实施。因业务需要，确需进行境外远程维护的，应事先报国家行业主管或监管部门和国务院公安部门。

七、关键信息基础设施运营者应当落实个人信息和重要数据境内存储制度

《网络安全法》第三十七条规定，关键信息基础设施的运营者在中华人民共和国境内运营中收集和产生的个人信息和重要数据应当在境

内存储。因业务需要，确需向境外提供的，应当按照国家网信部门会同国务院有关部门制定的办法进行安全评估；法律、行政法规另有规定的，依照其规定。《关键信息基础设施安全保护条例（征求意见稿）》第二十九条也对此进行了明确规定。《数据安全管理办法（征求意见稿）》第二十八条亦规定，网络运营者发布、共享、交易或向境外提供重要数据前，应当评估可能带来的安全风险，并报经行业主管监管部门同意；行业主管监管部门不明确的，应经省级网信部门批准。

（一）个人信息和重要数据境内存储制度

当今社会已经进入数字化时代，关键信息基础设施汇集了大量的个人信息和重要数据，个人信息涉及隐私，大数据是国家重要的战略资源。2014年7月，俄罗斯国家杜马通过法律，禁止在境外存储本国公民的数据，该法律适用于电子邮件服务、社交网络和搜索引擎，包括脸谱、谷歌等外国网络企业都要遵守该项法律，否则将被列入黑名单。

《网络安全法》要求关键信息基础设施的运营者在中华人民共和国境内运营中收集和产生的个人信息和重要数据应当在境内存储，主要目的是为了保护个人隐私安全和事关国家安全、经济安全的重要数据。考虑到网络业务的特点，对因业务需要的数据在经过安全评估后，可以向境外提供。开展安全评估的目的，主要是监督并保证出境的数据符合我国的安全标准和要求，不危害国家安全、公共利益和公民个人合法权益。同时，考虑到某些行政执法、执法合作和特定商业活动的需要，《网络安全法》明确法律、行政法规可以做出特别规定。

根据国家互联网信息办公室会同相关部门研究起草的《数据安全管理办法（征求意见稿）》规定，个人信息，是指以电子或者其他方式记录的能够单独或者与其他信息结合识别自然人个人身份的各种信息，包括但不限于自然人的姓名、出生日期、身份证件号码、个人生物识别信息、住址、电话号码等。重要数据，是指一旦泄露可能直接影响国家安全、经济安全、社会稳定、公共健康和安全的数据，如未公开的政府信息，大面积人口、基因健康、地理、矿产资源等。重要数据一般不包括企业生产经营和内部管理信息、个人信息等。

（二）个人信息出境安全评估制度

欧盟的《通用数据保护条例》规定：欧盟公民的个人数据只能在满足该条例的条款下流动，居民个人信息（这些个人信息可能是不包含任何隐私的）数据进行合法的跨境存储和传输。2019年6月，国家互联网信息办公室向社会公开征求对《个人信息出境安全评估办法（征求意见稿)》的意见。[①] 根据该办法规定，个人敏感信息，是指一旦被泄露、窃取、篡改、非法使用可能危害个人信息主体人身、财产安全，或导致个人信息主体名誉、身心健康受到损害等的个人信息。

《个人信息出境安全评估办法（征求意见稿)》规定，网络运营者向境外提供在中华人民共和国境内运营中收集的个人信息，应当进行安全评估。经安全评估认定个人信息出境可能影响国家安全、损害公共利益，或者难以有效保障个人信息安全的，不得出境。个人信息出境前，网络运营者应当向所在地省级网信部门申报个人信息出境安全评估。向不同的接收者提供个人信息应当分别申报安全评估，向同一接收者多次或连续提供个人信息无需多次评估。每两年或者个人信息出境目的、类型和境外保存时间发生变化时应当重新评估。

《个人信息出境安全评估办法（征求意见稿)》规定，网络运营者申报个人信息出境安全评估应当提供以下材料，并对材料的真实性、准确性负责：（一）申报书；（二）网络运营者与接收者签订的合同；（三）个人信息出境安全风险及安全保障措施分析报告；（四）国家网信部门要求提供的其他材料。省级网信部门在收到个人信息出境安全评估申报材料并核查其完备性后，应当组织专家或技术力量进行安全评估。安全评估应当在十五个工作日内完成，情况复杂的可以适当延长。

《个人信息出境安全评估办法（征求意见稿)》规定，个人信息出境安全评估重点评估以下内容：（一）是否符合国家有关法律法规和政策规定；（二）合同条款是否能够充分保障个人信息主体合法权益；（三）合同能否得到有效执行；（四）网络运营者或接收者是否

[①] http://www.cac.gov.cn/2019-06/13/c_1124613618.htm.

有损害个人信息主体合法权益的历史、是否发生过重大网络安全事件；（五）网络运营者获得个人信息是否合法、正当；（六）其他应当评估的内容。省级网信部门在将个人信息出境安全评估结论通报网络运营者的同时，应将个人信息出境安全评估情况报国家网信部门。

《个人信息出境安全评估办法（征求意见稿）》规定，网络运营者对省级网信部门的个人信息出境安全评估结论存在异议的，可以向国家网信部门提出申诉。网络运营者应当建立个人信息出境记录并且至少保存五年，记录包括：（一）向境外提供个人信息的日期时间；（二）接收者的身份，包括但不限于接收者的名称、地址、联系方式等；（三）向境外提供的个人信息的类型及数量、敏感程度；（四）国家网信部门规定的其他内容。网络运营者应当每年12月31日前将本年度个人信息出境情况、合同履行情况等报所在地省级网信部门。发生较大数据安全事件时，应及时报所在地省级网信部门。省级网信部门应当定期组织检查运营者的个人信息出境记录等个人信息出境情况，重点检查合同规定义务的履行情况、是否存在违反国家规定或损害个人信息主体合法权益的行为等。发现损害个人信息主体合法权益、数据泄露安全事件等情况时，应当及时要求网络运营者整改，通过网络运营者督促接收者整改。

《个人信息出境安全评估办法（征求意见稿）》规定，出现以下情况之一时，网信部门可以要求网络运营者暂停或终止向境外提供个人信息：（一）网络运营者或接收者发生较大数据泄露、数据滥用等事件；（二）个人信息主体不能或者难以维护个人合法权益；（三）网络运营者或接收者无力保障个人信息安全。任何个人和组织有权对违反本办法规定向境外提供个人信息的行为，向省级以上网信部门或者相关部门举报。网络运营者与个人信息接收者签订的合同或者其他有法律效力的文件（统称合同），应当明确：（一）个人信息出境的目的、类型、保存时限；（二）个人信息主体是合同中涉及个人信息主体权益的条款的受益人；（三）个人信息主体合法权益受到损害时，可以自行或者委托代理人向网络运营者或者接收者或者双方索赔，网络运营者或者接收者应当予以赔偿，除非证明没有责任；（四）接收者所在国家法律环境发生变化导致合同难以履行时，应当终止合同，或者重新进行安全评估；

（五）合同的终止不能免除合同中涉及个人信息主体合法权益有关条款规定的网络运营者和接收者的责任和义务，除非接收者已经销毁了接收到的个人信息或作了匿名化处理；（六）双方约定的其他内容。

《个人信息出境安全评估办法（征求意见稿）》规定，合同应当明确网络运营者承担以下责任和义务：（一）以电子邮件、即时通信、信函、传真等方式告知个人信息主体网络运营者和接收者的基本情况，以及向境外提供个人信息的目的、类型和保存时间；（二）应个人信息主体的请求，提供本合同的副本；（三）应请求向接收者转达个人信息主体诉求，包括向接收者索赔；个人信息主体不能从接收者获得赔偿时，先行赔付。合同应当明确接收者承担以下责任和义务：（一）为个人信息主体提供访问其个人信息的途径，个人信息主体要求更正或者删除其个人信息时，应在合理的代价和时限内予以响应、更正或者删除；（二）按照合同约定的目的使用个人信息，个人信息的境外保存期限不得超出合同约定的时限；（三）确认签署合同及履行合同义务不会违背接收者所在国家的法律要求，当接收者所在国家和地区法律环境发生变化可能影响合同执行时，应当及时通知网络运营者，并通过网络运营者报告网络运营者所在地省级网信部门。

《个人信息出境安全评估办法（征求意见稿）》规定，合同应当明确接收者不得将接收到的个人信息传输给第三方，除非满足以下条件：（一）网络运营者已经通过电子邮件、即时通信、信函、传真等方式将个人信息传输给第三方的目的、第三方的身份和国别，以及传输的个人信息类型、第三方保留时限等通知个人信息主体；（二）接收者承诺在个人信息主体请求停止向第三方传输时，停止传输并要求第三方销毁已经接收到的个人信息；（三）涉及到个人敏感信息时，已征得个人信息主体同意；（四）因向第三方传输个人信息对个人信息主体合法权益带来损害时，网络运营者同意先行承担赔付责任。

《个人信息出境安全评估办法（征求意见稿）》规定，网络运营者关于个人信息出境安全风险及安全保障措施分析报告应当至少包括：（一）网络运营者和接收者的背景、规模、业务、财务、信誉、网络安全能力等；（二）个人信息出境计划，包括持续时间、涉及的个人信息主体数量、向境外提供的个人信息规模、个人信息出境后是否会再向第三方传输等；（三）个人信息出境风险分析和保障个人信息安全和个人信息主体合法权益的措施。

《个人信息出境安全评估办法（征求意见稿）》规定，网络运营者违反本办法规定向境外提供个人信息的，依照有关法律法规进行处理。境外机构经营活动中，通过互联网等收集境内用户个人信息，应当在境内通过法定代表人或者机构履行本办法中网络运营者的责任和义务。

八、关键信息基础设施运营者应当落实网络安全检测评估要求

根据《网络安全法》的规定，《关键信息基础设施安全保护条例（征求意见稿）》细化了网络安全检测评估要求。该条例规定，运营者应当建立健全关键信息基础设施安全检测评估制度，关键信息基础设施上线运行前或者发生重大变化时应当进行安全检测评估。运营者应当自行或委托网络安全服务机构对关键信息基础设施的安全性和可能存在的风险隐患每年至少进行一次检测评估，对发现的问题及时进行整改，并将有关情况报国家行业主管或监管部门。运营者应当对外包开发的系统、软件，接受捐赠的网络产品，在其上线应用前进行安全检测。第三十三条规定，运营者发现使用的网络产品、服务存在安全缺陷、漏洞等风险的，应当及时采取措施消除风险隐患，涉及重大风险的应当按规定向有关部门报告。

《关键信息基础设施安全保护条例（征求意见稿）》规定，有关部门组织开展关键信息基础设施安全检测评估，应坚持客观公正、高效透明的原则，采取科学的检测评估方法，规范检测评估流程，控制检测评估风险。运营者应当对有关部门依法实施的检测评估予以配合，对检测评估发现的问题及时进行整改。有关部门组织开展关键信息基础设施安全检测评估，可采取下列措施：（一）要求运营者相关人员就检测评估

事项作出说明；（二）查阅、调取、复制与安全保护有关的文档、记录；（三）查看网络安全管理制度制定、落实情况以及网络安全技术措施规划、建设、运行情况；（四）利用检测工具或委托网络安全服务机构进行技术检测；（五）经运营者同意的其他必要方式。

《关键信息基础设施安全保护条例（征求意见稿）》规定，有关部门以及网络安全服务机构在关键信息基础设施安全检测评估中获取的信息只能用于维护网络安全的需要，不得用于其他用途。有关部门组织开展关键信息基础设施安全检测评估，不得向被检测评估单位收取费用，不得要求被检测评估单位购买指定品牌或者指定生产、销售单位的产品和服务。

九、关键信息基础设施安全保护统筹协调机制

根据《网络安全法》第三十九条的规定，国家网信部门应当统筹协调有关部门对关键信息基础设施的安全保护采取下列措施：（一）对关键信息基础设施的安全风险进行抽查检测，提出改进措施，必要时可以委托网络安全服务机构对网络存在的安全风险进行检测评估。（二）定期组织关键信息基础设施的运营者进行网络安全应急演练，提高应对网络安全事件的水平和协同配合能力。（三）促进有关部门、关键信息基础设施的运营者以及有关研究机构、网络安全服务机构等之间的网络安全信息共享。（四）对网络安全事件的应急处置与网络功能的恢复等提供技术支持和协助。

有关部门是指国务院公安、国家安全、国家保密行政管理、国家密码管理等部门。有关部门组织开展关键信息基础设施安全风险检测，既可以由有关部门自己开展，也可以委托网络安全服务机构进行。除了国家网信部门统筹协调、有关部门组织开展外，《网络安全法》第三十八条规定，关键信息基础设施的运营者应当自行或者委托网络安全服务机构对其网络的安全性和可能存在的风险每年至少进行一次检测评估，并将检测评估情况和改进措施报送相关负责关键信息基础设施安全保护工

作的部门。

有关部门要组织开展关键信息基础设施应急演练，目的是提高应对网络安全事件的水平和协同配合能力。国家网信部门按照国家网络安全事件应急预案的要求，统筹有关部门建立健全关键信息基础设施网络安全应急协作机制，加强网络安全应急力量建设，指导协调有关部门组织跨行业、跨地域网络安全应急演练。国家行业主管或监管部门应当组织制定本行业、本领域的网络安全事件应急预案，并定期组织演练，提升网络安全事件应对和灾难恢复能力。发生重大网络安全事件或接到网信部门的预警信息后，应立即启动应急预案组织应对，并及时报告有关情况。

有关部门要加强与关键信息基础设施的运营者、有关研究机构、网络安全服务机构等之间网络安全信息共享，一般是通过建立机制实现。有关部门要建立技术支持力量和专家团队，一旦关键信息基础设施发生网络安全事件，要为应急处置提供技术支持和协助。国家行业主管或监管部门应当定期组织对本行业、本领域关键信息基础设施的安全风险以及运营者履行安全保护义务的情况进行抽查检测，提出改进措施，指导、督促运营者及时整改检测评估中发现的问题。国家网信部门统筹协调有关部门开展的抽查检测工作，避免交叉重复检测评估。

十、境外行为人危害关键信息基础设施安全的处理

《网络安全法》第七十五条规定："境外的机构、组织、个人从事攻击、侵入、干扰、破坏等危害中华人民共和国的关键信息基础设施的活动，造成严重后果的，依法追究法律责任；国务院公安部门和有关部门并可以决定对该机构、组织、个人采取冻结财产或者其他必要的制裁措施。"

网络无国界、无边界，但是网络有主权。实践中，中国面临大量来自境外的网络攻击、入侵、干扰、破坏活动。为此，《网络安全法》明确规定对损害我关键基础设施安全的境外行为人予以追究、制裁。"境

外机构",是指中华人民共和国境内边境以外的国家或者地区的机构;"境外组织",是指中华人民共和国境内边境以外的国家和地区的社会性团体等;"境外机构、组织"包括境外机构、组织在中华人民共和国境内设立的分支(代表)机构和分支组织;"境外个人"是指外国公民、无国籍人以及外籍华人,包括居住在中华人民共和国境内不具有中华人民共和国国籍的人。"从事攻击、侵入、干扰、破坏等危害中华人民共和国的关键信息基础设施的活动",主要是指网络攻击、侵入、干扰、破坏关键信息基础设施。"严重后果",目前暂无明确规定,有待相关配套法规进一步明确。根据实际情况,一般是指关键信息基础设施丧失功能、数据泄露,或者造成重大经济损失和人员伤亡等。

境外的机构、组织、个人从事攻击、侵入、干扰、破坏等危害关键信息基础设施活动,造成严重后果的,依法追究法律责任,同时公安部门和有关部门可以采取冻结财产或者其他必要的制裁措施。"依法追究法律责任",包括追究境外的机构、组织、个人的刑事法律责任、行政法律责任、民事法律责任。具体追究哪种法律责任视具体情况而定。"其他必要的制裁措施"暂无明确规定,有待相关配套法律法规予以明确,一般是指经济制裁、禁止入境等。

第六章
网络安全监测预警和信息通报相关法律问题

一、网络安全监测预警和信息通报的界定

现行法律法规未明确"网络安全监测预警"和"网络安全信息通报"的含义。根据我国网络安全工作实践情况，网络安全监测，是指运用专门的网络技术手段和平台，持续性对目标网络节点、信息系统、网络终端等进行 24 小时实时监控，从而掌握网络安全运行情况，发现网络安全风险隐患的专门措施。网络安全监测与安全检测不同，安全检测是指依照标准运用技术方法检验测试网络系统、设备设施的技术性能指标。网络安全预警，是指对通过网络安全监测发现获取的网络安全信息，经过分析研判和安全评估，认为有发生网络入侵、攻击、干扰、破坏和非法使用等网络安全事件的危险，及时向有关部门、网络运营者和社会发出安全警示，提示有关部门、网络运营者和和社会及时采取安全防范措施，防止造成危害和损失。网络安全信息通报，是指网络安全专门通报机构将掌握和监测发现的网络安全风险、预警信息告知相关网络运营者、行业主管部门，必要时向社会发布预警，提示采取必要的措施，防止造成损失。

二、网络安全监测预警和信息通报制度的意义

网络安全监测预警和信息通报是网络安全防控体系建设的重要组成部分，是及时有效发现、预警和管控网络安全风险隐患，妥善处置网络安全事件的前提和基础。

网络安全监测预警和信息通报制度是网络安全基础性制度，是实现网络安全信息共享，有效防范化解网络安全风险，提高网络安全防范和应急水平的制度。通过立法建立网络安全监测预警和信息通报制度，具有重要意义。一是有利于实现预警预防预知。监测预警是及时发现、有效防范、快速处置网络安全事件和风险隐患必不可少的环节和手段。通过网络安全技术工具平台和方法手段，实现对目标网络的全天候态势感知，可及时发现安全漏洞、网络入侵、网络攻击、恶意程序传播、网络异常等安全情况。二是有利于快速处置网络安全突发事件。通过及时通报预警网络安全漏洞、威胁动态，可为防范网络安全事件赢得时间、赢得主动，做到预警在先、防范在先，掌握事件处置的主动权。在网络安全风险和事件防范处置工作中，及时、准确地掌握网络安全预警信息非常重要，只有加强安全监测，才能做到早发现、早预警、早处置，防止造成危害后果。三是有利于实现网络安全预警信息共享和能力协同。信息通报是网络安全信息资源共享、力量协同的重要渠道和方式。通过建立网络安全信息通报机制，发挥通报机制覆盖面广、信息权威可靠等作用，可以实现网络安全预警信息共享和能力协同，为各部门和行业网络安全防范提供威胁情报信息支撑，为排查整改安全隐患提供信息支持，为抵御网络安全风险、处置网络安全突发事件提供资源支持，为网络安全事件调查和处理提供力量支持。

随着社会信息化程度的日益提高，网络与信息安全的风险和现实危害也越来越大，加强信息共享、提高预警防范能力已成为世界各国的共识和努力方向。各国普遍重视网络安全监测预警和信息通报制度建设。从国际上看，网络发达国家为了提高信息汇总和网络安全态势感知能

力，纷纷组建专门的监测预警和信息通报机构，加强网络安全态势感知系统平台建设，加强与相关部门和网络安全企业的安全协作。

一是加强网络空间安全态势感知建设。网络空间态势感知是一种辅助安全分析人员进行决策的技术系统，通过对网络系统安全状况监测的可视化，便于发现掌握网络安全动向，及时部署安全策略。美国是最早建设网络安全态势感知系统的国家，在网络安全态势感知方面成效显著。根据媒体公开报告，美国的态势感知系统建设有"国家网络安全防护系统 NCPS（包含爱因斯坦计划）""信息安全连续监测计划""全球预警信息系统""社交媒体监控与态势感知计划"等。为了应对网络安全攻击，美国在 2003 年启动了爱因斯坦计划，目标是在政府网络出口部署入侵检测、NetFlow 检测、入侵防护系统，提供攻击的早期预警和防护；2007 年提出可信互联网连接（TIC）计划，目标是将联邦政府 8000 个网络出口归并为 50 个左右。日本建有"因特网扫描数据获取系统""网络事件分析战术应急响应中心系统"等。欧洲建有"欧洲龙虾计划""袋熊计划""北约计算机事件响应能力与全面作战能力项目"等。

二是加强网络安全信息共享机制建设。美国为应对网络安全威胁，积极倡导和推进网络安全信息共享。"9·11"恐怖袭击事件发生后，为应对恐怖主义等各类网络安全威胁，美国开始构想网络安全信息共享战略，推进网络安全信息共享政策制定和立法。2003 年 2 月，美国出台的《网络空间安全国家战略》明确提出建立信息共享与分析中心，确保接收实时的网络威胁和漏洞数据。2007 年 12 月，国防部出台《国家信息共享战略：提升相关恐怖主义信息共享的成功与挑战》。2010 年，美国联邦调查局、司法部、国防部和国土安全部合作制定《国家网络安全事件应急响应方案》，规划了美政府网络安全事件应急响应体系的整体架构和流程，其中，"国家网络风险预警系统"部分明确了网络安全通报预警工作的责任分工和运行程序。2012 年 12 月，奥巴马总统签署《美国信息共享与安全保障国家战略》，对信息共享的流程、标准与技术提供有效的政策指导。2014 年 10 月，美国国家技术标准研究所发布《网络威胁情报共享指南标准》，为联邦政府和相关企业机构协调处理网络威胁事件提供指南标准。2009年，美国成立国家网络安全与通讯联合中心，负责网络安全通报预警。2016年4月，美国国家标准技术研究院发布第二版《美国网络空间安全威胁信息共享指南》，为美国联邦政府网络安全威胁信息共享工作指明了方向。为进一步加强网络安全信息共享分析，2017年，美国在国土安全部下新设立国家网络安全和信息集成中心（NCCIC）。

我国十分重视网络安全监测预警和信息通报制度建设。早在2004年，中央就指示要求在公安部组建国家网络与信息安全信息通报中心，建设国家网络与信息安全信息通报机制，负责国家网络安全监测预警和信息通报工作。2014年12月，中共中央办公厅、国务院办公厅出台的《关于加强社会治安防控体系建设的意见》要求"建立健全相关的信息安全保障体系，实现对基础设施、信息和应用等资源的立体化、自动化安全监测，对终端用户和应用系统的全方位、智能化安全防护"。2015年1月公安部专门发出通知，要求加快推进网络与信息安全通报机制建设，建立省市两级网络与信息安全信息通报机制，积极推动专门机构建设，建立网络安全态势感知监测通报手段和信息通报预警及应急处置体系；要求建设网络安全态势感知监测通报平台，为开展相关工作提供技术保障。2015年7月公安部再次发出通知，要求组织开展网络安全态势感知与通报预警平台建设。2015年，中共中央办公厅印发《关于全面深化公安改革若干重大问题的框架意见》，明确要求"完善网络安全风险监测预警和通报处置机制"。2016年4月19日，习近平主席在网络安全和信息化工作座谈会上提出："要树立正确的网络安全观，加快构建关键信息基础设施安全保障体系，全天候全方位感知网络安全态势，增强网络安全防御能力和威慑能力。"2016年12月15日，国务院关于印发《"十三五"国家信息化规划的通知》（国发〔2016〕73号）中明确提出要全天候全方位感知网络安全态势，加强网络安全态势感知、监测预警和应急处置能力建设。2016年12月，工业和信息化部、国家发展改革委《关于印发信息产业发展指南的通知》要求"健全跨行业、跨部门的应急协调机制，切实提升网络与信息安全事件的预警通报、监测发现和快速处置能力。加强政府和企业之间的安全威胁信息共享"。《网络安全法》网络安全法第五十一条明确规定，国家建立网络安全监测预警和信息通报制度，为推动我国网络安全监测预警和信息通报制度建设提供了法律保障。2017年中央网络安全和信息化领导小组办公室印发的《国家网络安全事件应急预案》对监测与预警做了明确规定。

三、网络安全监测预警和信息通报工作机制

《网络安全法》第五十一条规定，国家网信部门应当统筹协调有关部门加强网络安全信息收集、分析和通报工作，按照规定统一发布网络安全监测预警信息。《关键信息基础设施安全保护条例（征求意见稿）》规定，国家网信部门统筹建立关键信息基础设施网络安全监测预警体系和信息通报制度，组织指导有关机构开展网络安全信息汇总、分析研判和通报工作，按照规定统一发布网络安全监测预警信息。

1. 国家网信部门的职责。依照规定，国家网信部门统筹协调有关部门加强网络安全信息收集、分析和通报工作，按照规定统一发布网络安全监测预警信息。国家网信部门是指中央网信办（国家互联网信息办公室）。赋予国家网信部门统筹协调职能，是为了统筹协调网络安全监测预警和信息通报工作重大事项，更好地发挥监测预警和信息通报机制的作用。目前，中央网信办所属国家计算机网络应急技术处理协调中心（CNCERT）负责公共互联网网络安全监测预警技术保障工作。

2. 公安机关的职责。公安机关具体负责网络安全监测预警和信息通报工作。目前，网络安全与信息通报机构设在公安机关。国家以各级网络与信息安全信息通报机构为牵头，建立了全国性的网络安全监测预警和信息通报机制体系。自2004年我国国家网络与信息安全信息通报中心（设在公安部）组建以来，经过十几年的建设发展，基本建成了国家、省级、地市三级全覆盖的全国网络安全监测预警和信息通报机构机制体系，在网络安全工作中发挥了重要作用。在国家层面，由国家网络与信息安全信息通报中心牵头，建立了由中央国家机构、中央企业、

金融机构等为成员单位，国内具有实力的网络安全企业为技术支持单位，院士和知名专家参加的国家网络与信息安全信息通报机制。在地方层面，由各级网络与信息安全信息通报中心牵头，建立了由地方机关、重要企业、金融机构为成员单位，有实力的网络安全企业为技术支持单位，专家参加的地方网络与信息安全信息通报机制。国家网络与信息安全信息通报中心负责监测计算机病毒、网络攻击、安全漏洞及重要信息网络运行状况和异常情况等重大网络安全情况，负责网络安全信息的收集、汇总、分析、通报和报告，指导各行业、各地方和网络运营者建立健全内部网络安全信息通报机制，开展网络安全监测预警和信息通报工作。国家网络与信息安全信息通报中心制定了网络安全监测预警和信息通报工作规范制度，明确了开展网络安全监测预警和信息通报工作的职责任务和要求。

3. 其他有关部门的职责。《网络安全法》第五十二条规定："负责关键信息基础设施安全保护工作的部门，应当建立健全本行业、本领域的网络安全监测预警和信息通报制度，并按照规定报送网络安全监测预警信息。"负责关键信息基础设施安全保护工作的部门包括网信部门、公安机关和关键信息基础设施行业主管部门及其网络运营者。《关键信息基础设施安全保护条例（征求意见稿）》规定，国家行业主管或监管部门应当建立健全本行业、本领域的关键信息基础设施网络安全监测预警和信息通报制度，及时掌握本行业、本领域关键信息基础设施运行状况和安全风险，向有关网络运营者通报网络安全风险和相关工作信息。2017年中央网络安全和信息化领导小组办公室印发的《国家网络安全事件应急预案》规定，各单位按照"谁主管谁负责、谁运行谁负责"的要求，组织对本单位建设运行的网络和信息系统开展网络安全监测工作。重点行业主管或监管部门组织指导做好本行业网络安全监测工作。工业和信息化部2017年出台了《公共互联网网络安全威胁监测与处置办法》，对公共互联网网络安全威胁监测与处置进行了明确规范。该办法规定，工业和信息化部负责组织开展全国公共互联网网络安全威胁监测与处置工作；各省、自治区、直辖市通信管理局负责组织开展本行政区域内公共互联网网络安全威胁监测与处置工作。

四、网络安全监测预警和信息通报工作任务

根据网络安全工作实践，网络安全监测预警和信息通报工作的主要任务：一是建立完善全国网络安全监测预警和信息通报组织机构体系。二是建设完善网络安全监测预警和信息通报工作平台。三是组织开展网络安全监测预警和信息通报工作，加强对网络安全的监测，实时掌握网络安全运行状况，及时通报网络攻击、网络入侵、恶意程序、网页篡改、安全漏洞等安全隐患和事件信息情况。四是发生重大突发网络安全事件时，及时通报有关网络安全事件的详细情况、处置措施以及处置结果等情况。五是加强网络安全信息共享，通报各行业、成员单位网络安全状况、保障工作情况等。

第七章
网络安全事件应急相关法律问题

一、网络安全事件应急工作机制

网络安全事件是指由于自然或者人为以及软硬件本身缺陷的原因，对网络信息系统造成危害，或对社会造成负面影响的事件。根据安全标准《信息安全技术 信息安全事件分类分级指南》（GB/Z 20986－2007），网络安全事件分为有害程序事件、网络攻击事件、信息破坏事件、信息内容安全事件、设备设施故障、灾害性事件和其他网络安全事件等。有害程序事件分为计算机病毒事件、蠕虫事件、特洛伊木马事件、僵尸网络事件、混合程序攻击事件、网页内嵌恶意代码事件和其他有害程序事件。网络攻击事件分为拒绝服务攻击事件、后门攻击事件、漏洞攻击事件、网络扫描窃听事件、网络钓鱼事件、干扰事件和其他网络攻击事件。信息破坏事件分为信息篡改事件、信息假冒事件、信息泄露事件、信息窃取事件、信息丢失事件和其他信息破坏事件。信息内容安全事件是指通过网络传播法律法规禁止信息，组织非法串联、煽动集会游行或炒作敏感问题并危害国家安全、社会稳定和公众利益的事件。设备设施故障分为软硬件自身故障、外围保障设施故障、人为破坏事故和其他设备设施故障。灾害性事件是指自然灾害等其他突发事件导致的网络安全事件。其他事件是指不能归为以上分类的网络安全事件。

各国高度重视网络安全事件应急响应工作。美国将网络安全事件响应和安全应急保障作为保障国家安全的重要内容，早在1988年就建立了世界上第一个计算机紧急事件响应组织 CERT/CC。自 2003 年以来出台了一系列网络安全事件响应政策法规。2004 年出台《网络安全事件应对方案》，2008 年出台《国家响应框架》和《计算机安全事件处理指南》，2010 年出台《国家网络安全事件响应计划》，在国土安全、情报、国防和执法等领域建立了网络安全事件应急响应机制。2014 年出台《联邦信息安全管理法案》。2016 年 7 月，美国奥巴马总统签署总统行政令发布《美国网络安全事件协调》，明确了网络安全事件的定义和评级标准、协调原则、行动职责、协调机制、响应办法和具体措施，进一步完善网络安全事件响应政策。《美国网络安全事件协调》文件对"网络事件"的定义是：通过网络发生并正在或即将危害计算机、信息、通信系统网络，或者危害由计算机或信息系统及其驻留信息控制的物理或虚拟基础设施的完整性、机密性和可用性的事件；"重大网络事件"的定义是：可能对国家安全利益、外交关系、国家经济、公众信念、公民自由、公共卫生或人民安全带来严重危害的事件。美国将网络安全事件分为六级，提出处理网络安全事件的五项基本原则，建立了重大网络安全事件政策协调、行动协调机制。英政府通信总部设立了网络安全行动中心，负责监测网络安全状况、评估网络安全形势、分析网络安全动向，加强各部门间协作，促进政府、企业、国际盟友和公众之间的信息共享。2013 年，英国成立"国家信息安全信息共享伙伴"（CISP）机制，建立政府部门和私营企业间的网络威胁、漏洞信息共享机制，英国军情五处、政府通信总部、警方均参与其中。加拿大网络事故响应中心（CCIRC）负责加拿大联邦政府内部的网络安全事件管理协调，发挥"计算机突发事件应急响应小组"功能，隶属于加拿大公共安全部，与加拿大皇家骑警、加拿大安全情报局、加拿大通讯安全局等国内执法机构以及美、英、澳、新等国的计算机安全事件应急响应组织保持紧密合作。成立于 2014 年 11 月的澳大利亚网络安全中心（ACSC）由司法部和国防部共同管理，网络安全通报预警工作是其重要职责之一。

《网络安全法》第五十三条规定："国家网信部门协调有关部门建立健全网络安全风险评估和应急工作机制，制定网络安全事件应急预案，并定期组织演练。负责关键信息基础设施安全保护工作的部门应当制定本行业、本领域的网络安全事件应急预案，并定期组织演练。网络安全事件应急预案应当按照事件发生后的危害程度、影响范围等因素对网络安全事件进行分级，并规定相应的应急处置措施。"

（一）国家网信部门负责协调有关部门建立健全网络安全风险评估和应急工作机制，制定网络安全事件应急预案，并定期组织演练。《关键信息基础设施安全保护条例（征求意见稿）》第三十九条规定，国家网信部门按照国家网络安全事件应急预案的要求，统筹有关部门建立健全关键信息基础设施网络安全应急协作机制，加强网络安全应急力量建设，指导协调有关部门组织跨行业、跨地域网络安全应急演练。应对网络安全事件，涉及各个部门和各种力量，必须加强协调，建立相关的工作机制。一是要明晰有关部门的主体责任，明确网络事件应急处理的牵头部门和单位，其他有关部门和单位提供必要的支持，相互协同运作。二是协调人力、物力、技术、信息等保障力量，形成统一的网络安全事件信息系统、统一的应急指挥系统、统一的处置队伍系统等，以整合各类应急资源。三是协调各类网络安全事件应对力量，形成"部门协同配合、社会力量参与"的联动工作局面。风险评估是了解掌握网络信息系统风险状况，建立风险源管理系统，加强风险管理，提高网络信息系统抗风险能力的重要手段。

（二）负责关键信息基础设施安全保护工作的部门应当制定本行业、本领域的网络安全事件应急预案，并定期组织演练。《关键信息基础设施安全保护条例（征求意见稿）》第三十九条规定，国家行业主管或监管部门应当组织制定本行业、本领域的网络安全事件应急预案，并定期组织演练，提升网络安全事件应对和灾难恢复能力。发生重大网络安全事件或接到网信部门的预警信息后，应立即启动应急预案组织应对，并及时报告有关情况。网络安全事件在时间上具有突发性，为提高应对网络安全事件的能力，预防和减少网络安全事件造成的损失和危害，必须反应迅速，协调一致，及时有效地采取应对措施。为此，应当事前制定应急预案，明确事件处置的职责分工、处置措施、处置程序和处置要求。

二、国家网络安全事件应急预案

应急预案是为完成某项工作任务所做的全面、具体的实施方案，它针对性强，突出操作性，内容系统详尽。应急预案有助于明确应急响应的类型、等级、范围和体系，使应急预警、保障等工作有章可循；有利于及时做出响应和处置；有利于避免或防止事件扩大或升级，最大限度地减少事件造成的损失；有利于提高全民网络安全风险意识。有了应急预案，还需要组织开展演练。通过演练，能够发现和解决应急工作中存在的问题，落实岗位责任，熟悉应急工作的指挥机制和决策、协调、处置的程序，评价应急准备状态，培训和检验应急队伍的快速反应能力，提高部门之间协调配合和现场处置能力，检验应急预案的可行性并不断改进完善。网络安全事件应急演练一般包括规划与计划、准备、实施、评估总结和改进五个阶段。

网络安全事件应急预案应当按照事件发生后的危害程度、影响范围等因素对网络安全事件进行分级，并明确相应的应急处置措施。网络安全事件应急预案分为两个层次：一是国家一级网络安全事件总体应急预案、专项应急预案和部门应急预案；二是地方一级网络安全事件总体应急预案、专项应急预案和部门应急预案。制定应急预案应当科学、严密和全面。一般而言，应急预案的主要内容包括：组织指挥体系与职责、预防和预警机制、处置程序、应急保障措施、恢复与重建措施等。

网络安全事件应急预案的制定依据主要是《中华人民共和国突发事件应对法》《中华人民共和国网络安全法》《国家突发公共事件总体应急预案》《突发事件应急预案管理办法》和《信息安全技术 信息安全事件分类分级指南》（GB/Z 20986 – 2007）等相关规定。

2017年1月10日，中央网络安全和信息化领导小组办公室印发了《国家网络安全事件应急预案》（中网办发文〔2017〕4号）。该预案所指网络安全事件是指由于人为原因、软硬件缺陷或故障、自然灾害等，对网络和信息系统或者其中的数据造成危害，对社会造成负面影响的事件，可分为有害程序事件、网络攻击事件、信息破坏事件、信息内容安全事件、设备设施故障、灾害性事件和其他事件。该预案适用于网络安全事件的应对工作。

根据《国家网络安全事件应急预案》，网络安全事件分为四级：特别重大网络安全事件、重大网络安全事件、较大网络安全事件、一般网络安全事件。（1）符合下列情形之一的，为特别重大网络安全事件：①重要网络和信息系统遭受特别严重的系统损失，造成系统大面积瘫痪，丧失业务处理能力。②国家秘密信息、重要敏感信息和关键数据丢失或被窃取、篡改、假冒，对国家安全和社会稳定构成特别严重威胁。③其他对国家安全、社会秩序、经济建设和公众利益构成特别严重威胁、造成特别严重影响的网络安全事件。（2）符合下列情形之一且未达到特别重大网络安全事件的，为重大网络安全事件：①重要网络和信息系统遭受严重的系统损失，造成系统长时间中断或局部瘫痪，业务处理能力受到极大影响。②国家秘密信息、重要敏感信息和关键数据丢失或被窃取、篡改、假冒，对国家安全和社会稳定构成严重威胁。③其他对国家安全、社会秩序、经济建设和公众利益构成严重威胁、造成严重影响的网络安全事件。（3）符合下列情形之一且未达到重大网络安全事件的，为较大网络安全事件：①重要网络和信息系统遭受较大的系统损失，造成系统中断，明显影响系统效率，业务处理能力受到影响。②国家秘密信息、重要敏感信息和关键数据丢失或被窃取、篡改、假冒，对国家安全和社会稳定构成较严重威胁。③其他对国家安全、社会秩序、经济建设和公众利益构成较严重威胁、造成较严重影响的网络安全事件。（4）除上述情形外，对国家安全、社会秩序、经济建设和公众利益构成一定威胁、造成一定影响的网络安全事件，为一般网络安全事件。

根据《国家网络安全事件应急预案》，在中央网络安全和信息化领导小组的领导下，中央网络安全和信息化领导小组办公室（简称"中央网信办"）统筹协调组织国家网络安全事件应对工作，建立健全跨部门联动处置机制，工业和信息化部、公安部、国家保密局等相关部门按照职责分工负责相关网络安全事件应对工作。必要时成立国家网络安全事件应急指挥部,负责特别重大网络安全事件处置的组织指挥和协调。国家网络安全应急办公室设在中央网信办,具体工作由中央网信办网络安全协调局承担。应急办负责网络安全应急跨部门、跨地区协调工作和指挥部的事务性工作,组织指导国家网络安全应急技术支撑队伍做好应急处置的技术支撑工作。有关部门派负责相关工作的司局级同志为联络员,联络应急办工作。中央和国家机关各部门按照职责和权限,负责本部门、本行业网络和信息系统网络安全事件的预防、监测、报告和应急处置工作。各省(区、市)网信部门在本地区党委网络安全和信息化领导小组统一领导下,统筹协调组织本地区网络和信息系统网络安全事件的预防、监测、报告和应急处置工作。

根据《国家网络安全事件应急预案》,网络安全事件预警等级分为四级:由高到低依次用红色、橙色、黄色和蓝色表示,分别对应发生或可能发生特别重大、重大、较大和一般网络安全事件。网络安全事件发生后,事发单位应立即启动应急预案,实施处置并及时报送信息。各有关地区、部门应立即组织先期处置,控制事态,消除隐患,同时组织研判,注意保存证据,做好信息通报工作。对于初判为特别重大、重大网络安全事件的,应立即报告应急办。网络安全事件应急响应分为四级,分别对应特别重大、重大、较大和一般网络安全事件。Ⅰ级为最高响应级别。

根据《国家网络安全事件应急预案》,中央网信办协调有关部门定期组织演练,检验和完善预案,提高实战能力。各省(区、市)、各部门每年至少组织一次预案演练,并将演练情况报中央网信办。

2017年工业和信息化部印发的《公共互联网网络安全突发事件应急预案》(工信部网安〔2017〕281号),适用于面向社会提供服务的基础电信企业、域名注册管理和服务机构、互联网企业(含工业互联网平台企业)发生网络安全突发事件的应对工作。该预案所称网络安全突发事件,是指突然发生的,由网络攻击、网络入侵、恶意程序等导致的,造成或可能造成严重社会危害或影响,需要电信主管部门组织采取应急处置措施予以应对的网络中断(拥塞)、系统瘫痪(异常)、数据泄露(丢失)、病毒传播等事件。

该预案规定，在中央网信办统筹协调下，工业和信息化部网络安全和信息化领导小组统一领导公共互联网网络安全突发事件应急管理工作，负责特别重大公共互联网网络安全突发事件的统一指挥和协调。工业和信息化部网络安全应急办公室负责公共互联网网络安全应急管理事务性工作；及时向部领导小组报告突发事件情况，提出特别重大网络安全突发事件应对措施建议；负责重大网络安全突发事件的统一指挥和协调；根据需要协调较大、一般网络安全突发事件应对工作。

该预案规定，根据社会影响范围和危害程度，公共互联网网络安全突发事件分为四级：特别重大事件、重大事件、较大事件、一般事件。符合下列情形之一的，为特别重大网络安全事件：（1）全国范围大量互联网用户无法正常上网；（2）CN国家顶级域名系统解析效率大幅下降；（3）一亿以上互联网用户信息泄露；（4）网络病毒在全国范围大面积爆发；（5）其他造成或可能造成特别重大危害或影响的网络安全事件。建立公共互联网网络突发事件预警制度，按照紧急程度、发展态势和可能造成的危害程度，公共互联网网络突发事件预警等级分为四级：由高到低依次用红色、橙色、黄色和蓝色标示，分别对应可能发生特别重大、重大、较大和一般网络安全突发事件。公共互联网网络安全突发事件应急响应分为四级：Ⅰ级、Ⅱ级、Ⅲ级、Ⅳ级，分别对应已经发生的特别重大、重大、较大、一般事件的应急响应。Ⅰ级响应根据国家有关决定或经部领导小组批准后启动，由部领导小组统一指挥、协调。Ⅱ级响应由部应急办决定启动，由部应急办统一指挥、协调。Ⅲ级、Ⅳ级响应由相关省（自治区、直辖市）通信管理局决定启动，并负责指挥、协调。

该预案规定，电信主管部门应当组织开展公共互联网网络安全突发事件应急演练，提高相关单位网络安全突发事件应对能力。基础电信企业、大型互联网企业、域名机构要积极参与电信主管部门组织的应急演练，并应每年组织开展一次本单位网络安全应急演练，应急演练情况要向电信主管部门报告。

三、网络安全风险预警措施

《网络安全法》第五十四条规定:"网络安全事件发生的风险增大时,省级以上人民政府有关部门应当按照规定的权限和程序,并根据网络安全风险的特点和可能造成的危害,采取下列措施:(一)要求有关部门、机构和人员及时收集、报告有关信息,加强对网络安全风险的监测;(二)组织有关部门、机构和专业人员,对网络安全风险信息进行分析评估,预测事件发生的可能性、影响范围和危害程度;(三)向社会发布网络安全风险预警,发布避免、减轻危害的措施。"

《关键信息基础设施安全保护条例(征求意见稿)》规定,国家行业主管或监管部门应当组织对安全监测信息进行研判,认为需要立即采取防范应对措施的,应当及时向有关运营者发布预警信息和应急防范措施建议,并按照国家网络安全事件应急预案的要求向有关部门报告。国家网信部门统筹协调有关部门、运营者以及有关研究机构、网络安全服务机构建立关键信息基础设施网络安全信息共享机制,促进网络安全信息共享。

依照上述规定,网络安全事件发生的风险增大时,省级以上人民政府有关部门根据网络安全风险的特点和可能造成的危害,要采取以下措施:

一是加强网络安全风险监测。网络安全风险监测的主体是有关部门、机构和人员,主要任务是及时收集、报告有关信息。这里的有关部门主要是负责网络安全监督管理的部门,包括网信、公安、电信管理等部门;有关机构是指负责网络监测预警的机构,如国家计算机网络应急技术处理协调中心及其省级分中心、各级网络与信息安全信息通报中心等。

二是组织开展网络安全风险评估。网络安全风险评估是识别、分析判断风险的重要方法和环节。依照本条例规定,风险评估的主体是有关部门、机构和专业人员,风险评估的内容是网络安全风险信息,风险评估的要求是预测事件发生的可能性、影响范围和危害程度。

三是向社会发布网络安全风险预警。网络安全监测预警信息事关网络安全防范和应急处置，专业性强、涉及面广、影响大，必须由专门机构统一发布，保证其及时、客观、真实。

依照《国家网络安全事件应急预案》，网络安全事件预警信息的发布，由网络安全应急办公室负责。国家网络安全应急办公室设在中央网信办，具体工作由中央网信办网络安全协调局承担。中央和国家机关各部门按照职责和权限，负责本部门、本行业网络和信息系统网络安全事件的预防、监测、报告和应急处置工作。各省（区、市）网信部门在本地区党委网络安全和信息化领导小组统一领导下，统筹协调组织本地区网络和信息系统网络安全事件的预防、监测、报告和应急处置工作。网络安全事件预警等级分为四级：由高到低依次用红色、橙色、黄色和蓝色表示，分别对应发生或可能发生特别重大、重大、较大和一般网络安全事件。各单位按照"谁主管谁负责、谁运行谁负责"的要求，组织对本单位建设运行的网络和信息系统开展网络安全监测工作。重点行业主管或监管部门组织指导做好本行业网络安全监测工作。各省（区、市）网信部门结合本地区实际，统筹组织开展对本地区网络和信息系统的安全监测工作。各省（区、市）、各部门将重要监测信息报应急办，应急办组织开展跨省（区、市）、跨部门的网络安全信息共享。各省（区、市）、各部门组织对监测信息进行研判，认为需要立即采取防范措施的，应当及时通知有关部门和单位，对可能发生重大及以上网络安全事件的信息应及时向应急办报告。各省（区、市）、各部门可根据监测研判情况，发布本地区、本行业的橙色及以下预警。应急办组织研判，确定和发布红色预警以及涉及多省（区、市）、多部门、多行业的预警。预警信息包括事件的类别、预警级别、起始时间、可能影响范围、警示事项、应采取的措施和时限要求、发布机关等。预警发布部门或地区根据实际情况，确定是否解除预警，及时发布预警解除信息。

向社会发布网络安全威胁预警信息的主体是各级网络与信息安全信息通报机构，发布的渠道包括互联网、移动终端、广播电视报纸等传统媒体等。

四、网络安全事件应急处置措施

《网络安全法》第五十五条规定："发生网络安全事件，应当立即启动网络安全事件应急预案，对网络安全事件进行调查和评估，要求网络运营者采取技术措施和其他必要措施，消除安全隐患，防止危害扩大，并及时向社会发布与公众有关的警示信息。"

根据上述规定，发生网络安全事件的处置程序是：

（一）立即启动网络安全事件应急预案。根据《国家网络安全事件应急预案》，网络安全事件发生后，事发单位应立即启动应急预案，实施处置并及时报送信息。各有关地区、部门立即组织先期处置，控制事态，消除隐患，同时组织研判，注意保存证据，做好信息通报工作。对于初判为特别重大、重大网络安全事件的，应立即报告应急办（设在网信部门）。

根据《国家网络安全事件应急预案》，网络安全事件应急响应分为四级，分别对应特别重大、重大、较大和一般网络安全事件。Ⅰ级为最高响应级别。Ⅰ级响应：属特别重大网络安全事件的，及时启动Ⅰ级响应，成立指挥部，履行应急处置工作的统一领导、指挥、协调职责。应急办24小时值班。有关省（区、市）、部门应急指挥机构进入应急状态，在指挥部的统一领导、指挥、协调下，负责本省（区、市）、本部门应急处置工作或支援保障工作，24小时值班，并派员参加应急办工作。有关省（区、市）、部门跟踪事态发展，检查影响范围，及时将事态发展变化情况、处置进展情况报应急办。指挥部对应对工作进行决策部署，有关省（区、市）和部门负责组织实施。Ⅱ级响应：网络安全事件的Ⅱ级响应，由有关省（区、市）和部门根据事件的性质和情况确定。（1）事件发生省（区、市）或部门的应急指挥机构进入应急状态，按照相关应急预案做好应急处置工作。（2）事件发生省（区、市）或部门及时将事态发展变化情况报应急办。应急办将有关重大事项及时通报相关地区和部门。（3）处置中需要其他有关省（区、市）、部门和国家网络安全应急技术支撑队伍配合和支持的，商应急办予以协调。相关省（区、市）、部门和国家网络安全应急技术支撑队伍应根据各自职责，积极配合、提供支持。（4）有关省（区、市）和部门根据应急办的通报，结合各自实际有针对性地加强防范，防止造成更大范围影响和损失。Ⅲ级、Ⅳ级响应：事件发生地区和部门按相关预案进行应急响应。

（二）对网络安全事件进行调查和评估。调查评估的任务是尽快分析事件发生原因，根据网络信息系统运行和承载业务情况，初步判断事件的影响、危害和可能波及的范围，提出应对措施建议。根据《国家网络安全事件应急预案》，特别重大网络安全事件由应急办组织有关部门和省（区、市）进行调查处理和总结评估，并按程序上报。重大及以下网络安全事件由事件发生地区或部门自行组织调查处理和总结评估，其中重大网络安全事件相关总结调查报告报应急办。总结调查报告应对事件的起因、性质、影响、责任等进行分析评估，提出处理意见和改进措施。事件的调查处理和总结评估工作原则上在应急响应结束后30天内完成。

（三）要求网络运营者采取技术措施和其他必要措施，消除安全隐患，防止危害扩大。事发单位要采取各种技术措施及时控制事态发展，最大限度地防止事件蔓延。在先期处置过程中应尽量保留相关证据，采取手工记录、截屏、文件备份和影像设备记录等各种手段，对事件发生、发展、处置的过程、步骤、结果进行详细记录，尽可能保存原始证据，为事件处置、调查、处理提供客观证据。在先期处置的同时要按照预案要求，及时向上级主管部门、属地区县、市通信保障、公安部门和专门的网络安全应急部门报告事件信息。

（四）及时向社会发布与公众有关的警示信息。网络安全事件的新闻报道和相关警示信息的发布，须遵守相关法律法规以及相关预案的规定，应及时、准确、客观、适度，防止误导舆论，造成社会恐慌。

五、网络安全监督管理约谈制度

《网络安全法》第五十六条规定："省级以上人民政府有关部门在履行网络安全监督管理职责中，发现网络存在较大安全风险或者发生安全事件的，可以按照规定的权限和程序对该网络的运营者的法定代表人或者主要负责人进行约谈。网络运营者应当按照要求采取措施，进行整改，消除隐患。"

网络安全监督管理约谈制度，是网络安全行政管理主体对行政管理相对人进行的约谈，是一种行政指导行为，该制度具有警示告诫、督促落实的功效。

（一）约谈的主体。有权进行网络安全监督管理约谈的主体是负有网络安全监督管理职责的省级以上人民政府有关部门，即网信、公安、电信主管等部门。

（二）约谈的对象。被约谈的对象是网络运营者的法定代表人或者主要负责人。

（三）约谈的情形和法定条件。采取约谈的情形：一是网络安全监管部门在监督管理中，发现网络存在较大安全风险；二是网络安全监管部门在监督管理中，发现发生安全事件的。约谈要按照规定的权限和程序实施。如国家网信办出台的《互联网新闻信息服务单位约谈工作规定》，对新闻信息服务约谈做了明确具体规定。

（四）约谈的法律效力。被约谈的网络运营者应当按照约谈提出的要求采取措施，进行整改，消除隐患。被约谈对象无正当理由不接受约谈，不进行整改的，约谈部门应当采取进一步监管或追责措施。

六、因网络安全事件造成突发事件或者生产安全事故的处置要求

《网络安全法》第五十七条规定:"因网络安全事件,发生突发事件或者生产安全事故的,应当依照《中华人民共和国突发事件应对法》、《中华人民共和国安全生产法》等有关法律、行政法规的规定处置。"

(一)因网络安全事件发生突发事件的处置

根据2007年11月1日起施行的《中华人民共和国突发事件应对法》规定,突发事件是指突然发生,造成或者可能造成严重社会危害,需要采取应急处置措施予以应对的自然灾害、事故灾难、公共卫生事件和社会安全事件。因网络安全事件转发生突发事件的,按照《中华人民共和国突发事件应对法》等有关法律、行政法规的规定处置。

根据《中华人民共和国突发事件应对法》规定,突发事件发生后,履行统一领导职责或者组织处置突发事件的人民政府应当针对其性质、特点和危害程度,立即组织有关部门,调动应急救援队伍和社会力量,依照本章的规定和有关法律、法规、规章的规定采取应急处置措施。

自然灾害、事故灾难或者公共卫生事件发生后,履行统一领导职责的人民政府可以采取下列一项或者多项应急处置措施:1. 组织营救和救治受害人员,疏散、撤离并妥善安置受到威胁的人员以及采取其他救助措施;2. 迅速控制危险源,标明危险区域,封锁危险场所,划定警戒区,实行交通管制以及其他控制措施;3. 立即抢修被损坏的交通、通信、供水、排水、供电、供气、供热等公共设施,向受到危害的人员提供避难场所和生活必需品,实施医疗救护和卫生防疫以及其他保障措施;4. 禁止或者限制使用有关设备、设施,关闭或者限制使用有关场所,中止人员密集的活动或者可能导致危害扩大的生产经营活动以及采取其他保护措施;5. 启用本级人民政府设置的财政预备费和储备的应

急救援物资，必要时调用其他急需物资、设备、设施、工具；6. 组织公民参加应急救援和处置工作，要求具有特定专长的人员提供服务；7. 保障食品、饮用水、燃料等基本生活必需品的供应；8. 依法从严惩处囤积居奇、哄抬物价、制假售假等扰乱市场秩序的行为，稳定市场价格，维护市场秩序；9. 依法从严惩处哄抢财物、干扰破坏应急处置工作等扰乱社会秩序的行为，维护社会治安；10. 采取防止发生次生、衍生事件的必要措施。

社会安全事件发生后，组织处置工作的人民政府应当立即组织有关部门并由公安机关针对事件的性质和特点，依照有关法律、行政法规和国家其他有关规定，采取下列一项或者多项应急处置措施：1. 强制隔离使用器械相互对抗或者以暴力行为参与冲突的当事人，妥善解决现场纠纷和争端，控制事态发展；2. 对特定区域内的建筑物、交通工具、设备、设施以及燃料、燃气、电力、水的供应进行控制；3. 封锁有关场所、道路，查验现场人员的身份证件，限制有关公共场所内的活动；4. 加强对易受冲击的核心机关和单位的警卫，在国家机关、军事机关、国家通讯社、广播电台、电视台、外国驻华使领馆等单位附近设置临时警戒线；5. 法律、行政法规和国务院规定的其他必要措施。

严重危害社会治安秩序的事件发生时，公安机关应当立即依法出动警力，根据现场情况依法采取相应的强制性措施，尽快使社会秩序恢复正常。

发生突发事件，严重影响国民经济正常运行时，国务院或者国务院授权的有关主管部门可以采取保障、控制等必要的应急措施，保障人民群众的基本生活需要，最大限度地减轻突发事件的影响。履行统一领导职责或者组织处置突发事件的人民政府，必要时可以向单位和个人征用应急救援所需设备、设施、场地、交通工具和其他物资，请求其他地方人民政府提供人力、物力、财力或者技术支援，要求生产、供应生活必需品和应急救援物资的企业组织生产、保证供给，要求提供医疗、交通等公共服务的组织提供相应的服务。应当组织协调运输经营单位，优先运送处置突发事件所需物资、设备、工具、应急救援人员和受到突发事件危害的人员。应当按照有关规定，统一、准确、及时发布有关突发事件事态发展和应急处置工作的信息。

(二) 因网络安全事件发生生产安全事故的处置

根据 2014 年 12 月修订后实施的《中华人民共和国安全生产法》规定，生产安全事故是指在生产经营活动中发生的意外的突发事件的总称，通常会造成人员伤亡或财产损失，使正常的生产经营活动中断。因网络安全事件转发生安全生产事故的，按照《中华人民共和国安全生产法》等有关法律、行政法规的规定处置。

根据《中华人民共和国安全生产法》规定，生产经营单位发生生产安全事故后，事故现场有关人员应当立即报告本单位负责人。单位负责人接到事故报告后，应当迅速采取有效措施，组织抢救，防止事故扩大，减少人员伤亡和财产损失，并按照国家有关规定立即如实报告当地负有安全生产监督管理职责部门，不得隐瞒不报、谎报或者迟报，不得故意破坏事故现场、毁灭有关证据。负有安全生产监督管理职责的部门接到事故报告后，应当立即按照国家有关规定上报事故情况。负有安全生产监督管理职责的部门和有关地方人民政府对事故情况不得隐瞒不报、谎报或者迟报。有关地方人民政府和负有安全生产监督管理职责部门的负责人接到生产安全事故报告后，应当按照生产安全事故应急救援预案的要求立即赶到事故现场，组织事故抢救。参与事故抢救的部门和单位应当服从统一指挥，加强协同联动，采取有效的应急救援措施，并根据事故救援的需要采取警戒、疏散等措施，防止事故扩大和次生灾害的发生，减少人员伤亡和财产损失。事故抢救过程中应当采取必要措施，避免或者减少对环境造成的危害。任何单位和个人都应当支持、配合事故抢救，并提供一切便利条件。事故调查处理应当按照科学严谨、依法依规、实事求是、注重实效的原则，及时、准确地查清事故原因，查明事故性质和责任，总结事故教训，提出整改措施，并对事故责任者提出处理意见。事故调查报告应当依法及时向社会公布。事故发生单位应当及时全面落实整改措施，负有安全生产监督管理职责的部门应当加强监督检查。

七、网络通信临时限制措施

网络安全法第五十八条规定:"因维护国家安全和社会公共秩序,处置重大突发社会安全事件的需要,经国务院决定或者批准,可以在特定区域对网络通信采取限制等临时措施。"

为维护国家安全和社会公共秩序,处置重大突发社会安全事件,及时有效控制、减轻和消除事件引发的严重社会危害,保护人民生命财产安全,需要采取特别的措施。根据国家安全法和突发事件应对法等规定,《网络安全法》规定了网络通信临时限制措施。一是网络通信临时限制的启动条件是因维护国家安全和社会公共秩序,处置重大突发社会安全事件的需要。二是采取网络通信临时限制措施须经国务院决定或者批准。网络临时限制措施会对人民群众的生产生活产生很大的影响,所以将决定采取这一措施或者批准这一措施的责任主体规定为国务院。三是网络通信临时限制的范围是特定区域。四是网络通信临时限制是临时性措施,即在特定区域对网络通信采取限制等临时措施。

第八章
网络信息安全相关法律问题

一、网络运营者用户信息保护制度

《网络安全法》第四十条规定："网络运营者应当对其收集的用户信息严格保密，并建立健全用户信息保护制度。"

这里所说的"用户"包括自然人、法人和其他组织。"用户信息"包括自然人的个人信息、隐私以及法人和其他组织的商业秘密等信息。鉴于我国的《民法总则》《侵权责任法》《反不正当竞争法》《刑法》等法律对隐私和商业秘密的保护已做出明确规定，网络安全法重点对自然人的个人信息保护做了详细的规定。根据《网络安全法》第七十六条规定，个人信息是指以电子或者其他方式记录的能够单独或者与其他信息结合识别自然人个人身份的各种信息，包括但不限于自然人的姓名、出生日期、身份证件号码、个人生物识别信息、住址、电话号码等。个人信息具有如下特征：一是具有可识别性。个人信息是能够识别、确定特定个人身份的信息。既有单独性个人信息，也有组合性个人信息。如果通过一些信息的组合能够指向某个特定的人，那么这一组信息也是个人信息。二是相对性。某条或某组信息是否属于个人信息，是相对于信息的收集者和控制者而言的。三是个人信息既有电子信息，也有以其他方式记录的个人信息。

近年来，随着大数据、物联网云服务和移动互联网的发展，个人信息安全问题受到社会普遍关注，各国立法机关也高度重视，纷纷通过立法规范完善个人信息安全保护工作。目前，全球约有 126 个国家和地区制定了专门的个人信息保护法。美国没有专门的隐私法，不同监管部门制定了几个针对特定行业的隐私法案和一些特殊的安全隐私法规，如针对儿童隐私的法规。美国的数据保护立法中，数据保护融合了数据隐私领域（即如何控制个人数据的收集、使用）以及数据安全领域（即如何保护个人数据免受未经授权的访问与使用，以及如何解决未经授权访问的问题）。过去，美国国会一直对数据隐私和数据安全领域进行分别立法，但是，从最近的立法来看，美国国会似有对这两个领域进行统一立法的趋势。[①] 美国联邦层面并没有统一的数据保护基本法，而是采取了分行业式分散立法模式，在电信、金融、健康、教育以及儿童在线隐私等领域都有专门的数据保护立法，如《儿童在线隐私保护法》（COP-PA）、《电子通信隐私法》（ECPA）、《计算机欺诈和滥用法》（CFAA）。1973 年，瑞典出台了世界上第一部《个人数据保护法》。在东南亚，新加坡的数据保护立法成果显著。2012 年，新加坡颁布《个人数据保护法》。2019 年 5 月 22 日，新加坡个人数据保护委员会发布《个人数据保护法》修订征求意见稿，用于管理个人数据的收集、使用和披露。2017 年 11 月，新加坡个人数据保护委员会发布《数据保护管理程序指南》《数据保护影响评估指南》。近年来数据安全保护立法引起全球关注的是 2018 年 5 月 25 日正式实施的欧盟《通用数据保护条例》（GD-PR，又被译为《一般数据保护条例》）。此后，国际上有强化个人信息保护立法的趋势，新的规定不断出台。2018 年 5 月，英国通过新修订的《数据保护法 2018》，加强数据主体对其个人数据的控制权，加强数据控制者的义务，重建英国数据保护框架。日本于 2017 年施行了新版《个人信息保护法》，从总则、机构职责、个人信息保护规则、个人信息处理业者义务、个人信息保护委员会、罚则等方面规范个人信息保护。2018 年 7 月，印度电子和信息技术部发布《2018 年个人数据保护法案》，成为印度首部个人数据保护法案。2019 年 2 月，泰国通过了《个人数据保护法案》《网络安全法案》《电子交易组织重组法案》《数

---

① 杨婕：《一文读懂美国数据保护立法情况》，来源：中国信通院微信公众号。

字经济及社会理事会法案》《数字身份法案》及《电子交易法案》等六项法案。2019年2月，欧盟数据保护委员会发布2019—2020年工作计划，列举出17项拟出台的指南，囊括了车联网、儿童数据、视频监控、数据控制者合法利益、政府机构以合作管理为目的的跨境传输、经由设计和默认的数据保护以及对个人数据权利的限制，等等。[①]

我国高度重视个人信息安全保护领域的立法。我国最早规定个人信息保护的法律是2004年1月1日实施的《居民身份证法》。截至目前，我国有近200部部门规章涉及个人信息保护，分属民法、行政法和刑法三个法律部门。[②] 随着网络的发展普及，网络信息安全立法得到重视。2012年，全国人大常委会出台《关于加强网络信息保护的决定》，确立了收集、使用公民个人信息的基本规则，以及网络服务提供者保护公民个人信息的义务与责任。《网络安全法》在此基础上，补充完善了个人信息保护的法律规则。《网络安全法》规定在个人信息安全保护方面规制的对象主要是网络运营商。《网络安全法》颁布实施以来，国家互联网信息办公室相继出台了多个规定，对信息内容管理行政执法程序和互联网新闻、互联网论坛社区、互联网公众账户、互联网群组、互联网跟帖评论、微博客等新业态做出专门规范，确保互联网信息内容的安全可控。对于互联网新闻信息服务、互联网论坛社区服务、公众账户信息服务、群组信息服务、跟帖评论服务、微博客信息服务的专门规定，主要规定相关服务提供者要配备与服务规模相适应的专业人员和技术能力，建立健全用户注册、信息审核、应急处置、安全防护等内部管理机制，并履行保护用户个人信息等义务。

2019年6月25日，全国信息安全标准化技术委员会发布通知，对《信息安全技术 个人信息安全规范》《信息技术安全技术 生物特征识别信息的保护要求》《信息安全技术 个人信息安全工程指南》等国家标准公开征求意见，这些标准将为个人信息安全保护提供重要的标准指引。

[①] 许可：《欧盟〈一般数据保护条例〉的周年回顾与反思》，《电子知识产权》2019年第6期。

[②] 常宇豪：《我国个人信息保护的法律实践与检视》，《征信》2019年第5期。

二、网络运营者收集、使用个人信息应当遵循的原则

《网络安全法》第四十一条规定："网络运营者收集、使用个人信息，应当遵循合法、正当、必要的原则，公开收集、使用规则，明示收集、使用信息的目的、方式和范围，并经被收集者同意。网络运营者不得收集与其提供的服务无关的个人信息，不得违反法律、行政法规的规定和双方的约定收集、使用个人信息，并应当依照法律、行政法规的规定和与用户的约定，处理其保存的个人信息。"第二十二条规定："网络产品、服务具有收集用户信息功能的，其提供者应当向用户明示并取得同意；涉及用户个人信息的，还应当遵守本法和有关法律、行政法规关于个人信息保护的规定。"

《消费者权益保护法》第二十九条规定："经营者收集、使用消费者个人信息，应当遵循合法、正当、必要的原则，明示收集、使用信息的目的、方式和范围，并经消费者同意。经营者收集、使用消费者个人信息，应当公开其收集、使用规则，不得违反法律法规的规定和双方的约定收集、使用信息。工作人员对收集的消费者个人信息必须严格保密，不得泄露、出售或者非法向他人提供。"

个人信息安全既涉及隐私安全，也涉及数据安全。个人信息作为隐私的一部分受到法律保护，公民享有个人信息权利。近年来，过度收集、超范围使用个人信息问题严重。全国人大常委会执法检查组曾于 2017 年 8 月至 10 月对《中华人民共和国网络安全法》和《全国人民代表大会常务委员会关于加强网络信息保护的决定》的实施情况进行了检查，检查组专门委托中国青年报社社会调查中心就与公众关系密切的问题，在全国 31 个省（区、市）进行了民意调查。调查分析报告显示，有 49.6% 的受访者曾遇到过度收集用户信息现象，其中 18.3% 的受访者经常遇到过度采集用户信息现象；有 61.2% 的人遇到过有关企业利用自己的优势地位强制收集、使用用户信息，如果不接受就不能使用该产品或接受服务的"霸王条款"。

针对 App 违法违规收集使用个人信息突出的情况，2019 年 1 月中央网信办、工业和信息化部、公安部、市场监管总局联合发布《关于开展 App 违法违规收集使用个人信息专项治理的公告》，自 2019 年 1 月至 12 月，在全国范围组织开展 App 违法违规收集使用个人信息专项治理。公告的主要内容是：一是 App 运营者收集使用个人信息时要严格履行《网络安全法》规定的责任义务，对获取的个人信息安全负责，采取有效措施加强个人信息保护。遵循合法、正当、必要的原则，不收集与所提供服务无关的个人信息；收集个人信息时要以通俗易懂、简单明了的方式展示个人信息收集使用规则，并经个人信息主体自主选择同意；不以默认、捆绑、停止安装使用等手段变相强迫用户授权，不得违反法律法规和与用户的约定收集使用个人信息。倡导 App 运营者在定向推送新闻、时政、广告时，为用户提供拒绝接收定向推送的选项。二是全国信息安全标准化技术委员会、中国消费者协会、中国互联网协会、中国网络空间安全协会，依据法律法规和国家相关标准，编制大众化应用基本业务功能及必要信息规范、App 违法违规收集使用个人信息治理评估要点，组织相关专业机构，对用户数量大、与民众生活密切相关的 App 隐私政策和个人信息收集使用情况进行评估。三是有关主管部门加强对违法违规收集使用个人信息行为的监管和处罚，对强制、过度收集个人信息，未经消费者同意、违反法律法规规定和双方约定收集、使用个人信息，发生或可能发生信息泄露、丢失而未采取补救措施，非法出售、非法向他人提供个人信息等行为，按照《网络安全法》《消费者权益保护法》等依法予以处罚，包括责令 App 运营者限期整改；逾期不改的，公开曝光；情节严重的，依法暂停相关业务、停业整顿、吊销相关业务许可证或者吊销营业执照。四是公安机关开展打击整治网络侵犯公民个人信息违法犯罪专项工作，依法严厉打击针对和利用个人信息的违法犯罪行为。五是开展 App 个人信息安全认证，鼓励 App 运营者自愿通过 App 个人信息安全认证，鼓励搜索引擎、应用商店等明确标识并优先推荐通过认证的 App。经过联合专项治理，App 违法违规收集使用个人信息现象得到有效遏制。

2019 年 6 月，工业和信息化部办公厅印发《电信和互联网行业提升网络数据安全保护能力专项行动方案》,[①] 在行业内部署开展为期一年的提升网络数据安全保护能力专项行动。此次专项行动有两个目标：一是通过集中开展数据安全合规性评估、专项治理和监督检查，督促基础电信企业和重点互联网企业强化网络数据安全全流程管理，及时整改消除重大数据泄露、滥用等安全隐患，2019年10月底前完成全部基础电信企业（含专业公司）、50家重点互联网企业以及200款主流App数据安全检查，圆满完成新中国成立70周年等重大活动网络数据安全保障工作。二是基本建立行业网络数据安全保障体系。网络数据安全制度标准体系进一步完善，形成行业网络数据保护目录，制定15项以上行业网络数据安全标准规范，贯标试点企业不少于20家；行业网络数据安全管理和技术支撑平台基本建成，遴选网络数据安全技术能力创新示范项目不少于30个；基础电信企业和重点互联网企业网络数据安全管理体系有效建立。行动方案明确，该专项行动的重点任务包括：加快完善网络数据安全制度标准；开展合规性评估和专项治理；强化行业网络数据安全管理；创新推动网络数据安全技术防护能力建设；强化社会监督和宣传交流。

  网络运营者是个人信息的控制者，因此要遵循合法、正当、必要和通知同意原则，保障信息主体的知情权和数据质量，在必要的限度内收集使用个人信息。网络运营者包括网络所有者、网络管理者和网络服务提供者。2019年6月1日，全国信息安全标准化委员会发布《网络安全实践指南—移动互联网应用基本业务功能必要信息规范》，旨在落实《网络安全法》第四十一条有关规定。依照规定，网络运营者收集、使用个人信息，应当遵循以下原则：一是合法原则。即网络运营者收集、使用个人信息必须有合法依据，且收集、使用的方法应当符合法律的规定。二是正当原则。包括目的特定和使用限制原则。目的特定是指个人信息的收集、处理与利用应当依据特定、明确的目的进行，禁止超目的范围收集、使用个人信息。三是公开透明原则。要求网络运营者公开收

[①] http://www.miit.gov.cn/n1146295/n1146592/n3917132/n4062282/c7021299/content.html.

集、使用个人信息的规则,明示收集、使用信息的目的、方式和范围,并经被收集者同意,确保个人信息主体的知情权。《网络安全法》第四十四条规定:"任何个人和组织不得窃取或者以其他非法方式获取个人信息,不得非法出售或者非法向他人提供个人信息。"

2019年5月28日,国家互联网信息办公室发布的《数据安全管理办法(征求意见稿)》规定,网络运营者通过网站、应用程序等产品收集使用个人信息,应当分别制定并公开收集使用规则。收集使用规则可以包含在网站、应用程序等产品的隐私政策中,也可以其他形式提供给用户。收集使用规则应当明确具体、简单通俗、易于访问,突出以下内容:(一)网络运营者基本信息;(二)网络运营者主要负责人、数据安全责任人的姓名及联系方式;(三)收集使用个人信息的目的、种类、数量、频度、方式、范围等;(四)个人信息保存地点、期限及到期后的处理方式;(五)向他人提供个人信息的规则,如果向他人提供的;(六)个人信息安全保护策略等相关信息;(七)个人信息主体撤销同意,以及查询、更正、删除个人信息的途径和方法;(八)投诉、举报渠道和方法等;(九)法律、行政法规规定的其他内容。如果收集使用规则包含在隐私政策中,应相对集中,明显提示,以方便阅读。另仅当用户知悉收集使用规则并明确同意后,网络运营者方可收集个人信息。

《数据安全管理办法(征求意见稿)》规定,网络运营者应当严格遵守收集使用规则,网站、应用程序收集或使用个人信息的功能设计应同隐私政策保持一致,同步调整。网络运营者不得以改善服务质量、提升用户体验、定向推送信息、研发新产品等为由,以默认授权、功能捆绑等形式强迫、误导个人信息主体同意其收集个人信息。个人信息主体同意收集保证网络产品核心业务功能运行的个人信息后,网络运营者应当向个人信息主体提供核心业务功能服务,不得因个人信息主体拒绝或者撤销同意收集上述信息以外的其他信息,而拒绝提供核心业务功能服务。网络运营者不得依据个人信息主体是否授权收集个人信息及授权范围,对个人信息主体采取歧视行为,包括服务质量、价格差异等。网络运营者从其他途径获得个人信息,与直接收集个人信息负有同等的保护责任和义务。网络运营者以经营为目的收集重要数据或个人敏感信息的，应向所在地网信部门备案。备案内容包括收集使用规则，收集使用的目的、规模、方式、范围、类型、期限等，不包括数据内容本身。网络运营者采取自动化手段访问收集网站数据，不得妨碍网站正常运行；此类行为严重影响网站运行，如自动化访问收集流量超过网站日均流量1/3，网站要求停止自动化访问收集时，应当停止。

2019年5月31日，国家互联网信息办公室发布的《儿童个人信息网络保护规定（征求意见稿）》规定，网络运营者收集、存储、使用、转移、披露儿童个人信息的，应当遵循正当必要、知情同意、目的明确、安全保障、依法利用的原则。网络运营者收集、使用儿童个人信息的，应当以显著、清晰的方式告知儿童监护人，并应当征得儿童监护人的明示同意。明示同意应当具体、清楚、明确，基于自愿。网络运营者征得同意时，应当同时提供拒绝选项，并明确告知以下事项：（一）收集、存储、使用、转移或者披露儿童个人信息的目的、范围、方式和期限；（二）儿童个人信息的存储地点和到期后的处理方式；（三）儿童个人信息的安全保障措施；（四）个人信息保护专员或者其他联系方式；（五）拒绝的后果和影响；（六）其他应当告知的事项。规定的告知事项发生实质性变化的，应当再次征得儿童监护人的明示同意。网络运营者存储儿童个人信息，不得超过实现其收集、使用目的所必须的期限。网络运营者使用儿童个人信息，不得超出约定的目的和范围。因业务需要，确需超出目的和范围使用的，应当再次征得儿童监护人的明示同意。

三、个人信息安全、匿名化处理原则和泄露报告制度

《网络安全法》第四十二条规定："网络运营者不得泄露、篡改、毁损其收集的个人信息；未经被收集者同意，不得向他人提供个人信息。但是，经过处理无法识别特定个人且不能复原的除外。网络运营者应当采取技术措施和其他必要措施，确保其收集的个人信息安全，防止

信息泄露、毁损、丢失。在发生或者可能发生个人信息泄露、毁损、丢失的情况时，应当立即采取补救措施，按照规定及时告知用户并向有关主管部门报告。"

当今社会，个人信息数字化、网络化传输特点突出，导致个人信息安全面临很大风险。《网络安全法》规定的个人信息安全原则，是指个人信息应处于安全保护之中，以免遭受未经授权的访问和泄露、损毁、丢失。信息处理主体和网络运营者应当采取合理的安全措施保护个人信息，防止个人信息的意外丢失、毁损，非法收集、处理、利用。在发生或者可能发生个人信息泄露、毁损、丢失的情况时，应当立即采取补救措施，按照规定及时告知用户并向有关主管部门报告。

个人信息匿名化处理，是指将个人数据移除可以识别个人信息的部分，经过数据脱敏等技术手段处理后，不能从脱敏后的信息中识别出个人。个人信息泄露报告，是一项安全风险补救和通知的措施。个人信息收集、使用者及时处置个人信息安全风险并及时通知是其一项重要义务。

《数据安全管理办法（征求意见稿）》规定，网络运营者向他人提供个人信息前，应当评估可能带来的安全风险，并征得个人信息主体同意。下列情况除外：（一）从合法公开渠道收集且不明显违背个人信息主体意愿；（二）个人信息主体主动公开；（三）经过匿名化处理；（四）执法机关依法履行职责所必需；（五）维护国家安全、社会公共利益、个人信息主体生命安全所必需。发生个人信息泄露、毁损、丢失等数据安全事件，或者发生数据安全事件风险明显加大时，网络运营者应当立即采取补救措施，及时以电话、短信、邮件或信函等方式告知个人信息主体，并按要求向行业主管监管部门和网信部门报告。

2019年5月，中央网信办、工信部、公安部和国家市场监督管理总局指导下的App专项治理工作组在个人信息安全评估基础上，起草了《App违法违规搜集使用个人信息行为认定方法（征求意见稿）》，用列举的方式归纳了三十多种App违法违规搜集使用个人信息的类型，基本涵盖了目前App个人信息保护的各个角度。草案的第五大部分，以是否进行数据"匿名化"处理，即所谓"脱敏"处理作为判断数据处分合规的重要标准之一。

《儿童个人信息网络保护规定（征求意见稿）》明确规定了儿童个人信息泄露报告制度。网络运营者发现儿童个人信息发生或者可能发生泄露、毁损、丢失的，应当立即启动应急预案，采取补救措施；造成或者可能造成严重后果的，应当立即向有关主管部门报告，并将事件相关情况以邮件、信函、电话、推送通知等方式告知受影响的儿童及其监护人，难以逐一告知的，应当采取合理、有效的方式发布相关警示信息。

四、个人信息删除权和更正权

《网络安全法》第四十三条规定："个人发现网络运营者违反法律、行政法规的规定或者双方的约定收集、使用其个人信息的，有权要求网络运营者删除其个人信息；发现网络运营者收集、存储的其个人信息有错误的，有权要求网络运营者予以更正。网络运营者应当采取措施予以删除或者更正。"

个人信息删除权，是指个人信息主体在具备法定理由的情形下，请求删除其个人信息的权利。法定理由包括：违反法律、行政法规的规定收集、使用其个人信息；违反双方的约定收集、使用其个人信息的。比如，收集、使用的行为不合法，收集、使用的目的消失，约定的时限届满等。个人信息更正权，是指在个人信息的收集、存储、使用过程中，个人信息不完整或不准确时，个人有权要求及时改正、补充的权利。《数据安全管理办法（征求意见稿）》规定，网络运营者收到有关个人信息查询、更正、删除以及用户注销账号请求时，应当在合理时间和代价范围内予以查询、更正、删除或注销账号。《儿童个人信息网络保护规定（征求意见稿）》规定，儿童或者其监护人发现网络运营者收集、存储的儿童个人信息有错误的，有权要求网络运营者予以更正。网络运营者应当及时采取措施予以更正。儿童或者其监护人要求网络运营者删除其收集、存储、使用的儿童个人信息的，网络运营者应当及时采取措施予以删除，包括但不限于以下情形：（一）网络运营者违反法律、行政法规的规定或者用户协议的约定收集、存储、使用、转移或者披露儿童个人信息的；（二）超出目的范围或者必要期限收集、存储、使用、转移或者披露儿童个人信息的；（三）儿童监护人撤回同意的；（四）儿童或者其监护人通过注销等方式终止使用产品或者服务的。

五、网络安全监管部门及其工作人员保密义务

《网络安全法》第三十条规定："网信部门和有关部门在履行网络安全保护职责中获取的信息，只能用于维护网络安全的需要，不得用于其他用途。"第四十五条规定："依法负有网络安全监督管理职责的部门及其工作人员，必须对在履行职责中知悉的个人信息、隐私和商业秘密严格保密，不得泄露、出售或者非法向他人提供。"

网络安全监管部门及其工作人员对履职中获取的个人信息、隐私和商业秘密应当严格保密，不得泄露、出售或者非法向他人提供，这是国家机关及其工作人员的基本法定义务。实践中，网络安全监管部门履职中获取了大量个人信息，但是这些个人信息只能用于网络安全工作需要，不得用于其他用途。同时，要严格保密，不得泄露、出售或者非法向他人提供。《网络安全法》第四十四条规定，任何个人和组织不得窃取或者以其他非法方式获取个人信息，不得非法出售或者非法向他人提供个人信息。

《数据安全管理办法（征求意见稿）》规定，国务院有关主管部门为履行维护国家安全、社会管理、经济调控等职责需要，依照法律、行政法规的规定，要求网络运营者提供掌握的相关数据的，网络运营者应当予以提供。国务院有关主管部门对网络运营者提供的数据负有安全保护责任，不得用于与履行职责无关的用途。

《关键信息基础设施安全保护条例（征求意见稿）》规定，有关部门以及网络安全服务机构在关键信息基础设施安全检测评估中获取的信息，只能用于维护网络安全的需要，不得用于其他用途。

《具有舆论属性或社会动员能力的互联网信息服务安全评估规定》规

定，网信部门、公安机关及其工作人员对在履行职责中知悉的国家秘密、商业秘密和个人信息应当严格保密，不得泄露、出售或者非法向他人提供。

六、网络运营者安全对用户发布信息的安全管理义务

《网络安全法》第四十七条规定："网络运营者应当加强对其用户发布的信息的管理，发现法律、行政法规禁止发布或者传输的信息的，应当立即停止传输该信息，采取消除等处置措施，防止信息扩散，保存有关记录，并向有关主管部门报告。"

（一）网络运营者应当建立用户发布信息管理制度

网络运营者作为用户发布信息的平台，应当履行法律规定的义务，建立用户发布信息管理制度，加强对其用户发布的公开信息的管理，对法律、行政法规禁止发布或者传输的信息，应当依法采取必要的处置措施。早在2000年12月，全国人大常委会第十九次会议通过的《关于维护互联网安全的决定》就确定了网络服务提供者的此项义务。该决定第七条规定："从事互联网业务的单位要依法开展活动，发现互联网上出现违法犯罪行为和有害信息时，要采取措施，停止传输有害信息，并及时向有关机关报告。"2000年9月国务院令第292号颁布的《互联网信息服务管理办法》第十六条、2012年12月全国人大常委会第三十次会议通过的《关于加强网络信息保护的决定》第五条都对此做了明确规定。需要注意的是，《网络安全法》对网络运营者进行了区分，将电子信息发送服务提供者单独划出来，对其处置违法信息的义务在第四十八条做了单独规定。

（二）法律、行政法规禁止发布或者传输的信息

法律，是指由全国人大及全国人大常委会按照立法程序制定的规范性文件；行政法规，是指国务院依照《宪法》和《国务院组织法》的规定制定的规范性文件。法律的效力高于行政法规，行政法规不得与法

律相抵触。法律与行政法规在全国范围内适用。对禁止发布或者传输的信息有明确规定的法律、行政法规主要有：

《网络安全法》第十二条第二款规定：任何个人和组织使用网络应当遵守宪法法律，遵守公共秩序，尊重社会公德，不得危害网络安全，不得利用网络从事危害国家安全、荣誉和利益，煽动颠覆国家政权、推翻社会主义制度，煽动分裂国家、破坏国家统一，宣扬恐怖主义、极端主义，宣扬民族仇恨、民族歧视，传播暴力、淫秽色情信息，编造、传播虚假信息扰乱经济秩序和社会秩序，以及侵害他人名誉、隐私、知识产权和其他合法权益等活动。

《反恐怖主义法》第十九条第一款规定："电信业务经营者、互联网服务提供者应当依照法律、行政法规规定，落实网络安全、信息内容监督制度和安全技术防范措施，防止含有恐怖主义、极端主义内容的信息传播；发现含有恐怖主义、极端主义内容的信息的，应当立即停止传输，保存相关记录，删除相关信息，并向公安机关或者有关部门报告。"

《互联网信息服务管理办法》第十五条规定：互联网信息服务提供者不得制作、复制、发布、传播含有下列内容的信息：（一）反对宪法所确定的基本原则的；（二）危害国家安全，泄露国家秘密，颠覆国家政权，破坏国家统一的；（三）损害国家荣誉和利益的；（四）煽动民族仇恨、民族歧视，破坏民族团结的；（五）破坏国家宗教政策，宣扬邪教和封建迷信的；（六）散布谣言，扰乱社会秩序，破坏社会稳定的；（七）散布淫秽、色情、赌博、暴力、凶杀、恐怖或者教唆犯罪的；（八）侮辱或者诽谤他人，侵害他人合法权益的；（九）含有法律、行政法规禁止的其他内容的。

《中华人民共和国电信条例》第五十六条、《互联网上网服务营业场所管理条例》第十四条、《计算机信息网络国际联网安全保护管理办法》第五条等也规定了禁止发布或传输的信息内容。

（三）网络运营者对用户发布法律、行政法规禁止发布或者传输的信息的处理

网络运营者提供信息发布平台和传输的工具，是用户与社会之间的桥梁与纽带，必须履行法律法规规定的信息管理第一责任人义务，承担社会责任。网络运营者发现用户发布法律、行政法规禁止发布或者传输的信息的，应当采取以下处理办法：一是立即停止传输该信息。二是采取消除等处置措施，防止信息扩散，减少影响和危害。消除措施包括删除、下架、屏蔽等。三是保存有关记录。保存的目的是为开展后续调查取证提供支持。四是向有关主管部门报告。这里所说的主管部门包括网信、电信、公安、国家安全等主管部门。需要注意的是，上述处置措施必须依法进行，不得侵犯公民发表言论的权利，不得滥用法律规定的处置违法信息的义务谋取不正当利益。网信部门和有关部门要加强监督检查，《网络安全法》规定，"网络运营者对网信部门和有关部门依法实施的监督检查，应当予以配合。"

七、电子信息发送和应用软件下载服务提供者的信息安全管理义务

《网络安全法》第四十八条规定：任何个人和组织发送的电子信息、提供的应用软件，不得设置恶意程序，不得含有法律、行政法规禁止发布或者传输的信息。电子信息发送服务提供者和应用软件下载服务提供者，应当履行安全管理义务，知道其用户有前款规定行为的，应当停止提供服务，采取消除等处置措施，保存有关记录，并向有关主管部门报告。

（一）任何个人和组织发送的电子信息、提供的应用软件，不得设置恶意程序

计算机软件分为系统软件和应用软件两大类。微软"视窗"WIN-DOWS操作系统、数据库管理系统等属于系统软件，文字编辑、音视频播放、网页浏览器、下载工具、微信等即时通讯软件、多媒体播放等都属于应用软件。恶意程序又称恶意软件，是指插入到信息系统中的会产生危害的一段程序，它危害系统中数据、应用程序或操作系统的保密

性、完整性或可用性，或影响信息系统的正常运行。恶意程序包括计算机病毒、蠕虫、特洛伊木马、僵尸网络、混合攻击程序、网页内嵌恶意代码、间谍软件、广告软件、勒索软件和其他有害程序等。值得注意的是，随着移动互联网的普及，移动互联网应用程序安全隐患突出。移动互联网应用程序（APP）是指通过预装、下载等方式获取并运行在移动智能终端上、向用户提供信息服务的应用软件。目前，移动互联网应用程序成为手机网民的重点应用商店。一些提供应用程序的服务提供者为谋取经济利益，审核把关不严，导致一些传播违法违规信息、侵害用户合法权益、设置恶意程序、存在安全隐患的移动互联网应用程序频现，对此，要加强对移动互联网应用程序服务提供者的监管和查处。

（二）任何个人和组织发送的电子信息、提供的应用软件，不得含有法律、行政法规禁止发布或者传输的信息

现行有关禁止发布或者传输的信息的法律、行政法规包括：《网络安全法》第十二条第二款规定"不得利用网络从事危害国家安全、荣誉和利益，煽动颠覆国家政权、推翻社会主义制度，煽动分裂国家、破坏国家统一，宣扬恐怖主义、极端主义，宣扬民族仇恨、民族歧视，传播暴力、淫秽色情信息，编造、传播虚假信息扰乱经济秩序和社会秩序，以及侵害他人名誉、隐私、知识产权和其他合法权益等活动"。《反恐怖主义法》第十九条第一款规定禁止发布和传播含有恐怖主义、极端主义内容的信息。《互联网信息服务管理办法》第十五条规定了禁止发布和传输的九类信息。《中华人民共和国电信条例》第五十六条、《互联网上网服务营业场所管理条例》第十四条、《计算机信息网络国际联网安全保护管理办法》第五条等都做了规定。

（三）电子信息发送和应用软件下载服务提供者应担履行信息安全义务

《网络安全法》对网络运营者进行了区分，将电子信息发送服务提供者单独列出来，对其处置违法信息的义务单独规定一条。这是因为，公民发送电子信息的行为属于通信行为，通信秘密受宪法和法律保护，

与公开发布的电子信息不同，电子信息发送服务提供者不能主动去审查用户发送的信息的内容，只能通过举报、主管机关告知等情形，才能启动和采取相应的处置措施。《网络安全法》第四十九条第一款规定："网络运营者应当建立网络信息安全投诉、举报制度，公布投诉、举报方式等信息，及时受理并处理有关网络信息安全的投诉和举报。"

关于电子信息发送服务和应用软件下载服务，2016年8月国家互联网信息办公室出台的《移动互联网应用程序信息服务管理规定》第六条明确规定："移动互联网应用程序提供者和互联网应用商店服务提供者不得利用移动互联网应用程序从事危害国家安全、扰乱社会秩序、侵犯他人合法权益等法律法规禁止的活动，不得利用移动互联网应用程序制作、复制、发布、传播法律法规禁止的信息内容。"第七条规定："移动互联网应用程序提供者应当严格落实信息安全管理责任，依法履行以下义务：（一）按照"后台实名、前台自愿"的原则，对注册用户进行基于移动电话号码等真实身份信息认证。（二）建立健全用户信息安全保护机制，收集、使用用户个人信息应当遵循合法、正当、必要的原则，明示收集使用信息的目的、方式和范围，并经用户同意。（三）建立健全信息内容审核管理机制，对发布违法违规信息内容的，视情采取警示、限制功能、暂停更新、关闭账号等处置措施，保存记录并向有关主管部门报告。（四）依法保障用户在安装或使用过程中的知情权和选择权，未向用户明示并经用户同意，不得开启收集地理位置、读取通讯录、使用摄像头、启用录音等功能，不得开启与服务无关的功能，不得捆绑安装无关应用程序。（五）尊重和保护知识产权，不得制作、发布侵犯他人知识产权的应用程序。（六）记录用户日志信息，并保存六十日。"第八条规定："互联网应用商店服务提供者应当对应用程序提供者履行以下管理责任：（一）对应用程序提供者进行真实性、安全性、合法性等审核，建立信用管理制度，并向所在地省、自治区、直辖市互联网信息办公室分类备案。（二）督促应用程序提供者保护用户信息，完整提供应用程序获取和使用用户信息的说明，并向用户呈现。（三）督促应用程序提供者发布合法信息内容，建立健全安全审核机制，配备与服务规模相适应的专业人员。（四）督促应用程序提供者发布合法应用程序，尊重和保护应用程序提供者的知识产权。"

（四）电子信息发送服务和应用软件下载服务提供者对违法信息的处理

依照《网络安全法》的规定，电子信息发送服务和应用软件下载服务提供者履行安全管理义务时，知道其用户发送的电子信息、提供的应用软件设置恶意程序，或者含有法律、行政法规禁止发布或者传输的信息的，应当采取如下处置措施：一是停止提供服务；二是采取消除等处置措施，防止信息扩散；三是保存有关记录，供开展调查取证时使用；四是向有关主管部门报告。这里的主管部门包括网信、电信、公安、国家安全等部门。需要注意的是，上述处置措施必须依法进行，不得侵犯公民的通信自由和通信秘密。网信部门和有关部门要加强监督检查，《网络安全法》规定，"网络运营者对网信部门和有关部门依法实施的监督检查，应当予以配合"。

八、网络信息安全投诉、举报制度和网络运营者配合监督检查的义务

网络运营者作为个人信息保护的责任主体，应当建立网络信息安全投诉、举报制度，配合国家网信部门和有关部门依法实施的监督和管理。《网络安全法》第四十九条规定："网络运营者应当建立网络信息安全投诉、举报制度，公布投诉、举报方式等信息，及时受理并处理有关网络信息安全的投诉和举报。网络运营者对网信部门和有关部门依法实施的监督检查，应当予以配合。"

《数据安全管理办法（征求意见稿）》规定，网络运营者以经营为目的收集重要数据或个人敏感信息的，应当明确数据安全责任人。数据安全责任人由具有相关管理工作经历和数据安全专业知识的人员担任，参与有关数据活动的重要决策，直接向网络运营者的主要负责人报告工作。数据安全责任人履行下列职责：（一）组织制定数据保护计划并督

促落实;(二)组织开展数据安全风险评估,督促整改安全隐患;(三)按要求向有关部门和网信部门报告数据安全保护和事件处置情况;(四)受理并处理用户投诉和举报。网络运营者应为数据安全责任人提供必要的资源,保障其独立履行职责。

九、网络信息安全监管部门违法信息处置权

《网络安全法》第五十条规定:"国家网信部门和有关部门依法履行网络信息安全监督管理职责,发现法律、行政法规禁止发布或者传输的信息的,应当要求网络运营者停止传输,采取消除等处置措施,保存有关记录;对来源于中华人民共和国境外的上述信息,应当通知有关机构采取技术措施和其他必要措施阻断传播。"

(一)网络信息安全监管部门具有处置违法信息的权力

通过法律赋予履行网络信息安全监督管理职责的国家网信部门和有关部门违法信息处置权十分必要。网络信息安全监管部门负有违法信息监管的职责,需要具备处置违法信息的权力。这里的网络信息安全监管部门是指国家网信部门和公安等有关部门。

(二)网络信息安全监管部门处置违法信息的措施

一是发现法律、行政法规禁止发布或者传输的信息的,要求网络运营者停止传输,采取消除等处置措施,保存有关记录。有关法律、行政法规主要有:《网络安全法》第十二条第二款、《中华人民共和国反恐怖主义法》第十九条第一款、《互联网信息服务管理办法》第十五条、《中华人民共和国电信条例》第五十六条、《互联网上网服务营业场所管理条例》第十四条、《计算机信息网络国际联网安全保护管理办法》第五条等规定的禁止发布或传输的信息内容。如《反恐怖主义法》第十九条第二款规定:"网信、电信、公安、国家安全等主管部门对含有恐怖主义、极端主义内容的信息,应当按照职责分工,及时责令有关单位停止传输、删除相关信息,或者关闭相关网站、关停相关服务。有关单位应当立即执行,并保存相关记录,协助进行调查。"

二是对来源于中华人民共和国境外的违法信息,应当通知有关机构采取技术措施和其他必要措施阻断传播。《反恐怖主义法》第十九条第二款规定："对互联网上跨境传输的含有恐怖主义、极端主义内容的信息，电信主管部门应当采取技术措施，阻断传播。"这里所说的技术措施是指阻断信息传播的有效技术、装置或者部件。有关机构主要是负责对境外违法信息实施技术措施的网络运营者。

第九章
网络安全发展支持相关法律问题

一、国家制定并不断完善网络安全战略

《网络安全法》第四条规定:"国家制定并不断完善网络安全战略,明确保障网络安全的基本要求和主要目标,提出重点领域的网络安全政策、工作任务和措施。"

《网络安全法》明确要求国家制定并不断完善网络安全战略,包括两层含义:一是制定网络安全战略,解决有无的问题;二是要根据形势的发展变化,不断对战略进行修订完善。网络安全战略是国家安全战略的重要组成,是一国国家网络安全的顶层设计和战略规划,具有全局性、综合性、整体性、长远性,是指导、统筹网络安全工作的最高原则和纲领。

各国高度重视网络安全战略的制定。2000年,俄罗斯出台《俄联邦信息安全学说》(俄罗斯用"学说"一词代表"战略"),是较早出台网络安全战略的国家;2016年又出台了新版《俄联邦信息安全学说》。美国除了制定国家网络安全战略外,还制定网络安全国际战略、网络安全军事战略、网络安全行动战略等,形成了网络安全战略政策体系。2003年2月美国出台《网络空间安全国家战略》,2011年5月出台《网络空间国际战略》,2011年7月出台《网络空间行动战略》。2018年9月,美国发布《国家网络战略》,这是继2003年2月出台《网络空间安全国家战略》后联邦政府层面正式出台的专门的网络战略。据不完

全统计，2010年以来，全球超过70个国家都出台了网络安全战略。各国网络安全战略内容基本上包括形势分析评估、战略目标、行动计划和保障措施，有的还包括战略思想的阐述。

2018年，国际电信联盟（ITU）、世界银行、英联邦秘书处（Comsec）、英联邦电信组织（CTO）和北约合作网络防御英才中心（NATO CCD COE）联合编写了《国家网络安全战略制定指南》，旨在为各国网络安全战略的制定、建立和实施提供一套统一的原则和框架。

为落实《网络安全法》的要求，2016年12月27日，经中央网络安全和信息化领导小组批准，国家互联网信息办公室公开发布了我国首部《国家网络空间安全战略》（以下称网络安全战略），第一次明确地宣示和阐述了我国网络空间发展和安全立场与主张，明确了我国保障网络安全的主要目标和基本要求，提出重点领域的网络安全政策、工作任务和措施。

我国2016年版网络安全战略分为机遇和挑战、目标、原则和战略任务等四个部分。网络安全战略指出，信息技术广泛应用和网络空间兴起发展，极大地促进了经济社会繁荣进步，同时也带来了新的安全风险和挑战。网络空间安全（以下称网络安全）事关人类共同利益，事关世界和平与发展，事关各国国家安全。维护我国网络安全是协调推进全面建成小康社会、全面深化改革、全面依法治国、全面从严治党战略布局的重要举措，是实现"两个一百年"奋斗目标、实现中华民族伟大复兴中国梦的重要保障。为贯彻落实习近平主席关于推进全球互联网治理体系变革的"四项原则"和构建网络空间命运共同体的"五点主张"，阐明中国关于网络空间发展和安全的重大立场，指导中国网络安全工作，维护国家在网络空间的主权、安全、发展利益，制定本战略。网络安全战略认为，伴随信息革命的飞速发展，互联网、通信网、计算机系统、自动化控制系统、数字设备及其承载的应用、服务和数据等组成的网络空间，正在全面改变人们的生产生活方式，深刻影响人类社会历史发展进程。网络成为信息传播的新渠道、生产生活的新空间、经济发展的新引擎、文化繁荣的新载体、社会治理的新平台、交流合作的新纽带、国家主权的新疆域。我国的网络安全形势日益严峻，国家政治、经济、文化、社会、国防安全及公民在网络空间的合法权益面临严峻风险与挑战。网络渗透危害政治安全、网络攻击威胁经济安全、网络有害信息侵蚀文化安全、网络恐怖和违法犯罪破坏社会安全、网络空间的国际竞争方兴未艾。网络空间机遇和挑战并存，机遇大于挑战。必须坚持积极利用、科学发展、依法管理、确保安全，坚决维护网络安全，最大限度利用网络空间发展潜力，更好地惠及13亿多中国人民，造福全人类，坚定维护世界和平。

我国网络安全战略提出的网络安全目标是：以总体国家安全观为指导，贯彻落实创新、协调、绿色、开放、共享的发展理念，增强风险意识和危机意识，统筹国内国际两个大局，统筹发展安全两件大事，积极防御、有效应对，推进网络空间和平、安全、开放、合作、有序，维护国家主权、安全、发展利益，实现建设网络强国的战略目标。

我国网络安全战略提出了网络安全的"四项原则"：一是尊重维护网络空间主权；二是和平利用网络空间；三是依法治理网络空间；四是统筹网络安全与发展。

我国网络安全战略明确了网络安全的"九项任务"：一是坚定捍卫网络空间主权；二是坚决维护国家安全；三是保护关键信息基础设施；四是加强网络文化建设；五是打击网络恐怖和违法犯罪；六是完善网络治理体系；七是夯实网络安全基础；八是提升网络空间防护能力；九是强化网络空间国际合作。

二、国家建立和完善网络安全标准体系

《网络安全法》第十五条规定："国家建立和完善网络安全标准体系。国务院标准化行政主管部门和国务院其他有关部门根据各自的职责，组织制定并适时修订有关网络安全管理以及网络产品、服务和运行安全的国家标准、行业标准。国家支持企业、研究机构、高等学校、网络相关行业组织参与网络安全国家标准、行业标准的制定。"

依照2017年11月4日第十二届全国人民代表大会常务委员会第三

十次会议修订的《中华人民共和国标准化法》的规定，标准（含标准样品），是指农业、工业、服务业以及社会事业等领域需要统一的技术要求。网络安全标准化是网络安全保障体系建设的重要组成部分，在构建安全的网络空间、推动网络治理体系变革方面发挥着基础性、规范性、引领性作用。国家高度重视网络安全标准化工作。2016年8月12日，中央网络安全和信息化领导小组办公室、国家质量监督检验检疫总局和国家标准化管理委员会联合制发《关于加强国家网络安全标准化工作的若干意见》（中网办发文〔2016〕5号，以下简称《标准化工作意见》），对构建统一权威、科学高效的网络安全标准体系和标准化工作机制做出全面部署。该意见是落实《网络安全法》相关标准化工作的重要文件，也是指导当前及今后一段时期我国网络安全标准化工作的顶层政策性文件。《网络安全法》对网络安全标准化工作做了以下规定。

（一）网络安全标准的制定和修订

国务院标准化行政主管部门和国务院其他有关部门根据各自的职责，组织制定并适时修订网络安全的国家标准、行业标准。网络安全标准化工作要坚持统一谋划、统一部署，紧贴实际需求，守住安全底线。《标准化工作意见》要求建立统筹协调、分工协作的国家标准工作机制。按照现行的国务院机构设置，国务院标准化行政主管部门为国家市场监督管理总局，国家标准化管理委员会设在该局。"国务院其他有关部门"是指国家网信部门、工业和信息化部门、公安部门等，应根据各自的职责，组织制定并适时修订网络安全的国家标准、行业标准。全国信息安全标准化技术委员会在国家标准委的领导下，在中央网信办的统筹协调和有关网络安全主管部门的支持下，对网络安全国家标准进行统一技术归口，统一组织申报、送审和报批。其他涉及网络安全内容的国家标准，应征求中央网信办和有关网络安全主管部门的意见，确保相关国家标准与网络安全标准体系的协调一致。

《中华人民共和国标准化法》规定，标准包括国家标准、行业标准、地方标准和团体标准、企业标准。国家标准分为强制性标准、推荐性标准，行业标准、地方标准是推荐性标准。强制性标准必须执行。国家鼓励采用推荐性标准。对保障人身健康和生命财产安全、国家安全、生态环境安全以及满足经济社会管理基本需要的技术要求，应当制定强制性国家标准。《标准化工作意见》要求促进行业标准规范有序发展。探索建立网络安全行业标准联络员机制和会商机制，确保行业标准与国家标准的协调和衔接配套，避免行业标准间的交叉矛盾。促进产业应用与标准化的紧密互动。加强网络安全领域技术研发、产业发展、产业政策等与标准化的紧密衔接与有益互动。建立重大工程、重大科技项目标准信息共享机制，推动国家网络安全相关重大工程或科研项目成果转化为国家标准，并在项目考核指标和专业技术资格评审中明确标准要求，充分发挥标准对产业的引领和拉动作用。

《标准化工作意见》要求加强标准体系建设。一是科学构建标准体系。推动网络安全标准与国家相关法律法规的配套衔接，兼顾我国在世界贸易组织（WTO）等国际组织中承诺的国际义务。根据国际国内网络安全形势发展和现实需求，持续完善网络安全标准体系。发挥标准体系的规划布局作用，定期发布网络安全标准体系建设指南，指导标准制定工作有计划、有步骤推进。促进网络安全标准与信息化应用标准同步规划、同步制定。二是优化完善各级标准。按照深化标准化工作改革方案要求，整合精简强制性标准，在国家关键信息基础设施保护、涉密网络等领域制定强制性国家标准。优化完善推荐性标准，在基础通用领域制定推荐性国家标准。视情在行业特殊需求的领域制定推荐性行业标准。原则上不制定网络安全地方标准。三是推进急需重点标准制定。坚持急用先行，围绕"互联网+"行动计划、"中国制造2025"和"大数据发展行动纲要"等国家战略需求，加快开展关键信息基础设施保护、网络安全审查、网络空间可信身份、关键信息技术产品、网络空间保密防护监管、工业控制系统安全、大数据安全、个人信息保护、智慧城市安全、物联网安全、新一代通信网络安全、互联网电视终端产品安全、网络安全信息共享等领域的标准研究和制定工作。

《标准化工作意见》要求提升标准质量和基础能力。一是提高标准的适用性。在标准制定中，坚持开放透明、公平公正的原则，注重开展前期调研、征求意见、测试、公示等工作，保证标准充分满足网络安全管理、产业发展、用户使用等各方需求，确保标准管用、好用。提高标准制定的参与度和广泛性，鼓励和吸收更多的企业、高校、科研院所、检测认证机构和用户等各方实质性参与标准制定，注重发挥企业的主体作用。二是提高标准的先进性。紧密跟踪网络安全技术和信息技术发展趋势，及时转化科技创新成果，提升标准的科技含量和技术水平。缩短标准制修订周期，原则上不超过两年，确保标准及时满足网络安全保障、新兴技术与产业发展的需求。三是提高标准制定的规范性。加强标准制定的过程管理，建立完备的网络安全标准制定过程管理制度和工作程序，细化明确各阶段的议事规则，优化标准立项和审批程序，以规范严谨的工作程序保证标准质量。四是加强标准化基础能力建设。提升标准信息服务能力和标准符合性测试能力，提高标准化综合服务水平。加强网络安全标准化战略与基础理论研究。

（二）制定网络安全标准的社会参与

国家支持企业、社会团体、教育和科研机构、网络相关行业组织参与网络安全国家标准、行业标准的制定。《标准化工作意见》要求抓好标准化人才队伍建设。一是积极开展教育培训。选择有条件、有意向的重点院校，设立网络安全标准化相关课程，培养标准化专业人才队伍。鼓励校企合作，支持在校学生到企业实习和企业人员到学校接受标准化培训。鼓励有条件的企业开展标准化知识培训。二是引进和培育高端人才。加大网络安全标准化引智力度，鼓励有条件的地方政府、重点企业引进一批高端国际标准化人才。建立网络安全标准化专家库。对参与网络安全国家标准制定的专业技术人才在提高待遇、晋升职务职称等方面予以倾斜。《标准化工作意见》要求做好网络安全标准工作的资金保障。在做好财政资金保障工作的同时，鼓励社会资金支持。鼓励企业加大对标准研制和应用的资金投入。引导社会公益性基金支持网络安全标准化活动，设立网络安全标准优秀奖，对先进适用、贡献突出的标准进行奖励。

（三）积极开展国际交流与合作

《网络安全法》第七条规定："国家积极开展网络空间治理、网络技术研发和标准制定、打击网络违法犯罪等方面的国际交流与合作，推动构建和平、安全、开放、合作的网络空间，建立多边、民主、透明的网络治理体系。"《标准化工作意见》要求加强网络安全标准制定的国家交流与合作。一是实质性参与国际标准化活动。积极参与网络空间国际规则和国际标准规则制定，提升话语权和影响力。积极参与制定相关国际标准并发挥作用，贡献中国智慧、提出中国方案。推动将自主制定的国家标准转化为国际标准，促进自主技术产品"走出去"。结合我国产业发展现状，积极采用适用的国际标准。二是推动国际标准化工作常态化、持续化。打造一支专业精、外语强的复合型国际标准化专家队伍，提高国际标准化组织注册专家的数量。推荐有能力的专家担任国际标准组织职务，积极参加国际标准化会议，保证工作的持续性和稳定性。积极开展网络安全标准制定的国际交流与合作，有利于提高中国在国家网络安全标准领域的话语权，提高中国制定的网络安全标准的地位，同时，也是提高中国制定标准质量的重要渠道。这些工作最终都是为了推动构建和平、安全、开放、合作的网络空间，建立多边、民主、透明的网络治理体系。

（四）对执行网络安全国家标准强制性要求的规定

建设、运营网络或者提供网络服务应遵守国家标准的强制性要求。《网络安全法》第十条规定："建设、运营网络或者通过网络提供服务，应当依照法律、行政法规的规定和国家标准的强制性要求，采取技术措施和其他必要措施，保障网络安全、稳定运行，有效应对网络安全事件，防范网络违法犯罪活动，维护网络数据的完整性、保密性和可用性。"本条对建设、运营网络或者通过网络提供服务，要依照国家标准的强制性要求，采取技术等必要措施做好网络安全防护工作做了规定。国家制定了一系列信息安全技术国家标准。其中一些是强制性标准。强制性标准，是指在一定范围内通过法律、行政法规等强制性手段加以实施的标准，具有法律属性。我国标准化法规定，保障人体健康、人身财产安全的标准和法律，行政法规规定强制执行的标准属于强制性标准。强制性标准可分为全文强制和条文强制两种形式：标准的全部技术内容需要强制时，为全文强制形式；标准中部分技术内容需要强制时，为条文强制形式。依照标准化法规定，其中有关国家安全的技术要求属于强制性标准，建设、运营网络或者提供网络服务关系到国家安全和网络安全，必须遵守网络安全标准强制性要求。

网络产品、服务应当符合相关国家标准的强制性要求。《网络安全法》第二十二条第一款规定："网络产品、服务应当符合相关国家标准的强制性要求。网络产品、服务的提供者不得设置恶意程序；发现其网络产品、服务存在安全缺陷、漏洞等风险时，应当立即采取补救措施，按照规定及时告知用户并向有关主管部门报告。"本条对网络产品、服务应当符合相关国家标准的强制性要求做了规定。网络产品、服务关系到国家安全和网络安全，依照标准化法的规定，必须符合网络安全标准强制性要求。

网络关键设备和网络安全专用产品应当符合相关国家标准的强制性要求。《网络安全法》第二十三条规定："网络关键设备和网络安全专用产品应当按照相关国家标准的强制性要求，由具备资格的机构安全认证合格或者安全检测符合要求后，方可销售或者提供。国家网信部门会同国务院有关部门制定、公布网络关键设备和网络安全专用产品目录，并推动安全认证和安全检测结果互认，避免重复认证、检测。"本条对网络关键设备和网络安全专用产品应当按照国家标准进行安全认证或者安全检测合格方可销售做了规定。网络关键设备和网络安全专用产品事关国家安全和网络安全，应当依照标准化法等有关规定，按照网络安全标准的强制性要求，经过安全认证或者安全检测合格。

根据《标准化工作意见》，要加大标准实施力度。各行业主管监管部门要按照网络安全国家标准制定实施指南和规范，指导网络安全管理工作。组织开展重点标准的试点示范、实施情况反馈和标准实施效果评价工作，提升标准的有效性和适用性。

三、支持网络安全技术和产业发展

《网络安全法》第十六条规定:"国务院和省、自治区、直辖市人民政府应当统筹规划,加大投入,扶持重点网络安全技术产业和项目,支持网络安全技术的研究开发和应用,推广安全可信的网络产品和服务,保护网络技术知识产权,支持企业、研究机构和高等学校等参与国家网络安全技术创新项目。"

网络安全专业性强、技术要求高,技术是网络安全的基础和重要支撑。保障网络安全既要靠监督管理,更要靠技术。没有技术作支撑,网络安全就会缺乏根基,安全就无从谈起。习近平总书记强调指出:核心技术是我们最大的"命门",核心技术受制于人是我们最大的隐患。核心技术分为三类:一是基础技术、通用技术;二是非对称技术、"杀手锏"技术;三是前沿技术、颠覆性技术。习近平总书记指出,要尽快在核心技术上取得突破。要有决心、恒心、重心,树立顽强拼搏、刻苦攻关的志气,坚定不移实施创新驱动发展战略,抓住基础技术、通用技术、非对称技术、前沿技术、颠覆性技术,把更多人力物力财力投向核心技术研发,集合精锐力量,做出战略性安排。应该鼓励和支持企业成为研发主体、创新主体、产业主体,鼓励和支持企业布局前沿技术,推动核心技术自主创新,创造和把握更多机会,参与国际竞争,拓展海外发展空间。政府要为企业发展营造良好环境,减轻企业负担,破除体制机制障碍。

美国高度重视网络安全技术研发和产业发展。2014年12月,美国出台《网络空间安全强化法案》,要求美国国家科学技术委员会、网络与信息技术研发项目组制定并维护美国网络空间安全研发战略规划,并基于风险评估方法,对联邦政府资助的网络空间安全研发工作进行全面指导。为此,美国科学技术政策办公室主任助理于2016年2月5日向美国国会提交了美国联邦政府网络空间安全研发战略规划(2016版),为美国联邦政府网络空间安全技术研发指明了方向。该战略规划首先提出了攻击者、防御者、用户、技术四个基本概念以及短期、中期、长期三种总体战略研发目标，接着在此基础上重点介绍了网络空间安全的四个防御要素——威慑力、防护力、检测力、适应力，细致阐述了针对各要素的研究存在的挑战，并有针对性地制定了各要素的短期、中期、长期研究目标。最后，该战略规划阐述了与网络空间安全研发相关的六个关键基础，并提出若干战略实施建议。

网络安全技术产业和项目是网络安全技术发展的载体，网络安全企业、研究机构和高等学校等是网络安全技术研发的主力军。网络安全技术研发时间长、投入高、成本大，需要国家大力扶持和支持才能顺利开展。网络安全技术产业是技术密集型产业，也是技术更新最快的领域之一，更需要国家予以扶持才能发展壮大。目前，技术不强、产业实力弱是我国网络安全技术和产业的现状和短板，国家必须重点予以支持和扶持。网络安全技术和产业发展程度决定着网络安全保障水平。要抓住自主创新的牛鼻子，构建安全可控的网络安全技术体系，培育形成具有国际竞争力的产业生态，把发展主动权牢牢掌握在自己手里。因此，《网络安全法》规定各级政府都要加强统筹规划，加大投入，扶持重点产业和项目，支持研发、应用和管理创新，建立完善的国家网络安全技术支撑体系，服务于网络安全保障。

信息化时代，数据已成为国家的战略资源，保护数据安全成为网络安全的重要任务。网络数据安全保护技术是网络安全技术的重要组成部分和重点内容。网络数据，是指通过网络收集、存储、传输、处理和产生的各种电子数据。网络数据保护和利用技术成为网络安全技术的热点和重点领域。《网络安全法》第十八条规定："国家鼓励开发网络数据安全保护和利用技术，促进公共数据资源开放，推动技术创新和经济社会发展。国家支持创新网络安全管理方式，运用网络新技术，提升网络安全保护水平。"

国家高度重视网络安全技术的研究、开发和应用，不仅从法律上提供保障，在政策上也为项目和产业发展提供坚实的支持和保障。中共中央办公厅、国务院办公厅 2016 年 7 月印发的《国家信息化发展战略纲要》提出"发展核心技术，做强信息产业"。具体措施：一是构建先进技术体系。以体系化思维弥补单点弱势，打造国际先进、安全可控的核心技术体系，带动薄弱环节实现根本性突破。二是加强前沿和基础研究。加快完善基础研究体制机制，强化企业创新主体地位和主导作用，面向信息通信技术领域的基础前沿技术、共性关键技术加大科技攻关。遵循创新规律，着眼长远发展，超前规划布局，加大投资保障力度，为前沿探索提供长期支持。实施新一代信息技术创新国际交流项目。三是打造协同发展的产业生态。统筹基础研究、技术创新、产业发展与应用部署，加强产业链各环节协调互动。提高产品服务附加值，加速产业向价值链高端迁移。加强专利与标准前瞻性布局，完善覆盖知识产权、技术标准、成果转化、测试验证和产业化投资评估等环节的公共服务体系。四是培育壮大龙头企业。支持龙头企业发挥引领带动作用，联合高校和科研机构打造研发中心、技术产业联盟，探索成立核心技术研发投资公司，打通技术产业化的高效转化通道。五是扶持中小微企业创新。加大对科技型创新企业研发支持力度，落实企业研发费用加计扣除政策，适当扩大政策适用范围。完善技术交易和企业孵化机制，构建普惠性创新支持政策体系。完善公共服务平台，提高科技型中小微企业自主创新和可持续发展能力。

2016年12月15日国务院印发的《国务院关于印发"十三五"国家信息化规划的通知》将"健全网络安全保障体系"作为十个"主攻方向"之一，提出：强化网络安全科技创新能力。实施国家信息安全专项，提高关键信息基础设施、重要信息系统和涉密信息系统安全保障能力及产业化支撑水平。实施国家网络空间安全重大科技项目，全面提升网络信息技术能力，构建国家网络空间安全技术体系。加快推进安全可靠信息技术产品的创新研发、应用和推广，形成信息技术产品自主发展的生态链，推进党政机关电子公文系统安全可靠应用。建立有利于网络安全产业良性发展的市场环境，加快培育我国网络安全龙头企业。加强对新技术、新应用、新业务的网络安全保障和前瞻布局。

2016年11月国务院印发的《"十三五"国家战略性新兴产业发展规划》，提出强化大数据与网络信息安全保障。加强数据安全、隐私保护等关键技术攻关，形成安全可靠的大数据技术体系。建立完善网络安全审查制度。采用安全可信产品和服务，提升基础设施关键设备安全可靠水平。建立关键信息基础设施保护制度，研究重要信息系统和基础设施网络安全整体解决方案。

目前，在网络安全技术项目和产业支持方面，一是实施国家信息安全专项。国家信息安全专项由国家发改委负责组织实施。该专项近年已由重点支持技术产品转向重点支持关键信息基础设施的安全保障。根据关键信息基础设施安全保障需要，组织实施安全技术的研发和产业化。"十三五"期间，国家信息安全专项的重点是包括基础信息网络、重点行业信息系统、涉密信息系统等在内的关键信息基础设施保护项目。二是实施国家网络空间安全重大科技项目。网络安全科技计划由国家科技部负责。国家科技管理体制改革后，取消整合了863、973等计划，科技计划新分为五种类型，其中与网络安全科技计划相关的主要是第二类"科技重大专项"和第三类"重点研发计划"。在第二类中，"网络空间安全重大专项"正在立项论证过程之中，"网络空间安全重点研发计划"已经发布。上述专项必将有力地推动我国网络安全技术和产业发展。

四、国家推进网络安全社会化服务体系建设

《网络安全法》第十七条规定："国家推进网络安全社会化服务体系建设，鼓励有关企业、机构开展网络安全认证、检测和风险评估等安全服务。"

随着网络的发展普及，网络安全已经成为社会安全服务的一项重要内容。网络安全社会化服务是社会主义市场经济条件下参与和推进网络安全保障工作的重要方式，对在新形势下提高我国网络安全整体水平发挥了积极作用。各国政府都很重视网络安全社会化服务体系建设，鼓励和支持相关企业、机构从事网络安全服务。网络安全认证、检测和风险评估是网络安全管理的重要手段，也是网络安全社会化服务的主要内容。这些安全服务专业性强，对技术、装备和人员素质要求高，必须由

符合条件、具有资质的企业、机构提供。当前，我国网络安全社会化服务工作总体看力量不足、能力不强、实力不够，国家从法律层面规范要求开展网络安全社会化服务体系建设，具有重要意义。

网络安全社会化服务体系建设，要认真贯彻落实中央关于网络安全工作的总体部署，要以网络安全认证、检测和风险评估等服务需求为导向，加强监督管理，以提升网络安全认证、检测和风险评估等服务能力为目标，搭建服务平台，壮大服务市场，规范服务行为，更好地提供技术服务、专业人才、安全培训、科技支撑、行业组织等服务，为保障网络安全做出积极贡献。

在鼓励网络安全有关企业、机构开展网络安全认证、检测和风险评估等社会化服务的同时，国家也要加强这类网络安全社会化服务的管理。应当看到，我国的网络安全社会化服务市场还存在行为不规范、管理不到位等突出问题，有的网络安全社会化服务企业、机构随意向社会发布系统漏洞、计算机病毒、网络攻击、网络侵入等网络安全信息，或者借发布此类网络安全信息之机牟取非法利益，危害正常的网络安全秩序。为此，《网络安全法》第二十六条规定："开展网络安全认证、检测、风险评估等活动，向社会发布系统漏洞、计算机病毒、网络攻击、网络侵入等网络安全信息，应当遵守国家有关规定。"这里的国家有关规定，包括制定的相关配套行政法规。目前，主要有《中华人民共和国认证认可条例》《计算机病毒防治管理办法》《计算机信息系统安全保护条例》《计算机信息网络国际联网安全保护管理办法》《互联网信息服务管理办法》《计算机信息系统安全专用产品检测和销售许可证管理办法》等。

五、网络安全宣传教育

《网络安全法》第十九条规定："各级人民政府及其有关部门应当组织开展经常性的网络安全宣传教育，并指导、督促有关单位做好网络安全宣传教育工作。大众传播媒介应当有针对性地面向社会进行网络安全宣传教育。"

网络安全与每个人、每个组织息息相关,维护网络安全是全社会的责任。社会公众是网络空间最基本的行为主体,加强全社会的网络安全宣传教育,提升全社会的网络安全意识和水平,是国家网络安全保障体系建设重要任务。面对当前复杂严峻的网络安全形势,必须把增强全民网络安全意识作为一项基础性工作来抓,大力普及网络安全知识,加强网络安全教育,推动形成全社会重视网络安全的良好氛围。

《网络安全法》规定了三类主体在开展网络安全宣传教育中的职责。一是各级人民政府和有关部门在网络安全宣传教育中的职责。各级人民政府和有关部门是网络安全宣传教育的主要力量。各级人民政府及其有关部门要发挥作用,组织开展经常性的网络安全宣传教育。同时,要指导、督促有关单位做好网络安全宣传教育工作。各级人民政府是指国务院、省级人民政府及乡级人民政府。有关部门是指网信、电信、公安和其他有关机关。宣传教育的形式包括举办国家网络安全宣传周活动,举办展览、论坛,播放有关题材的宣传片,张贴宣传标语,发放免费宣传资料,表彰网络安全先进集体和个人,组织志愿者采取群众喜闻乐见的形式进行宣传等。宣传教育的内容包括网络安全知识、防范网络攻击的技能、抵御网络犯罪的知识以及网络安全形势等。

二是有关单位在网络安全宣传教育中的职责。有关单位包括网络的所有者、管理者、服务提供者、学校、有关职业培训机构等。单位教育、职业教育和学校教育是网络安全宣传教育的重要阵地和渠道。各级人民政府及其有关部门要指导、督促有关单位将网络安全知识技能纳入单位安全教育、学校教育教学和职业培训的内容,增强网络安全意识,提高应对处置能力。学校和培训机构应当开设专门的课程,讲授网络安全防范知识技能,组织开展应急演练等形式开展宣传教育。

三是大众媒体在网络安全宣传教育中的职责。大众媒体包括电视、广播、纸媒、互联网等。特别是互联网新兴媒体受众广泛,传播速度快,应很好地利用这一渠道进行网络安全宣传教育。网络、电视、广播、纸媒等大众媒体应当将网络安全宣传作为公益内容,结合国际国内网络安全形势和网络安全案例、事件,针对不同人群、不同对象开展以案释法、专题节目等形式多样的宣传教育。通过持续广泛地在公共场所、机关单位、居民生活区域开展宣传，使网络安全观念深入人心，让网络安全意识植根人心，提高全社会的网络安全意识和防范技能。

近年来，国家网信办每年都组织举办全国性的网络安全宣传周活动。北京市公安局连续举办"4·29"网络安全宣传日活动。一些重点城市也举办了各种网络安全宣传教育活动。这些宣传教育活动的影响力越来越大，并取得良好的宣传效果和社会效果，为普及网络安全知识，提高全社会的网络安全意识发挥了重要作用。

六、支持培养网络安全人才

《网络安全法》第二十条规定："国家支持企业和高等学校、职业学校等教育培训机构开展网络安全相关教育与培训，采取多种方式培养网络安全人才，促进网络安全人才交流。"

2014年2月27日，习近平在主持召开中央网络安全和信息化领导小组第一次会议时讲话指出："建设网络强国，要把人才资源汇聚起来，建设一支政治强、业务精、作风好的强大队伍。'千军易得，一将难求'，要培养造就世界水平的科学家、网络科技领军人才、卓越工程师、高水平创新团队。"2016年4月19日，习近平在网络安全和信息化工作座谈会上指出："网络空间的竞争，归根结底是人才竞争。建设网络强国，没有一支优秀的人才队伍，没有人才创造力迸发、活力涌流，是难以成功的。念好了人才经，才能事半功倍。"2018年4月20日至21日，习近平在全国网络安全和信息化工作会议上的讲话指出："要研究制定网信领域人才发展整体规划，推动人才发展体制机制改革，让人才的创造活力竞相迸发、聪明才智充分涌流。"

人才是网络安全第一资源。网络安全是技术密集型产业，也是技术更新最快的领域之一，加快网络安全人才培养，为实施网络强国战略、维护国家网络安全提供强大的人才保障，具有十分重要的意义。

从国际上看，各国为加强网络安全人才建设，采取了一系列行动举措。2012年9月，美国专门针对网络安全人才队伍建设发布"国家网络空间安全教育战略计划（NICE战略计划）"，明确提出对普通公众、在校学生、网络安全专业人员三类群体进行教育和培训，以提高全民网络安全的风险意识、扩充网络安全人才储备、培养具有全球竞争力的网络安全专业队伍，建立从基础教育到高等教育、从学历教育到职业培训、从常识普及到专家队伍的完备人才建设体系。2016年美国发布《网络安全人力资源战略规划》，详细介绍了美国联邦政府在培养、发展、保留关键领域人才竞争力方面的行动计划，提出了加强联邦网络安全人力资源的诸多举措，以增强美国联邦政府网络安全并显著提升网络安全人员的技术水平。美国国土安全部还通过"网络安全人才计划"招聘了一大批网络安全专业人才。英国在《国家网络空间安全战略》中突出了网络空间安全人才建设内容。日本、法国、德国等也开展了网络空间安全人才建设的顶层设计，制定并出台国家战略文件，从国家法律法规的角度为网络空间安全人才建设提供保障。

党的十八大以来，在以习近平同志为核心的党中央的坚强领导下，国家网络安全人才建设取得重要进展，出台了相关指导意见，提出了网络安全人才建设要求，全社会的网络安全意识明显加强。但随着信息化的快速发展，网络安全问题更加突出，对网络安全人才建设不断提出新的要求。从总体上看，我国网络安全人才还存在数量缺口较大、能力及素质不高、结构不尽合理等问题，与维护国家网络安全、建设网络强国的要求不相适应。

《网络安全法》提出网络安全人才培养这一要求，首次以法律形式对网络空间安全领域的人才问题进行规定，体现了国家对网络人才的重视，为以后出台网络安全人才培养细则提供法律依据。《网络安全法》的颁布，将推动国家网络安全人才培养工作，网络安全人才工作将得到法律和国家政策的双重保障。

为加强网络安全人才事业发展和建设，2016年6月6日，中央网络安全和信息化领导小组办公室、国家发展和改革委员会、教育部、科学技术部、工业和信息化部、人力资源和社会保障部等联合发布《关于加强网络安全学科建设和人才培养的意见》（中网办发文〔2016〕4号），就网络安全人才培养做了全面部署，提出以下要求：

一是加快网络安全学科专业和院系建设。在已设立网络空间安全一级学科的基础上，加强学科专业建设。发挥学科引领和带动作用，加大经费投入，开展高水平科学研究，加强实验室等建设，完善本专科、研究生教育和在职培训网络安全人才培养体系。有条件的高等院校可通过整合、新建等方式建立网络安全学院。通过国家政策引导，发挥各方面积极性，利用好国内外资源，聘请优秀教师，吸收优秀学生，下大功夫、大本钱创建世界一流的网络安全学院。

二是创新网络安全人才培养机制。鼓励高等院校适度增加相关专业推荐优秀应届本科毕业生免试攻读研究生名额。互联网是年轻人的事业，要不拘一格降人才。支持高等院校开设网络安全相关专业"少年班""特长班"。鼓励高等院校、科研机构根据需求和自身特色，拓展网络安全专业方向，合理确定相关专业人才培养规模，建设跨理学、工学、法学、管理学等门类的网络安全人才综合培养平台。鼓励高校开设网络安全基础公共课程，提倡非网络安全专业学生学习掌握网络安全知识和技能。支持网络安全人才培养基地建设，探索网络安全人才培养模式。发挥专家智库作用，加强对网络安全人才培养和学科专业建设、教学工作的指导。

三是加强网络安全教材建设。网络安全教材要体现党和国家意志，体现网络强国战略思想，体现中国特色治网主张，适应我国网络空间发展需要。根据信息技术特别是网络安全技术的发展，在现有教材基础上，抓紧建立完善网络安全教材体系。国家加强引导，鼓励出版社、企业和社会资本支持网络安全教材编写。适应网络教学、远程教学发展，加大对网络教材的支持力度。设立网络安全优秀教材奖，采取政府主导、市场机制、学校推荐、专家评审等方法，评选网络安全优秀教材，予以重点支持和推荐。

四是强化网络安全师资队伍建设。积极创造条件，吸引和鼓励专业知识好、富有网络安全工作和教学经验的人员从事网络安全教学工作，聘请经验丰富的网络安全技术和管理专家、民间特殊人才担任兼职教师。鼓励高等院校有计划地组织网络安全专业教师赴网信企业、科研机构和国家机关合作科研或挂职。打破体制界限，让网络安全人才在政府、企业、智库间实现有序顺畅流动。鼓励和支持符合条件的高等院校承担国家网络安全科研项目，吸引政治素质好、业务能力强的网络安全教师参与国家重大科研项目和工程。采取多种形式对高等院校网络安全专业教师开展在职培训。鼓励与国外大学、企业、科研机构在网络安全人才培养方面开展合作，不断提高在全球配置网络安全人才资源的能力。支持高等院校大力引进国外网络安全领域高端人才，重点支持网络安全学科青年骨干教师出国培训进修。

五是推动高等院校与行业企业合作育人、协同创新。鼓励企业深度参与高等院校网络安全人才培养工作，从培养目标、课程设置、教材编制、实验室建设、实践教学、课题研究及联合培养基地等各个环节加强同高等院校的合作。推动高等院校与科研院所、行业企业协同育人，定向培养网络安全人才，建设协同创新中心。支持高校网络安全相关专业实施"卓越工程师教育培养计划"。鼓励学生在校阶段积极参与创新创业，形成网络安全人才培养、技术创新、产业发展的良性生态链。

六是加强网络安全从业人员在职培训。建立党政机关、事业单位和国有企业网络安全工作人员培训制度，提升网络安全从业人员安全意识和专业技能。各种网络安全检查要将在职人员网络安全培训情况纳入检查内容。制定网络安全岗位分类规范及能力标准。鼓励并规范社会力量、网络安全企业开展网络安全人才培养和在职人员网络安全培训。

七是加强全民网络安全意识与技能培养。办好国家网络安全宣传周活动，充分利用网络、广播、电影电视、报刊杂志等多种平台，面向大众宣传网络安全常识，传播网络安全知识，培育网络安全文化。支持创作更多的高质量网络安全科普读物，开展多种形式的网络安全技能和知识竞赛。网络教育从孩子抓起，加强青少年网络素养教育，开展"网络安全知识进校园"行动，将网络安全纳入学校教育教学内容，促进学生依法上网、文明上网、安全上网。

八是完善网络安全人才培养配套措施。采取特殊政策，创新网络安全人才评价机制，以实际能力为衡量标准，不唯学历，不唯论文，不唯资历，突出专业性、创新性、实用性，聚天下英才而用之。在重大改革项目中加大对网络安全学科专业建设和人才培养的支持。建立灵活的网络安全人才激励机制，利用社会资金奖励网络安全优秀人才、优秀教师、优秀标准等，资助网络安全专业学生的学习生活，让做出贡献的人才有成就感、获得感。研究制定有针对性的政策措施，鼓励支持网络安全科研人员参加国际学术交流活动，培养具有国际竞争力、影响力的人才。

七、国家参与网络安全国际合作

《网络安全法》第七条规定："国家积极开展网络空间治理、网络技术研发和标准制定、打击网络违法犯罪等方面的国际交流与合作，推动构建和平、安全、开放、合作的网络空间，建立多边、民主、透明的网络治理体系。"

2014年11月19日，习近平向首届世界互联网大会致贺词指出，中国愿意同世界各国携手努力，本着相互尊重、相互信任的原则，深化国际合作，尊重网络主权，维护网络安全，共同构建和平、安全、开放、合作的网络空间，建立多边、民主、透明的国际互联网治理体系。2016年11月16日，习近平在第三届世界互联网大会开幕式上的视频讲话指出，互联网发展是无国界、无边界的，利用好、发展好、治理好互联网必须深化网络空间国际合作，携手构建网络空间命运共同体。2017年12月3日，习近平致第四届世界互联网大会的贺信指出，全球互联网治理体系变革进入关键时期，构建网络空间命运共同体日益成为国际社会的广泛共识。我们倡导"四项原则""五点主张"，就是希望与国际社会一道，尊重网络主权，发扬伙伴精神，大家的事由大家商量着办，做到发展共同推进、安全共同维护、治理共同参与、成果共同分享。

网络空间互联互通，各国利益交融不断深化，需要各国合作共治。网络安全合作已成为时代趋势和国际共识。我国参与网络安全国际合作的重点领域是网络空间治理、网络技术研发和标准制定、打击网络违法犯罪等。2017年3月，我国发布的《网络空间国际合作战略》，全面宣示了中国在网络空间相关国际问题上的政策立场，系统阐释了中国开展网络领域对外工作的基本原则、战略目标和行动要点，旨在指导中国今后一个时期参与网络空间国际交流与合作，推动国际社会携手努力，加强对话合作，共同构建和平、安全、开放、合作、有序的网络空间，建立多边、民主、透明的全球互联网治理体系。

《网络空间国际合作战略》明确指出，中国网络空间国际合作战略以和平发展为主题，以合作共赢为核心，倡导和平、主权、共治、普惠作为网络空间国际交流与合作的基本原则。中国参与网络空间国际合作的战略目标是：坚定维护中国网络主权、安全和发展利益，保障互联网信息安全有序流动，提升国际互联互通水平，维护网络空间和平安全稳定，推动网络空间国际法治，促进全球数字经济发展，深化网络文化交流互鉴，让互联网发展成果惠及全球，更好造福各国人民。中国将积极参与网络领域相关国际进程，加强双边、地区及国际对话与合作，增进国际互信，谋求共同发展，携手应对威胁，以期最终达成各方普遍接受的网络空间国际规则，构建公正合理的全球网络空间治理体系。

一是倡导和促进网络空间和平与稳定。参与双多边建立信任措施的讨论，采取预防性外交举措，通过对话和协商的方式应对各种网络安全威胁。加强对话，研究影响国际和平与安全的网络领域新威胁，共同遏制信息技术滥用，防止网络空间军备竞赛。推动国际社会就网络空间和平属性展开讨论，从维护国际安全和战略互信、预防网络冲突角度，研究国际法适用网络空间问题。

二是推动构建以规则为基础的网络空间秩序。发挥联合国在网络空间国际规则制定中的重要作用，支持并推动联合国大会通过信息和网络安全相关决议，积极推动并参与联合国信息安全问题政府专家组等进程。上海合作组织成员国于2015年1月向联大提交了"信息安全国际行为准则"更新案文。中国将继续就该倡议加强国际对话，争取对该倡议广泛的国际理解与支持。支持国际社会在平等基础上普遍参与有关网络问题的国际讨论和磋商。

三是不断拓展网络空间伙伴关系。致力于与国际社会各方建立广泛的合作伙伴关系，积极拓展与其他国家的网络事务对话机制，广泛开展双边网络外交政策交流和务实合作。举办世界互联网大会（乌镇峰会）等国际会议，与有关国家继续举行双边互联网论坛，在中日韩、东盟地区论坛、博鳌亚洲论坛等框架下举办网络议题研讨活动等，拓展网络对话合作平台。推动深化上合组织、金砖国家网络安全务实合作。促进东盟地区论坛网络安全进程平衡发展。积极推动和支持亚信会议、中非合作论坛、中阿合作论坛、中拉论坛、亚非法律协商组织等区域组织开展网络安全合作。推进亚太经合组织、二十国集团等组织在互联网和数字经济等领域合作的倡议。探讨与其他地区组织在网络领域的交流对话。

四是积极推进全球互联网治理体系改革。参与联合国信息社会世界峰会成果落实后续进程，推动国际社会巩固和落实峰会成果共识，公平分享信息社会发展成果，并将加强信息社会建设和互联网治理列为审议的重要议题。推进联合国互联网治理论坛机制改革，促进论坛在互联网治理中发挥更大作用。加强论坛在互联网治理事务上的决策能力，推动论坛获得稳定的经费来源，在遴选相关成员、提交报告等方面制定公开透明的程序。参加旨在促进互联网关键资源公平分配和管理的国际讨论，积极推动互联网名称和数字地址分配机构国际化改革，使其成为具有真正独立性的国际机构，不断提高其代表性和决策、运行的公开透明。积极参与和推动世界经济论坛"互联网的未来"行动倡议等全球互联网治理平台活动。

五是深化打击网络恐怖主义和网络犯罪国际合作。探讨国际社会合作打击网络恐怖主义的行为规范及具体措施，包括探讨制定网络空间国际反恐公约，增进国际社会在打击网络犯罪和网络恐怖主义问题上的共识，并为各国开展具体执法合作提供依据。支持并推动联合国安理会在打击网络恐怖主义国际合作问题上发挥重要作用。支持并推动联合国开展打击网络犯罪的工作，参与联合国预防犯罪和刑事司法委员会、联合国网络犯罪问题政府专家组等机制的工作，推动在联合国框架下讨论、制定打击网络犯罪的全球性国际法律文书。加强地区合作，依托亚太地区年度会晤协作机制开展打击信息技术犯罪合作，积极参加东盟地区论坛等区域组织相关合作，推进金砖国家打击网络犯罪和网络恐怖主义的机制安排。加强与各国打击网络犯罪和网络恐怖主义的政策交流与执法等务实合作。积极探索建立打击网络恐怖主义机制化对话交流平台，与其他国家警方建立双边警务合作机制，健全打击网络犯罪司法协助机制，加强打击网络犯罪技术经验交流。

六是倡导对隐私权等公民权益的保护。支持联合国大会及人权理事会有关隐私权保护问题的讨论，推动网络空间确立个人隐私保护原则。推动各国采取措施制止利用网络侵害个人隐私的行为，并就尊重和保护网络空间个人隐私的实践和做法进行交流。促进企业提高数据安全保护意识，支持企业加强行业自律，就网络空间个人信息保护最佳实践展开讨论。推动政府和企业加强合作，共同保护网络空间个人隐私。

七是推动数字经济发展和数字红利普惠共享。推动落实联合国信息社会世界峰会确定的建设以人为本、面向发展、包容性的信息社会目标，以此推进落实2030年可持续发展议程。增强在线交易的可用性、完整性、保密性和可靠性，发展可信、稳定和可靠的互联网应用。保护知识产权，反对贸易保护主义，形成世界网络大市场，促进全球网络经济的繁荣发展。加强互联网技术合作共享，推动各国在网络通信、移动互联网、云计算、物联网、大数据等领域的技术合作，共同解决互联网技术发展难题，共促新产业、新业态的发展。加强人才交流，联合培养创新型网络人才。

八是加强全球信息基础设施建设和保护。共同推动全球信息基础设施建设，铺就信息畅通之路。推动与周边及其他国家信息基础设施互联互通和"一带一路"建设，让更多国家和人民共享互联网带来的发展机遇。加强国际合作，提升保护关键信息基础设施的意识，推动建立政府、行业与企业的网络安全信息有序共享机制，加强关键信息基础设施及其重要数据的安全防护。推动各国就关键信息基础设施保护达成共识，制定关键信息基础设施保护的合作措施，加强关键信息基础设施保护的立法、经验和技术交流。推动各国在预警防范、应急响应、技术创新、标准规范、信息共享等方面加强合作，提高网络风险的防范和应对能力。

九是促进网络文化交流互鉴。推动各国开展网络文化合作，让互联网充分展示各国各民族的文明成果，成为文化交流、文化互鉴的平台，增进各国人民情感交流、心灵沟通。以动漫游戏产业为重点领域之一，务实开展与"一带一路"沿线国家的文化合作，鼓励中国企业充分依托当地文化资源，提供差异化网络文化产品和服务。利用国内外网络文化博览交易平台，推动中国网络文化产品走出去。支持中国企业参加国际重要网络文化展会。推动网络文化企业在海外落地。

第十章
网络安全法行政和民事法律责任问题

一、网络运营者不履行网络安全保护义务的行政责任

《网络安全法》第五十九条第一款规定：网络运营者不履行本法第二十一条、第二十五条规定的网络安全保护义务的，由有关主管部门责令改正，给予警告；拒不改正或者导致危害网络安全等后果的，处一万元以上十万元以下罚款，对直接负责的主管人员处五千元以上五万元以下罚款。

（一）违法主体

本违法主体是网络运营者，包括网络的所有者、管理者和网络服务提供者。

（二）违法行为

1. 未履行《网络安全法》第二十一条规定的网络安全保护义务。《网络安全法》第二十一条规定："网络运营者应当按照网络安全等级保护制度的要求，履行下列安全保护义务，保障网络免受干扰、破坏或者未经授权的访问，防止网络数据泄露或者被窃取、篡改：（1）制定内部安全管理制度和操作规程，确定网络安全负责人，落实网络安全保护责任；（2）采取防范计算机病毒和网络攻击、网络侵入等危害网络安全行为的技术措施；（3）采取监测、记录网络运行状态、网络安全事件

的技术措施,并按照规定留存相关的网络日志不少于六个月;(4)采取数据分类、重要数据备份和加密等措施;(5)法律、行政法规规定的其他义务。"具体而言,未履行网络安全保护义务是指:未制定内部安全管理制度和操作规程,确定网络安全负责人,落实网络安全保护责任;未采取防范计算机病毒和网络攻击、网络侵入等危害网络安全行为的技术措施;未采取监测、记录网络运行状态、网络安全事件的技术措施,未按照规定时限留存相关的网络日志;未采取数据分类、重要数据备份和加密等措施;未履行法律、行政法规规定的其他义务。

2. 未履行《网络安全法》第二十五条规定的网络安全保护义务。《网络安全法》第二十五条规定:"网络运营者应当制定网络安全事件应急预案,及时处置系统漏洞、计算机病毒、网络攻击、网络侵入等安全风险;在发生危害网络安全的事件时,立即启动应急预案,采取相应的补救措施,并按照规定向有关主管部门报告。"具体而言,未履行网络安全保护义务是指:未制定网络安全事件应急预案,处置系统漏洞、计算机病毒、网络攻击、网络侵入等安全风险不及时;在发生危害网络安全的事件时,未立即启动应急预案,采取相应的补救措施,按照规定向有关主管部门报告。

(三) 处罚措施

1. 责令改正。所谓责令改正,是指有关主管部门要求违法行为人停止违法行为并将其违法行为恢复到合法状态。有关主管部门,包括网信部门、公安部门、工信部门等,具体要根据具体违法行为涉及到的主管部门而定。其中,涉及违反网络安全等级保护制度的,由公安部门处罚。

2. 警告。所谓警告,是指有关主管部门对违法行为人进行训诫,使其认识到其行为的违法性。

3. 罚款。对拒不改正或者造成危害网络安全等后果的,处一万元以上十万元以下罚款,对直接负责的主管人员处五千元以上五万元以下罚款。这里的罚款是双罚制,既对网络运营者进行处罚,也对直接负责的主管人员予以处罚。直接负责的主管人员是指违法行为的决策者、对单位违法行为的发生负有不可推卸责任的领导者。

二、关键信息基础设施运营者不履行网络安全保护义务的行政责任

《网络安全法》第五十九条第二款规定："关键信息基础设施的运营者不履行本法第三十三条、第三十四条、第三十六条、第三十八条规定的网络安全保护义务的，由有关主管部门责令改正，给予警告；拒不改正或者导致危害网络安全等后果的，处十万元以上一百万元以下罚款，对直接负责的主管人员处一万元以上十万元以下罚款。"

（一）违法主体

本违法主体是关键信息基础设施的运营者。

（二）违法行为

1. 未履行《网络安全法》第三十三条规定的网络安全保护义务。《网络安全法》第三十三条规定："建设关键信息基础设施应当确保其具有支持业务稳定、持续运行的性能，并保证安全技术措施同步规划、同步建设、同步使用。"即建设关键信息基础设施违反"三同步"规定。

2. 未履行《网络安全法》第二十一条规定的网络安全保护义务。《网络安全法》第二十一条规定："国家实行网络安全等级保护制度。网络运营者应当按照网络安全等级保护制度的要求，履行下列安全保护义务，保障网络免受干扰、破坏或者未经授权的访问，防止网络数据泄露或者被窃取、篡改：（1）制定内部安全管理制度和操作规程，确定网络安全负责人，落实网络安全保护责任；（2）采取防范计算机病毒和网络攻击、网络侵入等危害网络安全行为的技术措施；（3）采取监测、记录网络运行状态、网络安全事件的技术措施，并按照规定留存相关的网络日志不少于六个月；（4）采取数据分类、重要数据备份和加

密等措施；（5）法律、行政法规规定的其他义务。"据此，未履行网络安全保护义务是指：未制定内部安全管理制度和操作规程，确定网络安全负责人，落实网络安全保护责任；未采取防范计算机病毒和网络攻击、网络侵入等危害网络安全行为的技术措施；未采取监测、记录网络运行状态、网络安全事件的技术措施，未按照规定留存相关的网络日志不少于六个月；未采取数据分类、重要数据备份和加密等措施以及法律、行政法规规定的其他义务。

3. 未履行《网络安全法》第三十四条规定的网络安全保护义务。《网络安全法》第三十四条规定："除本法第二十一条的规定外，关键信息基础设施的运营者还应当履行下列安全保护义务：（1）设置专门安全管理机构和安全管理负责人，并对该负责人和关键岗位的人员进行安全背景审查；（2）定期对从业人员进行网络安全教育、技术培训和技能考核；（3）对重要系统和数据库进行容灾备份；（4）制定网络安全事件应急预案，并定期进行演练；（5）法律、行政法规规定的其他义务。"具体而言，未履行网络安全保护义务是指：未设置专门安全管理机构和安全管理负责人，并对该负责人和关键岗位的人员进行安全背景审查；未定期对从业人员进行网络安全教育、技术培训和技能考核；未对重要系统和数据库进行容灾备份；未制定网络安全事件应急预案，并定期进行演练；未履行法律、行政法规规定的其他义务。

4. 未履行《网络安全法》第三十六条规定的网络安全保护义务。《网络安全法》第三十六条规定："关键信息基础设施的运营者采购网络产品和服务，应当按照规定与提供者签订安全保密协议，明确安全和保密义务与责任。"即未履行采购的安全保密义务。

5. 未履行《网络安全法》第三十八条规定的网络安全保护义务。《网络安全法》第三十八条规定："关键信息基础设施的运营者应当自行或者委托网络安全服务机构对其网络的安全性和可能存在的风险每年至少进行一次检测评估，并将检测评估情况和改进措施报送相关负责关键信息基础设施安全保护工作的部门。"即未履行开展网络安全检测评估的义务。

（三）处罚措施

1. 责令改正。由有关主管部门要求违法行为人停止违法行为并将其违法行为恢复到合法状态。

2. 警告。由有关主管部门对违法行为人进行训诫，使其认识到其行为的违法性。

3. 罚款。对拒不改正或者造成危害网络安全等后果的，处十万元以上一百万元以下罚款，对直接负责的主管人员处一万元以上十万元以下罚款。处罚部门具体要根据违法行为涉及到的主管部门而定。

三、网络产品和服务提供者违反网络安全保护义务的行政责任

《网络安全法》第六十条规定："违反本法第二十二条第一款、第二款和第四十八条第一款规定，有下列行为之一的，由有关主管部门责令改正，给予警告；拒不改正或者导致危害网络安全等后果的，处五万元以上五十万元以下罚款，对直接负责的主管人员处一万元以上十万元以下罚款：（一）设置恶意程序的；（二）对其产品、服务存在的安全缺陷、漏洞等风险未立即采取补救措施，或者未按照规定及时告知用户并向有关主管部门报告的；（三）擅自终止为其产品、服务提供安全维护的。"

（一）违法主体

本违法主体是网络产品和服务的提供者。

（二）违法行为

1. 违反《网络安全法》有关规定。

一是违反《网络安全法》第二十二条第一款规定。《网络安全法》第二十二条第一款："网络产品、服务应当符合相关国家标准的强制性

要求。网络产品、服务的提供者不得设置恶意程序；发现其网络产品、服务存在安全缺陷、漏洞等风险时，应当立即采取补救措施，按照规定及时告知用户并向有关主管部门报告。"

二是违反《网络安全法》第二十二条第二款规定。《网络安全法》第二十二条第二款规定："网络产品、服务的提供者应当为其产品、服务持续提供安全维护；在规定或者当事人约定的期限内，不得终止提供安全维护。"

三是违反《网络安全法》第四十八条第一款的规定。《网络安全法》第四十八条第一款规定："任何个人和组织发送的电子信息、提供的应用软件，不得设置恶意程序，不得含有法律、行政法规禁止发布或者传输的信息。"

2. 具有下列行为之一：一是设置恶意程序的；二是对其产品、服务存在的安全缺陷、漏洞等风险未立即采取补救措施，或者未按照规定及时告知用户并向有关主管部门报告的；三是擅自终止为其产品、服务提供安全维护的。

（三）处罚措施

1. 责令改正。由有关主管部门要求违法行为人停止违法行为并将其违法行为恢复到合法状态。

2. 警告。由有关主管部门对违法行为人进行训诫，使其认识到其行为的违法性。

3. 罚款。对拒不改正或者造成危害网络安全等后果的，处五万元以上五十万元以下罚款，对直接负责的主管人员处一万元以上十万元以下罚款。

具体的处罚部门，根据网络产品、服务的种类不同，看涉及的违法行为是产品质量问题，是危害网络运行安全行为，还是侵害消费者权益等具体情形而定。

四、网络运营者违反用户身份管理规定的行政责任

《网络安全法》第六十一条规定:"网络运营者违反本法第二十四条第一款规定,未要求用户提供真实身份信息,或者对不提供真实身份信息的用户提供相关服务的,由有关主管部门责令改正;拒不改正或者情节严重的,处五万元以上五十万元以下罚款,并可以由有关主管部门责令暂停相关业务、停业整顿、关闭网站、吊销相关业务许可证或者吊销营业执照,对直接负责的主管人员和其他直接责任人员处一万元以上十万元以下罚款。"

(一)违法主体

本违法主体是网络运营者,包括网络的所有者、管理者和网络服务提供者。

(二)违法行为

违反《网络安全法》第二十四条第一款规定。《网络安全法》第二十四条第一款规定:"网络运营者为用户办理网络接入、域名注册服务,办理固定电话、移动电话等入网手续,或者为用户提供信息发布、即时通讯等服务,在与用户签订协议或者确认提供服务时,应当要求用户提供真实身份信息。用户不提供真实身份信息的,网络运营者不得为其提供相关服务。"

(三)处罚措施

1. 责令改正。由有关主管部门要求违法行为人停止违法行为并将其违法行为恢复到合法状态。

2. 罚款。对拒不改正或者情节严重的,处五万元以上五十万元以下罚款;对直接负责的主管人员和其他直接责任人员处一万元以上十万元以下罚款。

3. 暂停相关业务、停业整顿、关闭网站、吊销相关业务许可证或者吊销营业执照。

处罚部门主要有三种情形：一是涉及网络接入、域名注册服务和固定电话、移动电话等入网手续的违法行为的，由电信主管部门处罚；二是涉及提供信息发布、即时通讯等服务的违法行为的，由网信等业务主管部门处罚；三是涉及暂停相关业务、停业整顿、关闭网站、吊销相关业务许可证或者吊销营业执照的，由相关业务主管部门和证照的颁发部门处罚。

（四）案例

2019 年 6 月，警方工作中发现北京奇客创想科技股份有限公司旗下的 7k7k 应用分发平台为用户提供信息发布、与用户签订协议或者提供服务时，未要求用户提供真实身份信息。针对此情况，海淀警方对该平台开展现场安全检查，立即约谈该公司主要负责人，发现该平台有 130 款 APP 开发者信息不完整，违反了《网络安全法》第二十四条之规定。海淀警方依据《网络安全法》第六十一条给予该公司责令限期整改的行政处罚。[①]

五、违反网络安全服务活动管理规定的行政责任

《网络安全法》第六十二条规定："违反本法第二十六条规定，开展网络安全认证、检测、风险评估等活动，或者向社会发布系统漏洞、计算机病毒、网络攻击、网络侵入等网络安全信息的，由有关主管部门责令改正，给予警告；拒不改正或者情节严重的，处一万元以上十万元以下罚款，并可以由有关主管部门责令暂停相关业务、停业整顿、关闭网站、吊销相关业务许可证或者吊销营业执照，对直接负责的主管人员和其他直接责任人员处五千元以上五万元以下罚款。"

---

① "首都网警"微信公众号。

（一）违法主体

本违法主体是一般主体，包括单位和个人。

（二）违法行为

具有违反《网络安全法》第二十六条规定的行为。《网络安全法》第二十六条规定："开展网络安全认证、检测、风险评估等活动，向社会发布系统漏洞、计算机病毒、网络攻击、网络侵入等网络安全信息，应当遵守国家有关规定。"

（三）处罚措施

1. 责令改正。由有关主管部门要求违法行为人停止违法行为并将其违法行为恢复到合法状态。

2. 警告。由有关主管部门对违法行为人进行训诫，使其认识到其行为的违法性。

3. 罚款。对拒不改正或者情节严重的，处一万元以上十万元以下罚款；单位违法的，对直接负责的主管人员和其他直接责任人员处五千元以上五万元以下罚款。

4. 暂停相关业务、停业整顿、关闭网站、吊销相关业务许可证或者吊销营业执照。

六、个人和组织实施危害网络安全行为的行政责任

《网络安全法》第六十三条规定："违反本法第二十七条规定，从事危害网络安全的活动，或者提供专门用于从事危害网络安全活动的程序、工具，或者为他人从事危害网络安全的活动提供技术支持、广告推广、支付结算等帮助，尚不构成犯罪的，由公安机关没收违法所得，处五日以下拘留，可以并处五万元以上五十万元以下罚款；情节较重的，处五日以上十五日以下拘留，可以并处十万元以上一百万元以下罚款。

单位有前款行为的，由公安机关没收违法所得，处十万元以上一百万元以下罚款，并对直接负责的主管人员和其他直接责任人员依照前款规定处罚。

违反本法第二十七条规定，受到治安管理处罚的人员，五年内不得从事网络安全管理和网络运营关键岗位的工作；受到刑事处罚的人员，终身不得从事网络安全管理和网络运营关键岗位的工作。"

（一）违法主体

本违法主体是一般主体，包括单位和个人。

（二）违法行为

具有违反《网络安全法》第二十七条规定，从事危害网络安全的活动，或者提供专门用于从事危害网络安全活动的程序、工具，或者为他人从事危害网络安全的活动提供技术支持、广告推广、支付结算等帮助，尚不构成犯罪的行为。《网络安全法》第二十七条规定："任何个人和组织不得从事非法侵入他人网络、干扰他人网络正常功能、窃取网络数据等危害网络安全的活动；不得提供专门用于从事侵入网络、干扰网络正常功能及防护措施、窃取网络数据等危害网络安全活动的程序、工具；明知他人从事危害网络安全的活动的，不得为其提供技术支持、广告推广、支付结算等帮助。"

（三）处罚措施

1. 违法责任主体为个人的，由公安机关没收违法所得，处五日以下拘留，可以并处五万元以上五十万元以下罚款；情节较重的，处五日以上十五日以下拘留，可以并处十万元以上一百万元以下罚款。

2. 违法责任主体为单位的，（1）由公安机关没收违法所得，处十万元以上一百万元以下罚款。（2）对直接负责的主管人员和其他直接责任人员没收违法所得，处五日以下拘留，可以并处五万元以上五十万元以下罚款；情节较重的，处五日以上十五日以下拘留，可以并处十万元以上一百万元以下罚款。

3. 从业禁止措施。一是，对受到治安管理处罚的人员，禁止其五年内从事网络安全管理和网络运营关键岗位的工作；二是，对受到刑事处罚的人员，终身不得从事网络安全管理和网络运营关键岗位的工作。《网络安全法》第七十一条规定："有本法规定的违法行为的，依照有关法律、行政法规的规定记入信用档案，并予以公示。"

七、网络运营者、网络产品或者服务提供者侵害个人信息保护权的行政责任

《网络安全法》第六十四条第一款规定："网络运营者、网络产品或者服务的提供者违反本法第二十二条第三款、第四十一条至第四十三条规定，侵害个人信息依法得到保护的权利的，由有关主管部门责令改正，可以根据情节单处或者并处警告、没收违法所得、处违法所得一倍以上十倍以下罚款，没有违法所得的，处一百万元以下罚款，对直接负责的主管人员和其他直接责任人员处一万元以上十万元以下罚款；情节严重的，并可以责令暂停相关业务、停业整顿、关闭网站、吊销相关业务许可证或者吊销营业执照。"

（一）违法主体

本违法主体是网络运营者、网络产品或者服务的提供者。

（二）违法行为

1. 具有违反《网络安全法》第二十二条第三款规定的违法行为。《网络安全法》第二十二条第三款规定："网络产品、服务具有收集用户信息功能的，其提供者应当向用户明示并取得同意；涉及用户个人信息的，还应当遵守本法和有关法律、行政法规关于个人信息保护的规定。"

2. 具有违反《网络安全法》第四十一条规定的违法行为。《网络安全法》第四十一条规定："网络运营者收集、使用个人信息，应当遵循

合法、正当、必要的原则，公开收集、使用规则，明示收集、使用信息的目的、方式和范围，并经被收集者同意。网络运营者不得收集与其提供的服务无关的个人信息，不得违反法律、行政法规的规定和双方的约定收集、使用个人信息，并应当依照法律、行政法规的规定和与用户的约定，处理其保存的个人信息。"

3. 具有违反《网络安全法》第四十二条规定的违法行为。《网络安全法》第四十二条规定："网络运营者不得泄露、篡改、毁损其收集的个人信息；未经被收集者同意，不得向他人提供个人信息。但是，经过处理无法识别特定个人且不能复原的除外。网络运营者应当采取技术措施和其他必要措施，确保其收集的个人信息安全，防止信息泄露、毁损、丢失。在发生或者可能发生个人信息泄露、毁损、丢失的情况时，应当立即采取补救措施，按照规定及时告知用户并向有关主管部门报告。"

4. 具有违反《网络安全法》第四十三条规定的违法行为。《网络安全法》第四十三条规定："个人发现网络运营者违反法律、行政法规的规定或者双方的约定收集、使用其个人信息的，有权要求网络运营者删除其个人信息；发现网络运营者收集、存储的其个人信息有错误的，有权要求网络运营者予以更正。网络运营者应当采取措施予以删除或者更正。"

（三）处罚措施

1. 由有关主管部门责令改正，可以根据情节单处或者并处警告、没收违法所得、处违法所得一倍以上十倍以下罚款，没有违法所得的，处一百万元以下罚款，对直接负责的主管人员和其他直接责任人员处一万元以上十万元以下罚款；

2. 情节严重的，可以责令暂停相关业务、停业整顿、关闭网站、吊销相关业务许可证或者吊销营业执照。此处的"情节严重"，包括多次实施上述违法行为，违法收集、使用的用户个人信息数量众多，经主管部门责令仍拒不改正等。

（四）案例

2019年5月，警方在工作中发现北京淘金者科技有限公司旗下一款产品牛股王App，存在超范围采集用户个人信息及手机权限的情况。经现场检查，牛股王App在获取读取手机状态和身份、发现已知账户、拦截外拨电话、开机时自动启动四项权限中存在超范围采集用户个人信息的情况。对此，朝阳警方依据《网络安全法》第四十一条、第六十四条，对该公司给予行政警告处罚。此案例为北京市公安局网安部门首次适用《网络安全法》对涉嫌超范围采集用户个人信息的公司开展行政执法。[①]

八、侵犯公民个人信息的行政责任

《网络安全法》第六十四条第二款规定：违反本法第四十四条规定，窃取或者以其他非法方式获取、非法出售或者非法向他人提供个人信息，尚不构成犯罪的，由公安机关没收违法所得，并处违法所得一倍以上十倍以下罚款，没有违法所得的，处一百万元以下罚款。"

（一）违法主体

本违法主体是一般主体，包括单位和个人。

（二）违法行为

具有违反《网络安全法》第四十四条规定，窃取或者以其他非法方式获取、非法出售或者非法向他人提供个人信息，尚不构成犯罪的行为。《网络安全法》第四十四条规定："任何个人和组织不得窃取或者以其他非法方式获取个人信息，不得非法出售或者非法向他人提供个人信息。"

[①] "首都网警"微信公众号。

（三）处罚措施

1. 由公安机关没收违法所得，并处违法所得一倍以上十倍以下罚款；
2. 没有违法所得的，处一百万元以下罚款。

九、关键信息基础设施运营者违反国家安全审查规定的行政责任

《网络安全法》第六十五条规定："关键信息基础设施的运营者违反本法第三十五条规定，使用未经安全审查或者安全审查未通过的网络产品或者服务的，由有关主管部门责令停止使用，处采购金额一倍以上十倍以下罚款；对直接负责的主管人员和其他直接责任人员处一万元以上十万元以下罚款。"

（一）违法主体

本违法主体是关键信息基础设施的运营者。

（二）违法行为

具有违反《网络安全法》第三十五条规定，使用未经安全审查或者安全审查未通过的网络产品或者服务的违法行为。《网络安全法》第三十五条规定："关键信息基础设施的运营者采购网络产品和服务，可能影响国家安全的，应当通过国家网信部门会同国务院有关部门组织的国家安全审查。"

（三）处罚措施

1. 由有关主管部门责令停止使用，处采购金额一倍以上十倍以下罚款；
2. 由有关主管部门对直接负责的主管人员和其他直接责任人员处

一万元以上十万元以下罚款。

十、关键信息基础设施运营者违反数据管理规定的行政责任

《网络安全法》第六十六条规定："关键信息基础设施的运营者违反本法第三十七条规定，在境外存储网络数据，或者向境外提供网络数据的，由有关主管部门责令改正，给予警告，没收违法所得，处五万元以上五十万元以下罚款，并可以责令暂停相关业务、停业整顿、关闭网站、吊销相关业务许可证或者吊销营业执照；对直接负责的主管人员和其他直接责任人员处一万元以上十万元以下罚款。"

（一）违法主体

本违法主体是关键信息基础设施的运营者。

（二）违法行为

具有违反《网络安全法》第三十七条规定，在境外存储网络数据，或者向境外提供网络数据的违法行为。《网络安全法》第三十七条规定："关键信息基础设施的运营者在中华人民共和国境内运营中收集和产生的个人信息和重要数据应当在境内存储。因业务需要，确需向境外提供的，应当按照国家网信部门会同国务院有关部门制定的办法进行安全评估；法律、行政法规另有规定的，依照其规定。"

（三）处罚措施

1. 责令改正。由有关主管部门要求违法行为人停止违法行为并将其违法行为恢复到合法状态。

2. 警告。由有关主管部门对违法行为人进行训诫，使其认识到其行为的违法性。

3. 没收违法所得。

4. 罚款。由有关主管部门处五万元以上五十万元以下罚款；对直接负责的主管人员和其他直接责任人员处一万元以上十万元以下罚款。

5. 责令暂停相关业务、停业整顿、关闭网站、吊销相关业务许可证或者吊销营业执照。

十一、非法利用信息网络的行政责任

《网络安全法》第六十七条规定："违反本法第四十六条规定，设立用于实施违法犯罪活动的网站、通讯群组，或者利用网络发布涉及实施违法犯罪活动的信息，尚不构成犯罪的，由公安机关处五日以下拘留，可以并处一万元以上十万元以下罚款；情节较重的，处五日以上十五日以下拘留，可以并处五万元以上五十万元以下罚款。关闭用于实施违法犯罪活动的网站、通讯群组。单位有前款行为的，由公安机关处十万元以上五十万元以下罚款，并对直接负责的主管人员和其他直接责任人员依照前款规定处罚。"

（一）违法主体

本违法主体是一般主体，包括单位和个人。

（二）违法行为

具有违反《网络安全法》第四十六条规定，设立用于实施违法犯罪活动的网站、通讯群组，或者利用网络发布涉及实施违法犯罪活动的信息，尚不构成犯罪的行为。《网络安全法》第四十六条规定："任何个人和组织应当对其使用网络的行为负责，不得设立用于实施诈骗，传授犯罪方法，制作或者销售违禁物品、管制物品等违法犯罪活动的网站、通讯群组，不得利用网络发布涉及实施诈骗，制作或者销售违禁物品、管制物品以及其他违法犯罪活动的信息。"

(三) 处罚措施

1. 由公安机关处五日以下拘留，可以并处一万元以上十万元以下罚款。

2. 情节较重的，处五日以上十五日以下拘留，可以并处五万元以上五十万元以下罚款。

3. 关闭用于实施违法犯罪活动的网站、通讯群组。

4. 单位实施上述违法行为的处罚措施：（1）由公安机关处十万元以上五十万元以下罚款。（2）对直接负责的主管人员和其他直接责任人员，由公安机关处五日以下拘留，可以并处一万元以上十万元以下罚款；情节较重的，处五日以上十五日以下拘留，可以并处五万元以上五十万元以下罚款。

十二、网络运营者不履行信息安全管理义务的行政责任

《网络安全法》第六十八条第一款规定："网络运营者违反本法第四十七条规定，对法律、行政法规禁止发布或者传输的信息未停止传输、采取消除等处置措施、保存有关记录的，由有关主管部门责令改正，给予警告，没收违法所得；拒不改正或者情节严重的，处十万元以上五十万元以下罚款，并可以责令暂停相关业务、停业整顿、关闭网站、吊销相关业务许可证或者吊销营业执照，对直接负责的主管人员和其他直接责任人员处一万元以上十万元以下罚款。"

(一) 违法主体

本违法主体是网络运营者，包括网络的所有者、管理者和网络服务提供者。

(二) 违法行为

具有违反《网络安全法》第四十七条规定，对法律、行政法规禁

止发布或者传输的信息未停止传输、采取消除等处置措施、保存有关记录的违法行为。《网络安全法》第四十七条规定:"网络运营者应当加强对其用户发布的信息的管理,发现法律、行政法规禁止发布或者传输的信息的,应当立即停止传输该信息,采取消除等处置措施,防止信息扩散,保存有关记录,并向有关主管部门报告。"

(三)处罚措施

1. 责令改正。由有关主管部门要求违法行为人停止违法行为并将其违法行为恢复到合法状态。

2. 警告。由有关主管部门对违法行为人进行训诫,使其认识到其行为的违法性。

3. 没收违法所得。

4. 拒不改正或者情节严重的,处十万元以上五十万元以下罚款;对直接负责的主管人员和其他直接责任人员处一万元以上十万元以下罚款。

5. 暂停相关业务、停业整顿、关闭网站、吊销相关业务许可证或者吊销营业执照。

(四)案例[①]

2019年3月,警方在工作中发现,"JJ"网络游戏App用户账号存在违法信息,该公司未采取有效措施处置违规账号,违反了《网络安全法》第四十七条之规定。海淀警方依据《网络安全法》第六十八条之规定对该公司罚款十万元。2019年6月,警方在工作中发现,"猫途鹰"网存在违法信息、公司审核措施落实不到位的情况,违反《网络安全法》第四十七条之规定。朝阳警方依据《网络安全法》第六十八条之规定对该公司罚款十万元。2019年3月,警方在工作中发现,"互动百科"网存在网络招嫖类违法信息,违反了《网络安全法》第四十七条之规定。经调查,该公司曾于2018年8月30日因相同原因被海淀

[①] "首都网警"微信公众号。

警方给予过责令限期改正的处罚，逾期未改。海淀警方依据《网络安全法》第六十八条之规定对该公司罚款十万元。2019年5月，警方在工作中发现，"名师屋"网存在大量网络招嫖类违法信息，未落实信息审核制度，违法问题突出，违反了《网络安全法》第四十七条之规定。朝阳警方依据《网络安全法》第六十八条对该公司罚款十万元。

十三、电子信息发送服务提供者、应用软件下载服务提供者不履行信息安全管理义务的行政责任

《网络安全法》第六十八条第二款规定："电子信息发送服务提供者、应用软件下载服务提供者，不履行本法第四十八条第二款规定的安全管理义务的，依照前款规定处罚。"

（一）违法主体

本违法主体是电子信息发送服务提供者、应用软件下载服务提供者。

（二）违法行为

具有违反《网络安全法》第四十八条第二款规定的违法行为。《网络安全法》第四十八条第二款规定："电子信息发送服务提供者和应用软件下载服务提供者，应当履行安全管理义务，知道其用户有前款规定行为的，应当停止提供服务，采取消除等处置措施，保存有关记录，并向有关主管部门报告。

（三）处罚措施

1. 责令改正。由有关主管部门要求违法行为人停止违法行为并将其违法行为恢复到合法状态。

2. 警告。由有关主管部门对违法行为人进行训诫，使其认识到其行为的违法性。

3. 没收违法所得。

4. 拒不改正或者情节严重的，处十万元以上五十万元以下罚款；对直接负责的主管人员和其他直接责任人员处一万元以上十万元以下罚款。

5. 暂停相关业务、停业整顿、关闭网站、吊销相关业务许可证或者吊销营业执照。

十四、网络运营者违反协助监督执法义务的行政责任

《网络安全法》第六十九条规定："网络运营者违反本法规定，有下列行为之一的，由有关主管部门责令改正；拒不改正或者情节严重的，处五万元以上五十万元以下罚款，对直接负责的主管人员和其他直接责任人员，处一万元以上十万元以下罚款：（一）不按照有关部门的要求对法律、行政法规禁止发布或者传输的信息，采取停止传输、消除等处置措施的；（二）拒绝、阻碍有关部门依法实施的监督检查的；（三）拒不向公安机关、国家安全机关提供技术支持和协助的。"

（一）违法主体

本违法主体是网络运营者，包括网络的所有者、管理者和网络服务提供者。

（二）违法行为

1. 不按照有关部门的要求对法律、行政法规禁止发布或者传输的信息，采取停止传输、消除等处置措施的。《网络安全法》第五十条规定："国家网信部门和有关部门依法履行网络信息安全监督管理职责，发现法律、行政法规禁止发布或者传输的信息的，应当要求网络运营者停止传输，采取消除等处置措施，保存有关记录；对来源于中华人民共和国境外的上述信息，应当通知有关机构采取技术措施和其他必要措施阻断传播。"

2. 拒绝、阻碍有关部门依法实施的监督检查的。《网络安全法》第四十九条第二款规定："网络运营者对网信部门和有关部门依法实施的监督检查，应当予以配合。"

3. 拒不向公安机关、国家安全机关提供技术支持和协助的。《网络安全法》第二十八条规定："网络运营者应当为公安机关、国家安全机关依法维护国家安全和侦查犯罪的活动提供技术支持和协助。"

（三）处罚措施

1. 责令改正。由有关主管部门要求违法行为人停止违法行为并将其违法行为恢复到合法状态。

2. 罚款。拒不改正或者情节严重的，处五万元以上五十万元以下罚款，对直接负责的主管人员和其他直接责任人员，处一万元以上十万元以下罚款。

十五、发布或者传输违法信息的行政责任

《网络安全法》第七十条规定："发布或者传输本法第十二条第二款和其他法律、行政法规禁止发布或者传输的信息的，依照有关法律、行政法规的规定处罚。"

（一）违法主体

本违法主体是一般主体，包括单位和个人。

（二）违法行为

具有违反《网络安全法》第四十八条第二款规定的违法行为。《网络安全法》第十二条第二款规定："任何个人和组织使用网络应当遵守宪法法律，遵守公共秩序，尊重社会公德，不得危害网络安全，不得利用网络从事危害国家安全、荣誉和利益，煽动颠覆国家政权、推翻社会主义制度，煽动分裂国家、破坏国家统一，宣扬恐怖主义、极端主义，

宣扬民族仇恨、民族歧视，传播暴力、淫秽色情信息，编造、传播虚假信息扰乱经济秩序和社会秩序，以及侵害他人名誉、隐私、知识产权和其他合法权益等活动。"

（三）处罚措施

《网络安全法》四十八条第三款是衔接性规定。对发布、传输违法信息构成相关违法犯罪活动的，《刑法》《反恐怖主义法》《治安管理处罚法》《互联网信息服务管理办法》《中华人民共和国电信条例》《计算机信息网络国际联网安全保护管理办法》等法律、行政法规中都做了处罚规定，应当分别适用相关法律、行政法规的规定，追究发布或者传输者的法律责任。如《反恐怖主义法》第八十四条规定了针对电信业务经营者、互联网服务提供者未落实网络安全、信息内容监督制度和安全技术防范措施，造成含有恐怖主义、极端主义内容的信息传播的行政处罚措施："电信业务经营者、互联网服务提供者有下列情形之一的，由主管部门处二十万元以上五十万元以下罚款，并对其直接负责的主管人员和其他直接责任人员处十万元以下罚款；情节严重的，处五十万元以上罚款，并对其直接负责的主管人员和其他直接责任人员，处十万元以上五十万元以下罚款，可以由公安机关对其直接负责的主管人员和其他直接责任人员，处五日以上十五日以下拘留：（一）未依照规定为公安机关、国家安全机关依法进行防范、调查恐怖活动提供技术接口和解密等技术支持和协助的；（二）未按照主管部门的要求，停止传输、删除含有恐怖主义、极端主义内容的信息，保存相关记录，关闭相关网站或者关停相关服务的；（三）未落实网络安全、信息内容监督制度和安全技术防范措施，造成含有恐怖主义、极端主义内容的信息传播，情节严重的。"

十六、国家机关政务网络运营者不履行网络安全保护义务的行政责任

《网络安全法》第七十二条规定："国家机关政务网络的运营者不

履行本法规定的网络安全保护义务的，由其上级机关或者有关机关责令改正；对直接负责的主管人员和其他直接责任人员依法给予处分。"

（一）违法主体

本违法主体是国家机关政务网络的运营者。国家机关政务网络包括政务外网、政务内网、政府门户网站等。2010年10月，中央机构编制委员会办公室批复同意国家信息中心加挂国家电子政务外网管理中心牌子，承担政务外网的运行维护及相关管理工作，承担中央政务外网建设、运行维护和服务等工作，对地方政务外网建设和运行进行业务指导。地方政务外网的建设与管理由地方政务外网建设、运维单位负责。

（二）违法行为

具有违反《网络安全法》规定，不履行网络安全保护义务的违法行为。

（三）处罚措施

1. 由国家机关政务网络运营者的上级机关或者有关机关责令改正。
2. 对直接负责的主管人员和其他直接责任人员依法给予处分。处分分为六种，即警告、记过、记大过、降级、撤职、开除。

十七、网络安全监督管理渎职行为的行政责任

《网络安全法》第七十三条第一款规定："网信部门和有关部门违反本法第三十条规定，将在履行网络安全保护职责中获取的信息用于其他用途的，对直接负责的主管人员和其他直接责任人员依法给予处分。网信部门和有关部门的工作人员玩忽职守、滥用职权、徇私舞弊，尚不构成犯罪的，依法给予处分。"

（一）违法主体

本违法行为的主体是特定主体，即网信部门和有关部门。依据《网络安全法》第八条规定："国家网信部门负责统筹协调网络安全工作和相关监督管理工作。国务院电信主管部门、公安部门和其他有关机关依照本法和有关法律、行政法规的规定，在各自职责范围内负责网络安全保护和监督管理工作。县级以上地方人民政府有关部门的网络安全保护和监督管理职责，按照国家有关规定确定。"这里的"有关部门"，是指承担网络安全保护和监督管理职责的国务院电信主管部门、公安部门和其他有关机关以及县级以上地方人民政府有关部门。

（二）违法行为

1. 网信部门和有关部门违反《网络安全法》第三十条规定，将在履行网络安全保护职责中获取的信息用于其他用途。《网络安全法》第三十条规定："网信部门和有关部门在履行网络安全保护职责中获取的信息，只能用于维护网络安全的需要，不得用于其他用途。"具体而言，本违法行为是指：一是行为违反网络安全法有关规定。二是行为发生在履行网络安全保护职责中。所谓在履行网络安全保护和监督管理职责中，是指网信部门和有关部门的工作人员实施本违法行为，是在其履行网络安全保护和监督管理职责的过程之中。如果该行为与其履行网络安全保护和监督管理职责无关，则不构成本违法行为。三是违法行为为"将获取的信息没有用于维护网络安全的需要，而是用于其他用途"。这里的其他用途，是指用于非法提供、滥用等。

2. 网信部门和有关部门的工作人员玩忽职守、滥用职权、徇私舞弊。一是行为发生在在履行网络安全保护和监督管理职责中。二是玩忽职守、滥用职权、徇私舞弊。所谓"玩忽职守"，是指网信部门和有关部门的工作人员严重不负责任，不履行或者不正确地履行职责，致使国家安全、公共财产、国家和人民利益受到损失的行为。所谓"滥用职权"，是指网信部门和有关部门的工作人员故意超过职权范围行使职权，或者不适当地使用职权，致使国家安全、公共财产、国家和人民利益遭受损失的行为。所谓"徇私舞弊",是指网信部门和有关部门的工作人员为徇个人私利、私情,违反国家法律、法规的规定,破坏网络安全秩序,使国家和人民利益受到损失的行为。三是行为的严重程度"尚不构成犯罪的"。所谓"尚不构成犯罪的",是指网信部门和有关部门的工作人员实施的玩忽职守、滥用职权、徇私舞弊的行为,还没有达到构成犯罪的程度。根据《刑法》第十三条的规定,具有"危害社会"的行为,"依照法律应当受刑罚处罚的,都是犯罪","但是情节显著轻微危害不大的,不认为是犯罪"。因此,本违法行为需要具备"情节显著轻微危害不大"的条件。

(三) 处罚措施

1. 违反本条第一款的,对直接负责的主管人员和其他直接责任人员依法给予处分。这里的"处分"是指行政处分。所谓行政处分,是行政机关内部,上级对有隶属关系的下级违反纪律的行为或者是对尚未构成犯罪的轻微违法行为所给予的纪律制裁。根据《公务员法》的规定,公务员因违法违纪应当承担纪律责任的,依法给予处分。处分分为六种,即警告、记过、记大过、降级、撤职、开除。对公务员的处分,应当事实清楚、证据确凿、定性准确、处理恰当、程序合法、手续完备。公务员违纪的,应当由处分决定机关决定对公务员违纪的情况进行调查,并将调查认定的事实及拟给予处分的依据告知公务员本人,公务员有权进行陈述和申辩。处分决定机关认为对公务员应当给予处分的,应当在规定的期限内,按照管理权限和规定的程序作出处分决定,处分决定应当以书面形式通知公务员本人。公务员在受处分期间不得晋升职务和级别,其中受记过、记大过、降级、撤职处分的,不得晋升工资档次。受处分的期间为:警告,6个月;记过,12个月;记大过,18个月;降级、撤职,24个月。受撤职处分的,按照规定降低级别。公务员受开除以外的处分,在受处分期间有悔改表现,并且没有再发生违纪行为的,处分期满后,由处分决定机关解除处分并以书面形式通知本人。解除处分后,晋升工资档次、级别和职务不再受原处分的影响;但是,解除降级、撤职处分的,不视为恢复原级别、原职务。

2. 违反本条第二款的，依法给予处分。这里的"处分"，是指行政处分。根据公务员法的规定，公务员因违法违纪应当承担纪律责任的，依法给予处分。行政处分与行政处罚都属于行政责任范畴，但二者之间有明显的区别。一是适用对象不同。行政处分只适用于国家机关、事业单位所属的人员，不适用于社会上的一般公民；而行政处罚则适用于所有的公民、法人或其他组织。二是适用的违法行为不同。行政处分与行政处罚都适用于行政违法行为，但行政处分适用的是一般的违法失职行为，而行政处罚则适用于违反某种特定的，设定有行政处罚的法律、法规、规章的违法行为。三是实施的机关不同。实施行政处分的机关，是被处分人员的所在单位或者上级主管机关，以及行政监察机关；而实施行政处罚的机关，是国家法律、法规规定的具有行政处罚权的行政机关，法律、法规授权的具有管理公共事务职能的组织和行政机关依照法律、法规、规章的规定，在其法定权限内委托的组织。四是执行主体不同。行政处分由国家机关和事业单位执行；而行政处罚既可由行政机关执行，也可由行政机关申请人民法院强制执行。五是救济的方式不同。当事人对行政处分不服的，救济方式为复核和申诉，即向原处理机关申请复核，或者按照规定向同级公务员主管部门或者作出该人事处理的机关的上一级机关、行政监察机关提出申诉；行政处罚的救济渠道为行政复议和行政诉讼，当事人对行政处罚不服的，可以向该行政机关的上级行政机关申请行政复议，也可以向人民法院提起行政诉讼。

十八、违反网络安全法规定构成违反治安管理行为的认定处罚

《网络安全法》第七十四条第二款规定："违反本法规定，构成违反治安管理行为的，依法给予治安管理处罚；构成犯罪的，依法追究刑事责任。"

（一）构成违反治安管理行为的含义

本条规定的"构成违反治安管理行为"是指扰乱社会秩序，妨害公共安全，侵犯公民人身权利，侵犯公司财产，情节轻微尚不够刑事处罚的行为。构成违反治安管理的行为必须同时具备三个条件：一是行为必须具备一定的社会危害性，即对国家、社会和公民的合法权益造成危害。二是行为必须是情节轻微尚不够刑事处罚。三是行为必须是依照《治安管理处罚法》规定应当受到治安处罚的行为。

（二）违反《网络安全法》构成违反治安管理的行为

对违反《网络安全法》规定，应依照《治安管理处罚法》给与处罚的情形主要是：

1.《治安管理处罚法》第二十五条第一项规定，有下列行为之一的，散布谣言，谎报险情、疫情、警情或者以其他方法故意扰乱公共秩序的，处五日以上十日以下拘留，可以并处五百元以下罚款；情节较轻的，处五日以下拘留或者五百元元以下罚款。

2.《治安管理处罚法》第二十九条规定："有下列行为之一的，处五日以下拘留；情节较重的，处五日以上十日以下拘留：（一）违反国家规定，侵入计算机信息系统，造成危害的；（二）违反国家规定，对计算机信息系统功能进行删除、修改、增加、干扰，造成计算机信息系统不能正常运行的；（三）违反国家规定，对计算机信息系统中存储、处理、传输的数据和应用程序进行删除、修改、增加的；（四）故意制作、传播计算机病毒等破坏性程序，影响计算机信息系统正常运行的。"

3.《治安管理处罚法》第四十二条第五项规定，多次发送淫秽、侮辱、恐吓或者其他信息，干扰他人正常生活的，处五日以下拘留或者五百元以下罚款；情节较重的，处五日以上十日以下拘留，可以并处五百元以下罚款。

4.《治安管理处罚法》第四十七条规定："煽动民族仇恨、民族歧视，或者在出版物、计算机信息网络中刊载民族歧视、侮辱内容的，处十日以上十五日以下拘留，可以并处一千元以下罚款。"

需要注意的是，由于《网络安全法》的制定颁布时间晚于现行《治安管理处罚法》，一些违反《网络安全法》的违法行为尚未列入，有待《治安管理处罚法》修订时纳入。

（三）治安管理处罚的种类

根据现行《治安管理处罚法》规定，治安管理处罚的种类分为警告、罚款、行政拘留、吊销公安机关发放的许可证四种。对违反治安管理的外国人，可以附加适用限期出境或者驱逐出境。

（四）治安管理处罚适用时应当注意的问题

1. 关于非法侵入计算机信息系统（治安管理处罚法第 29 条第 1 项）。《计算机信息网络国际联网安全保护管理办法》第 20 条与《中华人民共和国治安管理处罚法》第 29 条第 1 项竞合。对单位未经允许，进入计算机信息网络或者使用计算机信息网络资源，构成违反治安管理行为的，违法行为名称表述为"非法侵入计算机信息系统"。对单位处罚的法律依据适用《计算机信息网络国际联网安全保护管理办法》第 6 条第 1 项和第 20 条，对其直接负责的主管人员和其他直接责任人员处罚的法律依据适用《中华人民共和国治安管理处罚法》第 18 条和第 29 条第 1 项。

2. 关于非法改变计算机信息系统功能（治安管理处罚法第 29 条第 2 项）。《计算机信息网络国际联网安全保护管理办法》第 20 条与《中华人民共和国治安管理处罚法》第 29 条第 2 项竞合。对单位未经允许，对计算机信息网络功能进行删除、修改或者增加，构成违反治安管理行为的，违法行为名称表述为"非法改变计算机信息系统功能"。对单位处罚的法律依据适用《计算机信息网络国际联网安全保护管理办法》第 6 条第 2 项和第 20 条，对其直接负责的主管人员和其他直接责任人员处罚的法律依据适用《中华人民共和国治安管理处罚法》第 18 条和第 29 条第 2 项。

3. 关于非法改变计算机信息系统数据和应用程序（治安管理处罚法第 29 条第 3 项）。《计算机信息网络国际联网安全保护管理办法》第

20 条与《中华人民共和国治安管理处罚法》第 29 条第 3 项竞合。对单位未经允许，对计算机信息网络中存储、处理或者传输的数据和应用程序进行删除、修改或者增加，构成违反治安管理行为的，违法行为名称表述为"非法改变计算机信息系统数据和应用程序"。对单位处罚的法律依据适用《计算机信息网络国际联网安全保护管理办法》第 6 条第 3 项和第 20 条，对其直接负责的主管人员和其他直接责任人员处罚的法律依据适用《中华人民共和国治安管理处罚法》第 18 条和第 29 条第 3 项。

4. 关于故意制作、传播计算机破坏性程序影响运行（治安管理处罚法第 29 条第 4 项）。《计算机信息网络国际联网安全保护管理办法》第 20 条与《中华人民共和国治安管理处罚法》第 29 条第 4 项竞合。对单位故意制作、传播计算机病毒等破坏性程序，构成违反治安管理行为的，违法行为名称表述为"故意制作、传播计算机破坏性程序影响运行"。对单位处罚的法律依据适用《计算机信息网络国际联网安全保护管理办法》第 6 条第 4 项和第 20 条，对其直接负责的主管人员和其他直接责任人员处罚的法律依据适用《中华人民共和国治安管理处罚法》第 18 条和第 29 条第 4 项。

十九、违反《网络安全法》规定的民事责任

《网络安全法》第七十四条第一款规定："违反本法规定，给他人造成损害的，依法承担民事责任。"

（一）民事责任的含义

民事责任，又称民事法律责任，是指由于违反民事法律或者合同约定，或者侵害了他人合法权益所应当承担的法律后果。民事责任具有以下特点：一是民事责任主要在于救济当事人的权利，赔偿或者补偿当事人的损失；二是民事责任主要是一种财产责任；三是民事责任可以由当事人协商解决。民事责任可以分为违约责任和侵权责任两种。违约责任

是指合同当事人不履行合同义务或者履行合同义务不符合约定时，依法产生的法律责任。侵权责任是指民事主体因实施侵权行为而应承担的民事法律后果。本条规定了因实施侵权行为，给他人造成损害的结果而应承担的民事法律后果。

（二）承担民事责任的主体

国家行政机关在执行网络安全保护和安全监管职权时，即使因侵权"给他人造成损害的结果"有赔偿也是国家赔偿，而不是民事赔偿。因此本条中承担民事责任的主体是指所有因为违反网络安全法的规定而给他人造成损害的单位和个人，包括网络运营者、网络产品和服务提供者、关键信息基础设施的运营者、电子信息发送服务提供者、应用软件下载服务提供者以及有关单位和个人等。

（三）承担民事责任的条件

本条规定的承担民事责任需要具备两个条件：一是违反《网络安全法》的规定，二是给他人造成损害。如《网络安全法》第二十二条规定，网络产品、服务的提供者不得设置恶意程序。违反该规定，给他人人身、财产造成损害的，应当依法承担民事赔偿责任。

（四）承担民事责任的方式

根据2017年3月15日第十二届全国人民代表大会第五次会议通过、自2017年10月1日起施行的《中华人民共和国民法总则》第一百七十九条规定，承担民事责任的方式主要有：1. 停止侵害；2. 排除妨碍；3. 消除危险；4. 返还财产；5. 恢复原状；6. 修理、重作、更换；7. 继续履行；8. 赔偿损失；9. 支付违约金；10. 消除影响、恢复名誉；11. 赔礼道歉。法律规定惩罚性赔偿的，依照其规定。本条规定的承担民事责任的方式，可以单独适用，也可以合并适用。

第十一章
《网络安全法》刑事法律责任问题

一、网络安全法相关刑法罪名

网络安全法第七十四条第二款规定："违反本法规定，构成违反治安管理行为的，依法给予治安管理处罚；构成犯罪的，依法追究刑事责任。"

（一）犯罪和刑事责任的概念

根据《刑法》第十三条，犯罪是指一切危害国家主权、领土完整和安全，分裂国家、颠覆人民民主专政的政权和推翻社会主义制度，破坏社会秩序和经济秩序，侵犯国有财产或者劳动群众集体所有的财产，侵犯公民私人所有的财产，侵犯公民的人身权利、民主权利和其他权利，以及其他危害社会的行为，依照法律应当受刑罚处罚的行为。但是情节显著轻微危害不大的，不认为是犯罪。所谓刑事责任，是指行为人实施了刑法所禁止的犯罪行为而必须承担的法律后果。我国《刑法》第十七条规定了刑事责任年龄，即已满十六周岁的人犯罪，应当负刑事责任。

（二）违反网络安全法构成犯罪相关刑法罪名

违反《网络安全法》规定，依照刑法规定构成犯罪，需要追究刑事责任的主要罪名见表11—1。

表 11—1　违反网络安全法构成犯罪相关刑法罪名

罪名	刑法条文
侵犯公民个人信息罪	刑法第 253 条之一
非法侵入计算机信息系统罪	刑法第 285 条第 1 款
非法获取计算机信息系统数据、非法控制计算机信息系统罪	刑法第 285 条第 2 款
提供侵入、非法控制计算机信息系统程序、工具罪	刑法第 285 条第 3 款
破坏计算机信息系统罪	刑法第 286 条
拒不履行信息网络安全管理义务罪	刑法第 286 条之一
非法利用信息网络罪	刑法第 287 条之一
帮助信息网络犯罪活动罪	刑法第 287 条之二
编造、故意传播虚假信息罪	刑法第 291 条之一

二、侵犯公民个人信息罪的认定处罚

《刑法》第二百五十三条之一规定，违反国家有关规定，向他人出售或者提供公民个人信息，情节严重的，处三年以下有期徒刑或者拘役，并处或者单处罚金；情节特别严重的，处三年以上七年以下有期徒刑，并处罚金。

违反国家有关规定，将在履行职责或者提供服务过程中获得的公民个人信息，出售或者提供给他人的，依照前款的规定从重处罚。

窃取或者以其他方法非法获取公民个人信息的，依照第一款的规定处罚。

单位犯前三款罪的，对单位判处罚金，并对其直接负责的主管人员和其他直接责任人员，依照各该款的规定处罚。

（一）本罪的犯罪构成

1. 本罪的犯罪主体为一般主体，即任何年满十六周岁的人。单位也能构成本罪。单位是指企业、事业单位、机关、团体等单位。

2. 本罪在犯罪主观方面是故意。即违反国家有关规定，故意出售或非法提供公民个人信息。故意出售或非法提供的信息属于刑法意义上的公民个人信息。这里说的刑法意义上的"公民个人信息",根据自2017年6月1日起施行的《最高人民法院、最高人民检察院关于办理侵犯公民个人信息刑事案件适用法律若干问题的解释》规定(以下称《侵犯公民个人信息司法解释》),是指以电子或者其他方式记录的能够单独或者与其他信息结合识别特定自然人身份或者反映特定自然人活动情况的各种信息,包括姓名、身份证件号码、通信通讯联系方式、住址、账号密码、财产状况、行踪轨迹等。违反法律、行政法规、部门规章有关公民个人信息保护的规定的,应当认定为"违反国家有关规定"。

3. 本罪的犯罪客体是公民对个人信息享有的权利。

4. 本罪在犯罪客观方面表现为向他人出售或者提供公民个人信息,情节严重的行为。出售,是指将自己掌握的公民信息卖给他人,从中牟利的行为。非法提供,是指违反国家有关规定,将自己掌握的公民信息提供给他人的行为。他人,包括单位和个人。根据《侵犯公民个人信息司法解释》,向特定人提供公民个人信息,以及通过信息网络或者其他途径发布公民个人信息的,应当认定为"提供公民个人信息"。未经被收集者同意,将合法收集的公民个人信息向他人提供的,属于"提供公民个人信息",但是经过处理无法识别特定个人且不能复原的除外。违反国家有关规定,通过购买、收受、交换等方式获取公民个人信息,或者在履行职责、提供服务过程中收集公民个人信息的,属于刑法第二百五十三条之一第三款规定的"以其他方法非法获取公民个人信息"。

构成本罪,需达到情节严重的程度。尚未达到情节严重标准的,可依据法律、法规有关规定予以行政处罚。根据《侵犯公民个人信息司法解释》,情节认定的标准如下:

非法获取、出售或者提供公民个人信息,具有下列情形之一的,应当认定为"情节严重":(一)出售或者提供行踪轨迹信息,被他人用于犯罪的;(二)知道或者应当知道他人利用公民个人信息实施犯罪,向其出售或者提供的;(三)非法获取、出售或者提供行踪轨迹信息、通信内容、征信信息、财产信息五十条以上的；（四）非法获取、出售或者提供住宿信息、通信记录、健康生理信息、交易信息等其他可能影响人身、财产安全的公民个人信息五百条以上的；（五）非法获取、出售或者提供第三项、第四项规定以外的公民个人信息五千条以上的；（六）数量未达到第三项至第五项规定标准，但是按相应比例合计达到有关数量标准的；（七）违法所得五千元以上的；（八）将在履行职责或者提供服务过程中获得的公民个人信息出售或者提供给他人，数量或者数额达到第三项至第七项规定标准一半以上的；（九）曾因侵犯公民个人信息受过刑事处罚或者二年内受过行政处罚，又非法获取、出售或者提供公民个人信息的；（十）其他情节严重的情形。

具有下列情形之一的，应当认定为《刑法》第二百五十三条之一第一款规定的"情节特别严重"：（一）造成被害人死亡、重伤、精神失常或者被绑架等严重后果的；（二）造成重大经济损失或者恶劣社会影响的；（三）数量或者数额达到前款第三项至第八项规定标准十倍以上的；（四）其他情节特别严重的情形。

为合法经营活动而非法购买、收受踪轨迹信息、通信内容、征信信息、财产信息，以及住宿信息、通信记录、健康生理信息、交易信息等其他可能影响人身、财产安全的公民个人信息，具有下列情形之一的，应当认定为《刑法》第二百五十三条之一规定的"情节严重"：（一）利用非法购买、收受的公民个人信息获利五万元以上的；（二）曾因侵犯公民个人信息受过刑事处罚或者二年内受过行政处罚，又非法购买、收受公民个人信息的；（三）其他情节严重的情形。实施前款规定的行为，将购买、收受的公民个人信息非法出售或者提供的，定罪量刑标准适用本解释第五条的规定。

（二）本罪的处罚

1. 构成本罪的，处三年以下有期徒刑或者拘役，并处或者单处罚金；情节特别严重的，处三年以上七年以下有期徒刑，并处罚金。

2. 单位犯本罪的，依照相应自然人犯罪的定罪量刑标准，对直接负责的主管人员和其他直接责任人员定罪处罚，并对单位判处罚金。

3. 违反国家有关规定，将在履行职责或者提供服务过程中获得的公民个人信息，出售或者提供给他人的，从重处罚。

需要注意的是，设立用于实施非法获取、出售或者提供公民个人信息违法犯罪活动的网站、通讯群组，情节严重的，以非法利用信息网络罪定罪处罚；同时构成侵犯公民个人信息罪的，依照侵犯公民个人信息罪定罪处罚。网络服务提供者拒不履行法律、行政法规规定的信息网络安全管理义务，经监管部门责令采取改正措施而拒不改正，致使用户的公民个人信息泄露，造成严重后果的，以拒不履行信息网络安全管理义务罪定罪处罚。实施侵犯公民个人信息犯罪，不属于"情节特别严重"，行为人系初犯，全部退赃，并确有悔罪表现的，可以认定为情节轻微，不起诉或者免予刑事处罚；确有必要判处刑罚的，应当从宽处罚。非法获取公民个人信息后又出售或者提供的，公民个人信息的条数不重复计算。向不同单位或者个人分别出售、提供同一公民个人信息的，公民个人信息的条数累计计算。对批量公民个人信息的条数，根据查获的数量直接认定，但是有证据证明信息不真实或者重复的除外。对于侵犯公民个人信息犯罪，应当综合考虑犯罪的危害程度、犯罪的违法所得数额以及被告人的前科情况、认罪悔罪态度等，依法判处罚金。罚金数额一般在违法所得的一倍以上五倍以下。

（三）案例

2016年9月，薛某得知售卖车辆信息报酬较高。当年9月至11月期间，薛某联系辅警荆某、陈某、赵某等人，让他们通过公安交警综合应用平台非法获取公民个人车辆信息（包括车牌信息、车辆基本信息、车辆抵押信息等），通过微信转发给薛某，再由薛某售卖给需要信息的客户。获利后，薛某统一将钱款支付给荆某，再由荆某通过微信或者现金的方式分发给其他人员。其中，薛某获利约两万元，其他人获利数千到上万元不等。太原市中级人民法院认为，薛某等人违反国家有关规定，非法获取公民个人信息并牟利。判决薛某、荆某有期徒刑三年，其他人判处有期徒刑二年至十个月、缓刑二年至十个月不等。[1]

三、非法侵入计算机信息系统罪的认定处罚

《刑法》第二百八十五条第一款规定，违反国家规定，侵入国家事务、国防建设、尖端科学技术领域的计算机信息系统的，处三年以下有期徒刑或者拘役。

单位犯前三款罪的，对单位判处罚金，并对其直接负责的主管人员和其他直接责任人员，依照各该款的规定处罚。

（一）本罪的犯罪构成

1. 本罪的犯罪主体为一般主体，即任何年满十六周岁的自然人。单位也能构成本罪。

2. 本罪在犯罪主观方面是故意。即违反国家有关规定，故意侵入国家事务、国防建设、尖端科学技术领域的计算机信息系统。"违反国家有关规定"，是指违反国家关于计算机信息系统安全保护的法律、法规和规章的有关规定，主要是《网络安全法》等。根据1994年2月18日中华人民共和国国务院令第147号发布的《中华人民共和国计算机信息系统安全保护条例》规定，计算机信息系统，是指由计算机及其相关的和配套的设备、设施（含网络）构成的，按照一定的应用目标和规则对信息进行采集、加工、存储、传输、检索等处理的人机系统。

3. 本罪的犯罪客体是国家安全和网络安全秩序。《中华人民共和国计算机信息系统安全保护条例》规定，计算机信息系统的安全保护工作，重点维护国家事务、经济建设、国防建设、尖端科学技术等重要领域的计算机信息系统的安全。任何组织或者个人，不得利用计算机信息系统从事危害国家利益、集体利益和公民合法利益的活动，不得危害计

---

[1] https://www.chinacourt.org/article/detail/2018/06/id/3361343.shtml.（访问日期：2019年7月3日）

算机信息系统的安全。

4. 本罪属于行为犯罪，只要实施了侵入国家事务、国防建设、尖端科学技术领域的计算机信息系统行为，即可构成本罪。本罪在犯罪客观方面表现为行为人违反国家有关规定，实施了侵入国家事务、国防建设、尖端科学技术领域的计算机信息系统的行为。侵入，是指未经授权或者他人同意，通过技术手段进入国家事务、国防建设、尖端科学技术领域的计算机信息系统。根据有关司法解释，对于是否属于"国家事务、国防建设、尖端科学技术领域的计算机信息系统"难以确定的，应当委托省级以上负责计算机信息系统安全保护管理工作的部门检验。司法机关根据检验结论，并结合案件具体情况认定。

（二）本罪的处罚

1. 构成本罪的，处三年以下有期徒刑或者拘役。
2. 单位犯前本罪的，对单位判处罚金，并对其直接负责的主管人员和其他直接责任人员，处三年以下有期徒刑或者拘役。

四、非法获取计算机信息系统数据、非法控制计算机信息系统罪的认定处罚

《刑法》第二百八十五条第二款规定，违反国家规定，侵入前款规定以外的计算机信息系统或者采用其他技术手段，获取该计算机信息系统中存储、处理或者传输的数据，或者对该计算机信息系统实施非法控制，情节严重的，处三年以下有期徒刑或者拘役，并处或者单处罚金；情节特别严重的，处三年以上七年以下有期徒刑，并处罚金。

单位犯前三款罪的，对单位判处罚金，并对其直接负责的主管人员和其他直接责任人员，依照各该款的规定处罚。

（一）本罪的犯罪构成

1. 本罪的犯罪主体为一般主体，即任何年满十六周岁的自然人。

单位也能构成本罪。

2. 本罪在犯罪主观方面是故意。

3. 本罪的犯罪客体是网络安全秩序。《中华人民共和国计算机信息系统安全保护条例》规定，任何组织或者个人，不得利用计算机信息系统从事危害国家利益、集体利益和公民合法利益的活动，不得危害计算机信息系统的安全。犯罪对象是除国家事务、国防建设、尖端科学技术领域的计算机信息系统以外的计算机信息系统。计算机信息系统，是指由计算机及其相关的和配套的设备、设施（含网络）构成的，按照一定的应用目标和规则对信息进行采集、加工、存储、传输、检索等处理的人机系统。违反国家规定，是指违反国家关于计算机信息系统安全保护的法律、法规和规章的有关规定，主要是《网络安全法》等。

4. 本罪的犯罪客观方面。构成本罪，需要同时具备以下条件：

（1）行为人违反国家规定，实施了获取他人计算机信息系统中存储、处理或者传输的数据的行为，或者对该计算机信息系统实施非法控制的行为。违反国家规定，是指违反国家关于计算机信息系统安全保护的法律、法规和规章的有关规定，主要是《网络安全法》等。获取，是指从他人计算机信息系统中窃取或者骗取。非法控制，是指通过各种技术手段的行为，使得他人的计算机信息系统处于本人掌控之下，能够接受其发出的指令，完成相应的操作行为。

（2）行为人获取他人计算机信息系统中存储、处理或者传输的数据，或者对该计算机信息系统实施非法控制，是基于侵入或者采用其他技术手段。侵入，是指未经授权或者他人同意，通过技术手段进入他人计算机信息系统。其他技术手段，是考虑到技术的发展进步，对行为人可能采取的技术手段的兜底性规定。

（3）构成本罪，需要达到情节严重的标准。即行为人的行为"情节严重"的，才能构成犯罪。根据自 2011 年 9 月 1 日起施行的《最高人民法院 最高人民检察院关于办理危害计算机信息系统安全刑事案件应用法律若干问题的解释》，非法获取计算机信息系统数据或者非法控制计算机信息系统，具有下列情形之一的，应当认定为"情节严重"：
（一）获取支付结算、证券交易、期货交易等网络金融服务的身份认证信息十组以上的；（二）获取第（一）项以外的身份认证信息五百组以上的；（三）非法控制计算机信息系统二十台以上的；（四）违法所得五千元以上或者造成经济损失一万元以上的；（五）其他情节严重的情形。实施前款规定行为，具有下列情形之一的，应当认定为"情节特别严重"：（一）数量或者数额达到前款第（一）项至第（四）项规定标准五倍以上的；（二）其他情节特别严重的情形。明知是他人非法控制的计算机信息系统，而对该计算机信息系统的控制权加以利用的，依照前两款的规定定罪处罚。

（二）本罪的处罚

1. 构成本罪，处三年以下有期徒刑或者拘役，并处或者单处罚金。
2. 情节特别严重的，处三年以上七年以下有期徒刑，并处罚金。
3. 单位犯本罪的，对单位判处罚金，并对其直接负责的主管人员和其他直接责任人员，依照上述规定处罚。

五、提供侵入、非法控制计算机信息系统程序、工具罪的认定处罚

《刑法》第二百八十五条第三款规定，提供专门用于侵入、非法控制计算机信息系统的程序、工具，或者明知他人实施侵入、非法控制计算机信息系统的违法犯罪行为而为其提供程序、工具，情节严重的，依照前款的规定处罚。

单位犯前三款罪的，对单位判处罚金，并对其直接负责的主管人员和其他直接责任人员，依照各该款的规定处罚。

（一）本罪的犯罪构成

1. 本罪的犯罪主体为一般主体，即任何年满十六周岁的自然人。单位也能构成本罪。
2. 本罪在犯罪主观方面是故意。

3. 本罪的犯罪客体是网络安全秩序。《中华人民共和国计算机信息系统安全保护条例》规定，任何组织或者个人，不得利用计算机信息系统从事危害国家利益、集体利益和公民合法利益的活动，不得危害计算机信息系统的安全。

4. 本罪的犯罪客观方面。构成本罪，需要同时具备以下条件：

（1）行为人实施了提供专门用于侵入、非法控制计算机信息系统的程序、工具，或者明知他人实施侵入、非法控制计算机信息系统的违法犯罪行为而为其提供程序、工具的行为，或者对该计算机信息系统实施非法控制的行为。提供，既包括有偿提供，也包括免费网络下载，既包括直接提供，也包括在网上供他人下载。根据《最高人民法院 最高人民检察院关于办理危害计算机信息系统安全刑事案件应用法律若干问题的解释》，具有下列情形之一的程序、工具，应当认定为"专门用于侵入、非法控制计算机信息系统的程序、工具"：（一）具有避开或者突破计算机信息系统安全保护措施，未经授权或者超越授权获取计算机信息系统数据的功能的；（二）具有避开或者突破计算机信息系统安全保护措施，未经授权或者超越授权对计算机信息系统实施控制的功能的；（三）其他专门设计用于侵入、非法控制计算机信息系统、非法获取计算机信息系统数据的程序、工具。

（2）构成本罪，需要达到情节严重的标准。即行为人的行为"情节严重"的，才能构成犯罪。根据自2011年9月1日起施行的《最高人民法院 最高人民检察院关于办理危害计算机信息系统安全刑事案件应用法律若干问题的解释》，提供侵入、非法控制计算机信息系统的程序、工具，具有下列情形之一的，应当认定为《刑法》第二百八十五条第三款规定的"情节严重"：（一）提供能够用于非法获取支付结算、证券交易、期货交易等网络金融服务身份认证信息的专门性程序、工具五人次以上的；（二）提供第（一）项以外的专门用于侵入、非法控制计算机信息系统的程序、工具二十人次以上的；（三）明知他人实施非法获取支付结算、证券交易、期货交易等网络金融服务身份认证信息的违法犯罪行为而为其提供程序、工具五人次以上的；（四）明知他人实施第（三）项以外的侵入、非法控制计算机信息系统的违法犯罪行为而为其提供程序、工具二十人次以上的；（五）违法所得五千元以上或者造成经济损失一万元以上的；（六）其他情节严重的情形。实施前款规定行为，具有下列情形之一的，应当认定为提供侵入、非法控制计算机信息系统的程序、工具"情节特别严重"：（一）数量或者数额达到前款第（一）项至第（五）项规定标准五倍以上的；（二）其他情节特别严重的情形。

（二）本罪的处罚

1. 构成本罪，处三年以下有期徒刑或者拘役，并处或者单处罚金。
2. 情节特别严重的，处三年以上七年以下有期徒刑，并处罚金。
3. 单位犯本罪的，对单位判处罚金，并对其直接负责的主管人员和其他直接责任人员，依照上述规定处罚。

六、破坏计算机信息系统罪的认定处罚

《刑法》第二百八十六条第一款规定，违反国家规定，对计算机信息系统功能进行删除、修改、增加、干扰，造成计算机信息系统不能正常运行，后果严重的，处五年以下有期徒刑或者拘役；后果特别严重的，处五年以上有期徒刑。

违反国家规定，对计算机信息系统中存储、处理或者传输的数据和应用程序进行删除、修改、增加的操作，后果严重的，依照前款的规定处罚。

故意制作、传播计算机病毒等破坏性程序，影响计算机系统正常运行，后果严重的，依照第一款的规定处罚。

单位犯前三款罪的，对单位判处罚金，并对其直接负责的主管人员和其他直接责任人员，依照第一款的规定处罚。

（一）本罪的犯罪构成

1. 本罪的犯罪主体为一般主体，即任何年满十六周岁的自然人。

单位也能构成本罪。

2. 本罪在犯罪主观方面是故意。

3. 本罪的犯罪客体是网络安全秩序。《中华人民共和国计算机信息系统安全保护条例》规定，任何组织或者个人，不得利用计算机信息系统从事危害国家利益、集体利益和公民合法利益的活动，不得危害计算机信息系统的安全。

4. 本罪在犯罪客观方面有三种行为表现，一是行为人违反国家规定，实施了对计算机信息系统功能进行删除、修改、增加、干扰，造成计算机信息系统不能正常运行，后果严重的行为；二是行为人违反国家规定，实施了对计算机信息系统中存储、处理或者传输的数据和应用程序进行删除、修改、增加的操作，后果严重的行为；三是行为人实施了故意制作、传播计算机病毒等破坏性程序，影响计算机系统正常运行，后果严重的行为。构成本罪，需要具备以下条件：

（1）行为人违反国家规定，实施了对计算机信息系统功能进行删除、修改、增加、干扰，造成计算机信息系统不能正常运行，后果严重的行为。违反国家规定，是指违反国家关于计算机信息系统安全保护的法律、法规和规章的有关规定，主要是《网络安全法》等。删除，是指将原有的计算机信息系统功能除去，使之不能正常运转。修改，是指对原有的计算机信息系统功能进行改动，使之受到影响或者破坏，不能正常运行。增加，是指在计算机信息系统里添加某种功能，致使原有的功能受到影响和破坏，无法正常运行。干扰，是指用删除、修改、增加以外的其他方法，破坏计算机信息系统功能，使其不能正常运行。不能正常运行，是指计算机信息系统失去功能，不能运行或者不能按照原有的设计要求运行。构成本罪，需要达到情节严重的标准。即行为人的行为"情节严重"的，才能构成犯罪。根据《最高人民法院 最高人民检察院关于办理危害计算机信息系统安全刑事案件应用法律若干问题的解释》，破坏计算机信息系统功能、数据或者应用程序，具有下列情形之一的，应当认定为"后果严重"：（一）造成十台以上计算机信息系统的主要软件或者硬件不能正常运行的；（二）对二十台以上计算机信息系统中存储、处理或者传输的数据进行删除、修改、增加操作的；

(三）违法所得五千元以上或者造成经济损失一万元以上的；（四）造成为一百台以上计算机信息系统提供域名解析、身份认证、计费等基础服务或者为一万以上用户提供服务的计算机信息系统不能正常运行累计一小时以上的；（五）造成其他严重后果的。实施前款规定行为，具有下列情形之一的，应当认定为破坏计算机信息系统"后果特别严重"：（一）数量或者数额达到前款第（一）项至第（三）项规定标准五倍以上的；（二）造成为五百台以上计算机信息系统提供域名解析、身份认证、计费等基础服务或者为五万以上用户提供服务的计算机信息系统不能正常运行累计一小时以上的；（三）破坏国家机关或者金融、电信、交通、教育、医疗、能源等领域提供公共服务的计算机信息系统的功能、数据或者应用程序，致使生产、生活受到严重影响或者造成恶劣社会影响的；（四）造成其他特别严重后果的。

（2）行为人违反国家规定，实施了对计算机信息系统中存储、处理或者传输的数据和应用程序进行删除、修改、增加的操作，后果严重的行为。删除，是指将计算机信息系统中存储、处理或者传输的数据和应用程序的全部或一部删去。修改，是指对上述数据和应用程序进行改动。增加，是指在计算机信息系统中增加新的数据和应用程序。构成本罪，需要达到情节严重的标准，即行为人的行为"情节严重"的，才能构成犯罪。根据《最高人民法院 最高人民检察院关于办理危害计算机信息系统安全刑事案件应用法律若干问题的解释》，破坏计算机信息系统功能、数据或者应用程序，具有下列情形之一的，应当认定为"后果严重"：（一）造成十台以上计算机信息系统的主要软件或者硬件不能正常运行的；（二）对二十台以上计算机信息系统中存储、处理或者传输的数据进行删除、修改、增加操作的；（三）违法所得五千元以上或者造成经济损失一万元以上的；（四）造成为一百台以上计算机信息系统提供域名解析、身份认证、计费等基础服务或者为一万以上用户提供服务的计算机信息系统不能正常运行累计一小时以上的；（五）造成其他严重后果的。实施前款规定行为，具有下列情形之一的，应当认定为破坏计算机信息系统"后果特别严重"：（一）数量或者数额达到前款第（一）项至第（三）项规定标准五倍以上的；（二）造成为五百台以上计算机信息系统提供域名解析、身份认证、计费等基础服务或者为五万以上用户提供服务的计算机信息系统不能正常运行累计一小时以上的;(三)破坏国家机关或者金融、电信、交通、教育、医疗、能源等领域提供公共服务的计算机信息系统的功能、数据或者应用程序,致使生产、生活受到严重影响或者造成恶劣社会影响的;(四)造成其他特别严重后果的。

(3)行为人实施了故意制作、传播计算机病毒等破坏性程序,影响计算机系统正常运行,后果严重的行为。计算机病毒,是指编制或者在计算机程序中插入的破坏计算机功能或者毁坏数据,影响计算机使用,并能自我复制的一组计算机指令或者程序代码。具有下列情形之一的程序,应当认定为"计算机病毒等破坏性程序":(一)能够通过网络、存储介质、文件等媒介,将自身的部分、全部或者变种进行复制、传播,并破坏计算机系统功能、数据或者应用程序的;(二)能够在预先设定条件下自动触发,并破坏计算机系统功能、数据或者应用程序的;(三)其他专门设计用于破坏计算机系统功能、数据或者应用程序的程序。构成本罪,需要达到情节严重的标准,即行为人的行为"情节严重"的,才能构成犯罪。故意制作、传播计算机病毒等破坏性程序,影响计算机系统正常运行,具有下列情形之一的,应当认定为"后果严重":(一)制作、提供、传输第五条第(一)项规定的程序,导致该程序通过网络、存储介质、文件等媒介传播的;(二)造成二十台以上计算机系统被植入第五条第(二)、(三)项规定的程序的;(三)提供计算机病毒等破坏性程序十人次以上的;(四)违法所得五千元以上或者造成经济损失一万元以上的;(五)造成其他严重后果的。实施前款规定行为,具有下列情形之一的,应当认定为破坏计算机信息系统"后果特别严重":(一)制作、提供、传输第五条第(一)项规定的程序,导致该程序通过网络、存储介质、文件等媒介传播,致使生产、生活受到严重影响或者造成恶劣社会影响的;(二)数量或者数额达到前款第(二)项至第(四)项规定标准五倍以上的;(三)造成其他特别严重后果的。

（二）本罪的处罚

1. 构成本罪，处五年以下有期徒刑或者拘役。
2. 后果特别严重的，处五年以上有期徒刑。
3. 单位犯本罪的，对单位判处罚金，并对其直接负责的主管人员和其他直接责任人员，依照上述规定处罚。

七、拒不履行信息网络安全管理义务罪的认定处罚

《刑法》第二百八十六条之一规定，网络服务提供者不履行法律、行政法规规定的信息网络安全管理义务，经监管部门责令采取改正措施而拒不改正，有下列情形之一的，处三年以下有期徒刑、拘役或者管制，并处或者单处罚金：（一）致使违法信息大量传播的；（二）致使用户信息泄露，造成严重后果的；（三）致使刑事案件证据灭失，情节严重的；（四）有其他严重情节的。

单位犯前款罪的，对单位判处罚金，并对其直接负责的主管人员和其他直接责任人员，依照前款的规定处罚。

有前两款行为，同时构成其他犯罪的，依照处罚较重的规定定罪处罚。

（一）本罪的犯罪构成

1. 本罪的犯罪主体为网络服务提供者。《网络安全法》将负有信息网络安全管理义务的主体扩展到包括网络服务提供者、网络的所有者、管理者在内的网络运营者。根据自2019年11月1日起施行《最高人民法院 最高人民检察院关于办理非法利用信息网络、帮助信息网络犯罪活动等刑事案件适用法律若干问题的解释》，提供下列服务的单位和个人，应当认定为"网络服务提供者"：（1）网络接入、域名注册解析等信息网络接入、计算、存储、传输服务；（2）信息发布、搜索引擎、即时通讯、网络支付、网络预约、网络购物、网络游戏、网络直播、网站建

设、安全防护、广告推广、应用商店等信息网络应用服务；（3）利用信息网络提供的电子政务、通信、能源、交通、水利、金融、教育、医疗等公共服务。

2. 本罪在犯罪主观方面是故意。

3. 本罪的犯罪客体是网络安全秩序。《中华人民共和国计算机信息系统安全保护条例》规定，任何组织或者个人，不得利用计算机信息系统从事危害国家利益、集体利益和公民合法利益的活动，不得危害计算机信息系统的安全。

4. 本罪在犯罪客观方面需要具备以下条件：一是行为人不履行法律、行政法规规定的信息网络安全管理义务；二是行为人经监管部门责令采取改正措施而拒不改正；三是行为人拒不改正的行为导致特定危害后果的发生。

（1）行为人不履行法律、行政法规规定的信息网络安全管理义务。法律、行政法规规定的信息网络安全管理义务，主要是指《中华人民共和国网络安全法》《全国人民代表大会常务委员会关于加强网络信息保护的决定》《全国人民代表大会常务委员会关于维护互联网安全的决定》《中华人民共和国反恐怖主义法》《中华人民共和国电信条例》《中华人民共和国计算机信息系统安全保护条例》《互联网信息服务管理办法》等关于网络服务提供者信息网络安全管理义务的规定。《网络安全法》第十二条第二款规定："任何个人和组织使用网络应当遵守宪法法律，遵守公共秩序，尊重社会公德，不得危害网络安全，不得利用网络从事危害国家安全、荣誉和利益，煽动颠覆国家政权、推翻社会主义制度，煽动分裂国家、破坏国家统一，宣扬恐怖主义、极端主义，宣扬民族仇恨、民族歧视，传播暴力、淫秽色情信息，编造、传播虚假信息扰乱经济秩序和社会秩序，以及侵害他人名誉、隐私、知识产权和其他合法权益等活动。"第二十一条规定："国家实行网络安全等级保护制度。网络运营者应当按照网络安全等级保护制度的要求，履行下列安全保护义务，保障网络免受干扰、破坏或者未经授权的访问，防止网络数据泄露或者被窃取、篡改：（一）制定内部安全管理制度和操作规程，确定网络安全负责人，落实网络安全保护责任；（二）采取防范计算机病毒和网络攻击、网络侵入等危害网络安全行为的技术措施；（三）采取监测、记录网络运行状态、网络安全事件的技术措施，并按照规定留存相关的网络日志不少于六个月；（四）采取数据分类、重要数据备份和加密等措施；（五）法律、行政法规规定的其他义务。"第四十七条规定："网络运营者应当加强对其用户发布的信息的管理，发现法律、行政法规禁止发布或者传输的信息的，应当立即停止传输该信息，采取消除等处置措施，防止信息扩散，保存有关记录，并向有关主管部门报告。"第四十二条规定："网络运营者不得泄露、篡改、毁损其收集的个人信息；未经被收集者同意，不得向他人提供个人信息。但是，经过处理无法识别特定个人且不能复原的除外。网络运营者应当采取技术措施和其他必要措施，确保其收集的个人信息安全，防止信息泄露、毁损、丢失。在发生或者可能发生个人信息泄露、毁损、丢失的情况时，应当立即采取补救措施，按照规定及时告知用户并向有关主管部门报告。"第二十八条规定："网络运营者应当为公安机关、国家安全机关依法维护国家安全和侦查犯罪的活动提供技术支持和协助。"

（2）行为人经监管部门责令采取改正措施而拒不改正。这里的监管部门是指依据法律法规的规定对网络服务提供者负有监督管理职责的各个部门。《网络安全法》规定，"国家网信部门负责统筹协调网络安全工作和相关监督管理工作。国务院电信主管部门、公安部门和其他有关机关依照本法和有关法律、行政法规的规定，在各自职责范围内负责网络安全保护和监督管理工作。县级以上地方人民政府有关部门的网络安全保护和监督管理职责，按照国家有关规定确定。"对网络服务提供者负有监督管理职责的部门主要是网信部门、公安部门、电信主管部门等。新闻、文化、教育、市场监管等行业主管部门在各自职责范围内对互联网信息内容实施监督管理。根据司法解释，"监管部门责令采取改正措施"，是指网信、电信、公安等依照法律、行政法规的规定承担信息网络安全监管职责的部门，以责令整改通知书或者其他文书形式，责令网络服务提供者采取改正措施。认定"经监管部门责令采取改正措施而拒不改正"，应当综合考虑监管部门责令改正是否具有法律、行政法规依据，改正措施及期限要求是否明确、合理，网络服务提供者是否具有按照要求采取改正措施的能力等因素进行判断。责令采取改正措施，是指负有信息网络安全监督管理职责的部门，根据相关网络服务提供者在安全管理方面存在的问题，依法提出的改正错误、堵塞漏洞、加强防范等要求。拒不改正，是指明知而故意加以拒绝。对于确因资源、技术等客观条件没有或者一时难以达到监管部门要求的，不能认定为拒不改正。

（3）行为人拒不改正的行为导致特定危害后果的发生。两者具有因果联系。特定危害后果主要是：（一）致使违法信息大量传播的。违法信息，根据《互联网信息服务管理办法》第十五条规定，互联网信息服务提供者不得制作、复制、发布、传播含有下列内容的信息：反对宪法所确定的基本原则的；危害国家安全，泄露国家秘密，颠覆国家政权，破坏国家统一的；损害国家荣誉和利益的；煽动民族仇恨、民族歧视，破坏民族团结的；破坏国家宗教政策，宣扬邪教和封建迷信的；散布谣言，扰乱社会秩序，破坏社会稳定的；散布淫秽、色情、赌博、暴力、凶杀、恐怖或者教唆犯罪的；侮辱或者诽谤他人，侵害他人合法权益的；含有法律、行政法规禁止的其他内容的。根据司法解释，拒不履行信息网络安全管理义务，具有下列情形之一的，应当认定为"致使违法信息大量传播"：1. 致使传播违法视频文件二百个以上的；2. 致使传播违法视频文件以外的其他违法信息二千个以上的；3. 致使传播违法信息，数量虽未达到第一项、第二项规定标准，但是按相应比例折算合计达到有关数量标准的；4. 致使向二千个以上用户账号传播违法信息的；5. 致使利用群组成员账号数累计三千以上的通讯群组或者关注人员账号数累计三万以上的社交网络传播违法信息的；6. 致使违法信息实际被点击数达到五万以上的；7. 其他致使违法信息大量传播的情形。（二）致使用户信息泄露，造成严重后果的；根据司法解释，拒不履行信息网络安全管理义务，致使用户信息泄露，具有下列情形之一的，应当认定为"造成严重后果"：1. 致使泄露行踪轨迹信息、通信内容、征信信息、财产信息五百条以上的；2. 致使泄露住宿信息、通信记录、健康生理信息、交易信息等其他可能影响人身、财产安全的用户信息五千条以上的；3. 致使泄露第一项、第二项规定以外的用户信息五万条以上的；4. 数量虽未达到第一项至第三项规定标准，但是按相应比例折算合计达到有关数量标准的；5. 造成他人死亡、重伤、精神失常或者被绑架等严重后果的；6. 造成重大经济损失的；7. 严重扰乱社会秩序的；8. 造成其他严重后果的。（三）致使刑事案件证据灭失，情节严重的；根据司法解释，拒不履行信息网络安全管理义务，致使影响定罪量刑的刑事案件证据灭失，具有下列情形之一的，应当认定为"情节严重"：1. 造成危害国家安全犯罪、恐怖活动犯罪、黑社会性质组织犯罪、贪污贿赂犯罪案件的证据灭失的；2. 造成可能判处五年有期徒刑以上刑罚犯罪案件的证据灭失的；3. 多次造成刑事案件证据灭失的；4. 致使刑事诉讼程序受到严重影响的；5. 其他情节严重的情形。（四）有其他严重情节的。根据司法解释，拒不履行信息网络安全管理义务，具有下列情形之一的，应当认定为"有其他严重情节"：1. 对绝大多数用户日志未留存或者未落实真实身份信息认证义务的；2. 二年内经多次责令改正拒不改正的；3. 致使信息网络服务被主要用于违法犯罪的；4. 致使信息网络服务、网络设施被用于实施网络攻击，严重影响生产、生活的；5. 致使信息网络服务被用于实施危害国家安全犯罪、恐怖活动犯罪、黑社会性质组织犯罪、贪污贿赂犯罪或者其他重大犯罪的；6. 致使国家机关或者通信、能源、交通、水利、金融、教育、医疗等领域提供公共服务的信息网络受到破坏，严重影响生产、生活的；7. 其他严重违反信息网络安全管理义务的情形。

根据《最高人民法院　最高人民检察院　公安部关于办理电信网络诈骗等刑事案件适用法律若干问题的意见》规定，网络服务提供者不履行法律、行政法规规定的信息网络安全管理义务，经监管部门责令采取改正措施而拒不改正，致使诈骗信息大量传播，或者用户信息泄露造成严重后果的，依照《刑法》第二百八十六条之一的规定，以拒不履行信息网络安全管理义务罪追究刑事责任。同时构成诈骗罪的，依照处罚较重的规定定罪处罚。

（二）本罪的处罚

1. 构成本罪，处三年以下有期徒刑、拘役或者管制，并处或者单处罚金。

2. 单位犯本罪的，对单位判处罚金，并对其直接负责的主管人员和其他直接责任人员，依照上述规定处罚。

3. 有前两项行为，同时构成其他犯罪的，依照处罚较重的规定定罪处罚。

八、非法利用信息网络罪的认定处罚

《刑法》第二百八十七条之一规定，利用信息网络实施下列行为之一，情节严重的，处三年以下有期徒刑或者拘役，并处或者单处罚金：（一）设立用于实施诈骗、传授犯罪方法、制作或者销售违禁物品、管制物品等违法犯罪活动的网站、通讯群组的；（二）发布有关制作或者销售毒品、枪支、淫秽物品等违禁物品、管制物品或者其他违法犯罪信息的；（三）为实施诈骗等违法犯罪活动发布信息的。

单位犯前款罪的，对单位判处罚金，并对其直接负责的主管人员和其他直接责任人员，依照第一款的规定处罚。

有前两款行为，同时构成其他犯罪的，依照处罚较重的规定定罪处罚。

（一）本罪的犯罪构成

1. 本罪的犯罪主体为一般主体，即任何年满十六周岁的自然人。单位也能构成本罪。

2. 本罪在犯罪主观方面是故意。

3. 本罪的犯罪客体是网络安全秩序。《中华人民共和国计算机信息系统安全保护条例》规定，任何组织或者个人，不得利用计算机信息系统从事危害国家利益、集体利益和公民合法利益的活动，不得危害计算机信息系统的安全。

4. 本罪在犯罪客观方面有三种行为表现，一是行为人设立用于实施诈骗、传授犯罪方法、制作或者销售违禁物品、管制物品等违法犯罪活动的网站、通讯群组，情节严重的；二是行为人发布有关制作或者销售毒品、枪支、淫秽物品等违禁物品、管制物品或者其他违法犯罪信息，情节严重的；三是行为人为实施诈骗等违法犯罪活动发布信息，情节严重的。根据自 2019 年 11 月 1 日起施行《最高人民法院 最高人民检察院关于办理非法利用信息网络、帮助信息网络犯罪活动等刑事案件适用法律若干问题的解释》，这里所说的"违法犯罪"，包括犯罪行为和属于刑法分则规定的行为类型但尚未构成犯罪的违法行为。构成本罪，需要具备以下条件：

（1）行为人设立用于实施诈骗、传授犯罪方法、制作或者销售违禁物品、管制物品等违法犯罪活动的网站、通讯群组。根据司法解释，以实施违法犯罪活动为目的而设立或者设立后主要用于实施违法犯罪活动的网站、通讯群组，应当认定为刑法第二百八十七条之一第一款第一项规定的"用于实施诈骗、传授犯罪方法、制作或者销售违禁物品、管制物品等违法犯罪活动的网站、通讯群组"。

（2）行为人发布有关制作或者销售毒品、枪支、淫秽物品等违禁物品、管制物品或者其他违法犯罪信息。

（3）行为人为实施诈骗等违法犯罪活动发布信息。根据司法解释，利用信息网络提供信息的链接、截屏、二维码、访问账号密码及其他指引访问服务的，应当认定为刑法第二百八十七条之一第一款第二项、第三项规定的"发布信息"。

（4）实施上述三项行为，必须达到情节严重的标准，才能构成本罪。根据司法解释，非法利用信息网络，具有下列情形之一的，应当认定为刑法第二百八十七条之一第一款规定的"情节严重"：1. 假冒国家机关、金融机构名义，设立用于实施违法犯罪活动的网站的；2. 设立用于实施违法犯罪活动的网站，数量达到三个以上或者注册账号数累计达到二千以上的；3. 设立用于实施违法犯罪活动的通讯群组，数量达到五个以上或者群组成员账号数累计达到一千以上的；4. 发布有关违法犯罪的信息或者为实施违法犯罪活动发布信息，具有下列情形之一的：（1）在网站上发布有关信息一百条以上的；（2）向二千个以上用户账号发送有关信息的；（3）向群组成员数累计达到三千以上的通讯群组发送有关信息的；（4）利用关注人员账号数累计达到三万以上的社交网络传播有关信息的；5. 违法所得一万元以上的；6. 二年内曾因非法利用信息网络、帮助信息网络犯罪活动、危害计算机信息系统安全受过行政处罚，又非法利用信息网络的；7. 其他情节严重的情形。

根据司法解释，为他人实施犯罪提供技术支持或者帮助，具有下列情形之一的，可以认定行为人明知他人利用信息网络实施犯罪，但是有相反证据的除外：1. 经监管部门告知后仍然实施有关行为的；2. 接到举报后不履行法定管理职责的；3. 交易价格或者方式明显异常的；4. 提供专门用于违法犯罪的程序、工具或者其他技术支持、帮助的；5. 频繁采用隐蔽上网、加密通信、销毁数据等措施或者使用虚假身份，逃避监管或者规避调查的；6. 为他人逃避监管或者规避调查提供技术支持、帮助的；7. 其他足以认定行为人明知的情形。

（二）本罪的处罚

1. 构成本罪，处三年以下有期徒刑或者拘役，并处或者单处罚金。

2. 单位犯前款罪的，对单位判处罚金，并对其直接负责的主管人员和其他直接责任人员，依照上述规定处罚。

3. 有前两款行为，同时构成其他犯罪的，依照处罚较重的规定定罪处罚。根据司法解释，单位实施犯罪的，依照本解释规定的相应自然人犯罪的定罪量刑标准，对直接负责的主管人员和其他直接责任人员定罪处罚，并对单位判处罚金。综合考虑社会危害程度、认罪悔罪态度等情节，认为犯罪情节轻微的，可以不起诉或者免予刑事处罚；情节显著轻微危害不大的，不以犯罪论处。对于实施本罪被判处刑罚的，可以根据犯罪情况和预防再犯罪的需要，依法宣告职业禁止；被判处管制、宣告缓刑的，可以根据犯罪情况，依法宣告禁止令。对于实施本罪的，应当综合考虑犯罪的危害程度、违法所得数额以及被告人的前科情况、认罪悔罪态度等，依法判处罚金。

九、帮助信息网络犯罪活动罪的认定处罚

《刑法》第二百八十七条之二规定，明知他人利用信息网络实施犯罪，为其犯罪提供互联网接入、服务器托管、网络存储、通讯传输等技术支持，或者提供广告推广、支付结算等帮助，情节严重的，处三年以下有期徒刑或者拘役，并处或者单处罚金。

单位犯前款罪的，对单位判处罚金，并对其直接负责的主管人员和其他直接责任人员，依照第一款的规定处罚。

有前两款行为，同时构成其他犯罪的，依照处罚较重的规定定罪处罚。

（一）本罪的犯罪构成

1. 本罪的犯罪主体为一般主体，即任何年满十六周岁的自然人。单位也能构成本罪。

2. 本罪在犯罪主观方面是故意。

3. 本罪的犯罪客体是网络安全秩序。《中华人民共和国计算机信息系统安全保护条例》规定，任何组织或者个人，不得利用计算机信息系统从事危害国家利益、集体利益和公民合法利益的活动，不得危害计算机信息系统的安全。

4. 本罪在犯罪客观方面表现为，行为人明知他人利用信息网络实施犯罪，为其犯罪提供互联网接入、服务器托管、网络存储、通讯传输等技术支持，或者提供广告推广、支付结算等帮助，情节严重的行为。构成本罪，需要具备以下条件：

（1）行为人明知他人利用信息网络实施犯罪，为其犯罪提供互联网接入、服务器托管、网络存储、通讯传输等技术支持，或者提供广告推广、支付结算等帮助。

（2）行为必须达到"情节严重"标准，才能构成本罪。根据自2019年11月1日起施行《最高人民法院 最高人民检察院关于办理非法

利用信息网络、帮助信息网络犯罪活动等刑事案件适用法律若干问题的解释》，明知他人利用信息网络实施犯罪，为其犯罪提供帮助，具有下列情形之一的，应当认定为刑法第二百八十七条之二第一款规定的"情节严重"：1. 为三个以上对象提供帮助的；2. 支付结算金额二十万元以上的；3. 以投放广告等方式提供资金五万元以上的；4. 违法所得一万元以上的；5. 二年内曾因非法利用信息网络、帮助信息网络犯罪活动、危害计算机信息系统安全受过行政处罚，又帮助信息网络犯罪活动的；6. 被帮助对象实施的犯罪造成严重后果的；7. 其他情节严重的情形。实施前款规定的行为，确因客观条件限制无法查证被帮助对象是否达到犯罪的程度，但相关数额总计达到前款第二项至第四项规定标准五倍以上，或者造成特别严重后果的，应当以帮助信息网络犯罪活动罪追究行为人的刑事责任。

（二）本罪的处罚

1. 构成本罪，处三年以下有期徒刑或者拘役，并处或者单处罚金。

2. 单位犯本罪的，对单位判处罚金，并对其直接负责的主管人员和其他直接责任人员，依照上述规定处罚。

3. 有上述行为，同时构成其他犯罪的，依照处罚较重的规定定罪处罚。根据司法解释，被帮助对象实施的犯罪行为可以确认，但尚未到案、尚未依法裁判或者因未达到刑事责任年龄等原因依法未予追究刑事责任的，不影响帮助信息网络犯罪活动罪的认定。单位实施犯罪的，依照本解释规定的相应自然人犯罪的定罪量刑标准，对直接负责的主管人员和其他直接责任人员定罪处罚，并对单位判处罚金。综合考虑社会危害程度、认罪悔罪态度等情节，认为犯罪情节轻微的，可以不起诉或者免予刑事处罚；情节显著轻微危害不大的，不以犯罪论处。多次帮助信息网络犯罪活动构成犯罪，依法应当追诉的，或者二年内多次实施前述行为未经处理的，数量或者数额累计计算。对于实施本罪被判处刑罚的，可以根据犯罪情况和预防再犯罪的需要，依法宣告职业禁止；被判处管制、宣告缓刑的，可以根据犯罪情况，依法宣告禁止令。对于实施本罪的，应当综合考虑犯罪的危害程度、违法所得数额以及被告人的前科情况、认罪悔罪态度等，依法判处罚金。

十、编造、故意传播虚假信息罪的认定处罚

《刑法》第二百九十一条之一规定，编造虚假的险情、疫情、灾情、警情，在信息网络或者其他媒体上传播，或者明知是上述虚假信息，故意在信息网络或者其他媒体上传播，严重扰乱社会秩序的，处三年以下有期徒刑、拘役或者管制；造成严重后果的，处三年以上七年以下有期徒刑。

（一）本罪的犯罪构成

1. 本罪的犯罪主体为一般主体，即任何年满十六周岁的自然人。
2. 本罪在犯罪主观方面是故意。
3. 本罪的犯罪客体是社会管理秩序。《中华人民共和国计算机信息系统安全保护条例》规定，任何组织或者个人，不得利用计算机信息系统从事危害国家利益、集体利益和公民合法利益的活动，不得危害计算机信息系统的安全。
4. 本罪在犯罪客观方面表现为，行为人编造虚假的险情、疫情、灾情、警情，在信息网络或者其他媒体上传播，或者明知是上述虚假信息，故意在信息网络或者其他媒体上传播，严重扰乱社会秩序的行为。

（二）本罪的处罚

1. 构成本罪，处三年以下有期徒刑、拘役或者管制。
2. 造成严重后果的，处三年以上七年以下有期徒刑。

附录

一、相关法律和行政法规

(一) 法律

中华人民共和国网络安全法

(2016年11月7日第十二届全国人民代表大会常务委员会第二十四次会议通过 中华人民共和国主席令第五十三号公布 自2017年6月1日起施行)

目 录

第一章　总则
第二章　网络安全支持与促进
第三章　网络运行安全
第一节　一般规定
第二节　关键信息基础设施的运行安全
第四章　网络信息安全
第五章　监测预警与应急处置
第六章　法律责任
第七章　附则

第一章　总则

第一条　为了保障网络安全,维护网络空间主权和国家安全、社会公共利益，保护公民、法人和其他组织的合法权益，促进经济社会信息化健康发展，制定本法。

第二条 在中华人民共和国境内建设、运营、维护和使用网络，以及网络安全的监督管理，适用本法。

第三条 国家坚持网络安全与信息化发展并重，遵循积极利用、科学发展、依法管理、确保安全的方针，推进网络基础设施建设和互联互通，鼓励网络技术创新和应用，支持培养网络安全人才，建立健全网络安全保障体系，提高网络安全保护能力。

第四条 国家制定并不断完善网络安全战略，明确保障网络安全的基本要求和主要目标，提出重点领域的网络安全政策、工作任务和措施。

第五条 国家采取措施，监测、防御、处置来源于中华人民共和国境内外的网络安全风险和威胁，保护关键信息基础设施免受攻击、侵入、干扰和破坏，依法惩治网络违法犯罪活动，维护网络空间安全和秩序。

第六条 国家倡导诚实守信、健康文明的网络行为，推动传播社会主义核心价值观，采取措施提高全社会的网络安全意识和水平，形成全社会共同参与促进网络安全的良好环境。

第七条 国家积极开展网络空间治理、网络技术研发和标准制定、打击网络违法犯罪等方面的国际交流与合作，推动构建和平、安全、开放、合作的网络空间，建立多边、民主、透明的网络治理体系。

第八条 国家网信部门负责统筹协调网络安全工作和相关监督管理工作。国务院电信主管部门、公安部门和其他有关机关依照本法和有关法律、行政法规的规定，在各自职责范围内负责网络安全保护和监督管理工作。

县级以上地方人民政府有关部门的网络安全保护和监督管理职责，按照国家有关规定确定。

第九条 网络运营者开展经营和服务活动，必须遵守法律、行政法规，尊重社会公德，遵守商业道德，诚实信用，履行网络安全保护义务，接受政府和社会的监督，承担社会责任。

第十条　建设、运营网络或者通过网络提供服务，应当依照法律、行政法规的规定和国家标准的强制性要求，采取技术措施和其他必要措施，保障网络安全、稳定运行，有效应对网络安全事件，防范网络违法犯罪活动，维护网络数据的完整性、保密性和可用性。

第十一条　网络相关行业组织按照章程，加强行业自律，制定网络安全行为规范，指导会员加强网络安全保护，提高网络安全保护水平，促进行业健康发展。

第十二条　国家保护公民、法人和其他组织依法使用网络的权利，促进网络接入普及，提升网络服务水平，为社会提供安全、便利的网络服务，保障网络信息依法有序自由流动。

任何个人和组织使用网络应当遵守宪法法律，遵守公共秩序，尊重社会公德，不得危害网络安全，不得利用网络从事危害国家安全、荣誉和利益，煽动颠覆国家政权、推翻社会主义制度，煽动分裂国家、破坏国家统一，宣扬恐怖主义、极端主义，宣扬民族仇恨、民族歧视，传播暴力、淫秽色情信息，编造、传播虚假信息扰乱经济秩序和社会秩序，以及侵害他人名誉、隐私、知识产权和其他合法权益等活动。

第十三条　国家支持研究开发有利于未成年人健康成长的网络产品和服务，依法惩治利用网络从事危害未成年人身心健康的活动，为未成年人提供安全、健康的网络环境。

第十四条　任何个人和组织有权对危害网络安全的行为向网信、电信、公安等部门举报。收到举报的部门应当及时依法作出处理；不属于本部门职责的，应当及时移送有权处理的部门。

有关部门应当对举报人的相关信息予以保密，保护举报人的合法权益。

第二章　网络安全支持与促进

第十五条　国家建立和完善网络安全标准体系。国务院标准化行政主管部门和国务院其他有关部门根据各自的职责，组织制定并适时修订有关网络安全管理以及网络产品、服务和运行安全的国家标准、行业标准。

国家支持企业、研究机构、高等学校、网络相关行业组织参与网络安全国家标准、行业标准的制定。

第十六条　国务院和省、自治区、直辖市人民政府应当统筹规划，加大投入，扶持重点网络安全技术产业和项目，支持网络安全技术的研究开发和应用，推广安全可信的网络产品和服务，保护网络技术知识产权，支持企业、研究机构和高等学校等参与国家网络安全技术创新项目。

第十七条　国家推进网络安全社会化服务体系建设，鼓励有关企业、机构开展网络安全认证、检测和风险评估等安全服务。

第十八条　国家鼓励开发网络数据安全保护和利用技术，促进公共数据资源开放，推动技术创新和经济社会发展。

国家支持创新网络安全管理方式，运用网络新技术，提升网络安全保护水平。

第十九条　各级人民政府及其有关部门应当组织开展经常性的网络安全宣传教育，并指导、督促有关单位做好网络安全宣传教育工作。

大众传播媒介应当有针对性地面向社会进行网络安全宣传教育。

第二十条　国家支持企业和高等学校、职业学校等教育培训机构开展网络安全相关教育与培训，采取多种方式培养网络安全人才，促进网络安全人才交流。

第三章　网络运行安全

第一节　一般规定

第二十一条　国家实行网络安全等级保护制度。网络运营者应当按照网络安全等级保护制度的要求，履行下列安全保护义务，保障网络免受干扰、破坏或者未经授权的访问，防止网络数据泄露或者被窃取、篡改：

（一）制定内部安全管理制度和操作规程，确定网络安全负责人，落实网络安全保护责任；

（二）采取防范计算机病毒和网络攻击、网络侵入等危害网络安全行为的技术措施；

（三）采取监测、记录网络运行状态、网络安全事件的技术措施，并按照规定留存相关的网络日志不少于六个月；

（四）采取数据分类、重要数据备份和加密等措施；

（五）法律、行政法规规定的其他义务。

第二十二条 网络产品、服务应当符合相关国家标准的强制性要求。网络产品、服务的提供者不得设置恶意程序；发现其网络产品、服务存在安全缺陷、漏洞等风险时，应当立即采取补救措施，按照规定及时告知用户并向有关主管部门报告。

网络产品、服务的提供者应当为其产品、服务持续提供安全维护；在规定或者当事人约定的期限内，不得终止提供安全维护。

网络产品、服务具有收集用户信息功能的，其提供者应当向用户明示并取得同意；涉及用户个人信息的，还应当遵守本法和有关法律、行政法规关于个人信息保护的规定。

第二十三条 网络关键设备和网络安全专用产品应当按照相关国家标准的强制性要求，由具备资格的机构安全认证合格或者安全检测符合要求后，方可销售或者提供。国家网信部门会同国务院有关部门制定、公布网络关键设备和网络安全专用产品目录，并推动安全认证和安全检测结果互认，避免重复认证、检测。

第二十四条 网络运营者为用户办理网络接入、域名注册服务，办理固定电话、移动电话等入网手续，或者为用户提供信息发布、即时通讯等服务，在与用户签订协议或者确认提供服务时，应当要求用户提供真实身份信息。用户不提供真实身份信息的，网络运营者不得为其提供相关服务。

国家实施网络可信身份战略，支持研究开发安全、方便的电子身份认证技术，推动不同电子身份认证之间的互认。

第二十五条 网络运营者应当制定网络安全事件应急预案，及时处置系统漏洞、计算机病毒、网络攻击、网络侵入等安全风险；在发生危害网络安全的事件时，立即启动应急预案，采取相应的补救措施，并按照规定向有关主管部门报告。

第二十六条 开展网络安全认证、检测、风险评估等活动，向社会发布系统漏洞、计算机病毒、网络攻击、网络侵入等网络安全信息，应当遵守国家有关规定。

第二十七条 任何个人和组织不得从事非法侵入他人网络、干扰他人网络正常功能、窃取网络数据等危害网络安全的活动；不得提供专门用于从事侵入网络、干扰网络正常功能及防护措施、窃取网络数据等危害网络安全活动的程序、工具；明知他人从事危害网络安全的活动的，不得为其提供技术支持、广告推广、支付结算等帮助。

第二十八条 网络运营者应当为公安机关、国家安全机关依法维护国家安全和侦查犯罪的活动提供技术支持和协助。

第二十九条 国家支持网络运营者之间在网络安全信息收集、分析、通报和应急处置等方面进行合作，提高网络运营者的安全保障能力。

有关行业组织建立健全本行业的网络安全保护规范和协作机制，加强对网络安全风险的分析评估，定期向会员进行风险警示，支持、协助会员应对网络安全风险。

第三十条 网信部门和有关部门在履行网络安全保护职责中获取的信息，只能用于维护网络安全的需要，不得用于其他用途。

第二节 关键信息基础设施的运行安全

第三十一条 国家对公共通信和信息服务、能源、交通、水利、金融、公共服务、电子政务等重要行业和领域，以及其他一旦遭到破坏、丧失功能或者数据泄露，可能严重危害国家安全、国计民生、公共利益的关键信息基础设施，在网络安全等级保护制度的基础上，实行重点保护。关键信息基础设施的具体范围和安全保护办法由国务院制定。

国家鼓励关键信息基础设施以外的网络运营者自愿参与关键信息基础设施保护体系。

第三十二条 按照国务院规定的职责分工，负责关键信息基础设施安全保护工作的部门分别编制并组织实施本行业、本领域的关键信息基础设施安全规划，指导和监督关键信息基础设施运行安全保护工作。

第三十三条 建设关键信息基础设施应当确保其具有支持业务稳

定、持续运行的性能，并保证安全技术措施同步规划、同步建设、同步使用。

第三十四条　除本法第二十一条的规定外，关键信息基础设施的运营者还应当履行下列安全保护义务：

（一）设置专门安全管理机构和安全管理负责人，并对该负责人和关键岗位的人员进行安全背景审查；

（二）定期对从业人员进行网络安全教育、技术培训和技能考核；

（三）对重要系统和数据库进行容灾备份；

（四）制定网络安全事件应急预案，并定期进行演练；

（五）法律、行政法规规定的其他义务。

第三十五条　关键信息基础设施的运营者采购网络产品和服务，可能影响国家安全的，应当通过国家网信部门会同国务院有关部门组织的国家安全审查。

第三十六条　关键信息基础设施的运营者采购网络产品和服务，应当按照规定与提供者签订安全保密协议，明确安全和保密义务与责任。

第三十七条　关键信息基础设施的运营者在中华人民共和国境内运营中收集和产生的个人信息和重要数据应当在境内存储。因业务需要，确需向境外提供的，应当按照国家网信部门会同国务院有关部门制定的办法进行安全评估；法律、行政法规另有规定的，依照其规定。

第三十八条　关键信息基础设施的运营者应当自行或者委托网络安全服务机构对其网络的安全性和可能存在的风险每年至少进行一次检测评估，并将检测评估情况和改进措施报送相关负责关键信息基础设施安全保护工作的部门。

第三十九条　国家网信部门应当统筹协调有关部门对关键信息基础设施的安全保护采取下列措施：

（一）对关键信息基础设施的安全风险进行抽查检测，提出改进措施，必要时可以委托网络安全服务机构对网络存在的安全风险进行检测评估；

（二）定期组织关键信息基础设施的运营者进行网络安全应急演练，提高应对网络安全事件的水平和协同配合能力；

（三）促进有关部门、关键信息基础设施的运营者以及有关研究机构、网络安全服务机构等之间的网络安全信息共享；

（四）对网络安全事件的应急处置与网络功能的恢复等，提供技术支持和协助。

第四章　网络信息安全

第四十条　网络运营者应当对其收集的用户信息严格保密，并建立健全用户信息保护制度。

第四十一条　网络运营者收集、使用个人信息，应当遵循合法、正当、必要的原则，公开收集、使用规则，明示收集、使用信息的目的、方式和范围，并经被收集者同意。

网络运营者不得收集与其提供的服务无关的个人信息，不得违反法律、行政法规的规定和双方的约定收集、使用个人信息，并应当依照法律、行政法规的规定和与用户的约定，处理其保存的个人信息。

第四十二条　网络运营者不得泄露、篡改、毁损其收集的个人信息；未经被收集者同意，不得向他人提供个人信息。但是，经过处理无法识别特定个人且不能复原的除外。

网络运营者应当采取技术措施和其他必要措施，确保其收集的个人信息安全，防止信息泄露、毁损、丢失。在发生或者可能发生个人信息泄露、毁损、丢失的情况时，应当立即采取补救措施，按照规定及时告知用户并向有关主管部门报告。

第四十三条　个人发现网络运营者违反法律、行政法规的规定或者双方的约定收集、使用其个人信息的，有权要求网络运营者删除其个人信息；发现网络运营者收集、存储的其个人信息有错误的，有权要求网络运营者予以更正。网络运营者应当采取措施予以删除或者更正。

第四十四条　任何个人和组织不得窃取或者以其他非法方式获取个人信息，不得非法出售或者非法向他人提供个人信息。

第四十五条　依法负有网络安全监督管理职责的部门及其工作人员，必须对在履行职责中知悉的个人信息、隐私和商业秘密严格保密，不得泄露、出售或者非法向他人提供。

第四十六条 任何个人和组织应当对其使用网络的行为负责，不得设立用于实施诈骗，传授犯罪方法，制作或者销售违禁物品、管制物品等违法犯罪活动的网站、通讯群组，不得利用网络发布涉及实施诈骗，制作或者销售违禁物品、管制物品以及其他违法犯罪活动的信息。

第四十七条 网络运营者应当加强对其用户发布的信息的管理，发现法律、行政法规禁止发布或者传输的信息的，应当立即停止传输该信息，采取消除等处置措施，防止信息扩散，保存有关记录，并向有关主管部门报告。

第四十八条 任何个人和组织发送的电子信息、提供的应用软件，不得设置恶意程序，不得含有法律、行政法规禁止发布或者传输的信息。

电子信息发送服务提供者和应用软件下载服务提供者，应当履行安全管理义务，知道其用户有前款规定行为的，应当停止提供服务，采取消除等处置措施，保存有关记录，并向有关主管部门报告。

第四十九条 网络运营者应当建立网络信息安全投诉、举报制度，公布投诉、举报方式等信息，及时受理并处理有关网络信息安全的投诉和举报。

网络运营者对网信部门和有关部门依法实施的监督检查，应当予以配合。

第五十条 国家网信部门和有关部门依法履行网络信息安全监督管理职责，发现法律、行政法规禁止发布或者传输的信息的，应当要求网络运营者停止传输，采取消除等处置措施，保存有关记录；对来源于中华人民共和国境外的上述信息，应当通知有关机构采取技术措施和其他必要措施阻断传播。

第五章 监测预警与应急处置

第五十一条 国家建立网络安全监测预警和信息通报制度。国家网信部门应当统筹协调有关部门加强网络安全信息收集、分析和通报工作，按照规定统一发布网络安全监测预警信息。

第五十二条 负责关键信息基础设施安全保护工作的部门，应当建立健全本行业、本领域的网络安全监测预警和信息通报制度,并按照规定报送网络安全监测预警信息。

第五十三条 国家网信部门协调有关部门建立健全网络安全风险评估和应急工作机制,制定网络安全事件应急预案,并定期组织演练。

负责关键信息基础设施安全保护工作的部门应当制定本行业、本领域的网络安全事件应急预案,并定期组织演练。

网络安全事件应急预案应当按照事件发生后的危害程度、影响范围等因素对网络安全事件进行分级,并规定相应的应急处置措施。

第五十四条 网络安全事件发生的风险增大时,省级以上人民政府有关部门应当按照规定的权限和程序,并根据网络安全风险的特点和可能造成的危害,采取下列措施:

(一)要求有关部门、机构和人员及时收集、报告有关信息,加强对网络安全风险的监测;

(二)组织有关部门、机构和专业人员,对网络安全风险信息进行分析评估,预测事件发生的可能性、影响范围和危害程度;

(三)向社会发布网络安全风险预警,发布避免、减轻危害的措施。

第五十五条 发生网络安全事件,应当立即启动网络安全事件应急预案,对网络安全事件进行调查和评估,要求网络运营者采取技术措施和其他必要措施,消除安全隐患,防止危害扩大,并及时向社会发布与公众有关的警示信息。

第五十六条 省级以上人民政府有关部门在履行网络安全监督管理职责中,发现网络存在较大安全风险或者发生安全事件的,可以按照规定的权限和程序对该网络的运营者的法定代表人或者主要负责人进行约谈。网络运营者应当按照要求采取措施,进行整改,消除隐患。

第五十七条 因网络安全事件,发生突发事件或者生产安全事故的,应当依照《中华人民共和国突发事件应对法》、《中华人民共和国安全生产法》等有关法律、行政法规的规定处置。

第五十八条 因维护国家安全和社会公共秩序,处置重大突发社会安全事件的需要,经国务院决定或者批准,可以在特定区域对网络通信采取限制等临时措施。

第六章　法律责任

第五十九条　网络运营者不履行本法第二十一条、第二十五条规定的网络安全保护义务的，由有关主管部门责令改正，给予警告；拒不改正或者导致危害网络安全等后果的，处一万元以上十万元以下罚款，对直接负责的主管人员处五千元以上五万元以下罚款。

关键信息基础设施的运营者不履行本法第三十三条、第三十四条、第三十六条、第三十八条规定的网络安全保护义务的，由有关主管部门责令改正，给予警告；拒不改正或者导致危害网络安全等后果的，处十万元以上一百万元以下罚款，对直接负责的主管人员处一万元以上十万元以下罚款。

第六十条　违反本法第二十二条第一款、第二款和第四十八条第一款规定，有下列行为之一的，由有关主管部门责令改正，给予警告；拒不改正或者导致危害网络安全等后果的，处五万元以上五十万元以下罚款，对直接负责的主管人员处一万元以上十万元以下罚款：

（一）设置恶意程序的；

（二）对其产品、服务存在的安全缺陷、漏洞等风险未立即采取补救措施，或者未按照规定及时告知用户并向有关主管部门报告的；

（三）擅自终止为其产品、服务提供安全维护的。

第六十一条　网络运营者违反本法第二十四条第一款规定，未要求用户提供真实身份信息，或者对不提供真实身份信息的用户提供相关服务的，由有关主管部门责令改正；拒不改正或者情节严重的，处五万元以上五十万元以下罚款，并可以由有关主管部门责令暂停相关业务、停业整顿、关闭网站、吊销相关业务许可证或者吊销营业执照，对直接负责的主管人员和其他直接责任人员处一万元以上十万元以下罚款。

第六十二条　违反本法第二十六条规定，开展网络安全认证、检测、风险评估等活动，或者向社会发布系统漏洞、计算机病毒、网络攻击、网络侵入等网络安全信息的，由有关主管部门责令改正，给予警告；拒不改正或者情节严重的，处一万元以上十万元以下罚款，并可以由有关主管部门责令暂停相关业务、停业整顿、关闭网站、吊销相关业务许可证或者吊销营业执照,对直接负责的主管人员和其他直接责任人员处五千元以上五万元以下罚款。

第六十三条 违反本法第二十七条规定,从事危害网络安全的活动,或者提供专门用于从事危害网络安全活动的程序、工具,或者为他人从事危害网络安全的活动提供技术支持、广告推广、支付结算等帮助,尚不构成犯罪的,由公安机关没收违法所得,处五日以下拘留,可以并处五万元以上五十万元以下罚款;情节较重的,处五日以上十五日以下拘留,可以并处十万元以上一百万元以下罚款。

单位有前款行为的,由公安机关没收违法所得,处十万元以上一百万元以下罚款,并对直接负责的主管人员和其他直接责任人员依照前款规定处罚。

违反本法第二十七条规定,受到治安管理处罚的人员,五年内不得从事网络安全管理和网络运营关键岗位的工作;受到刑事处罚的人员,终身不得从事网络安全管理和网络运营关键岗位的工作。

第六十四条 网络运营者、网络产品或者服务的提供者违反本法第二十二条第三款、第四十一条至第四十三条规定,侵害个人信息依法得到保护的权利的,由有关主管部门责令改正,可以根据情节单处或者并处警告、没收违法所得、处违法所得一倍以上十倍以下罚款,没有违法所得的,处一百万元以下罚款,对直接负责的主管人员和其他直接责任人员处一万元以上十万元以下罚款;情节严重的,并可以责令暂停相关业务、停业整顿、关闭网站、吊销相关业务许可证或者吊销营业执照。

违反本法第四十四条规定,窃取或者以其他非法方式获取、非法出售或者非法向他人提供个人信息,尚不构成犯罪的,由公安机关没收违法所得,并处违法所得一倍以上十倍以下罚款,没有违法所得的,处一百万元以下罚款。

第六十五条 关键信息基础设施的运营者违反本法第三十五条规定,使用未经安全审查或者安全审查未通过的网络产品或者服务的,由有关主管部门责令停止使用,处采购金额一倍以上十倍以下罚款;对直接负责的主管人员和其他直接责任人员处一万元以上十万元以下罚款。

第六十六条　关键信息基础设施的运营者违反本法第三十七条规定，在境外存储网络数据，或者向境外提供网络数据的，由有关主管部门责令改正，给予警告，没收违法所得，处五万元以上五十万元以下罚款，并可以责令暂停相关业务、停业整顿、关闭网站、吊销相关业务许可证或者吊销营业执照；对直接负责的主管人员和其他直接责任人员处一万元以上十万元以下罚款。

第六十七条　违反本法第四十六条规定，设立用于实施违法犯罪活动的网站、通讯群组，或者利用网络发布涉及实施违法犯罪活动的信息，尚不构成犯罪的，由公安机关处五日以下拘留，可以并处一万元以上十万元以下罚款；情节较重的，处五日以上十五日以下拘留，可以并处五万元以上五十万元以下罚款。关闭用于实施违法犯罪活动的网站、通讯群组。

单位有前款行为的，由公安机关处十万元以上五十万元以下罚款，并对直接负责的主管人员和其他直接责任人员依照前款规定处罚。

第六十八条　网络运营者违反本法第四十七条规定，对法律、行政法规禁止发布或者传输的信息未停止传输、采取消除等处置措施、保存有关记录的，由有关主管部门责令改正，给予警告，没收违法所得；拒不改正或者情节严重的，处十万元以上五十万元以下罚款，并可以责令暂停相关业务、停业整顿、关闭网站、吊销相关业务许可证或者吊销营业执照，对直接负责的主管人员和其他直接责任人员处一万元以上十万元以下罚款。

电子信息发送服务提供者、应用软件下载服务提供者，不履行本法第四十八条第二款规定的安全管理义务的，依照前款规定处罚。

第六十九条　网络运营者违反本法规定，有下列行为之一的，由有关主管部门责令改正；拒不改正或者情节严重的，处五万元以上五十万元以下罚款，对直接负责的主管人员和其他直接责任人员，处一万元以上十万元以下罚款：

（一）不按照有关部门的要求对法律、行政法规禁止发布或者传输的信息，采取停止传输、消除等处置措施的；

（二）拒绝、阻碍有关部门依法实施的监督检查的；

（三）拒不向公安机关、国家安全机关提供技术支持和协助的。

第七十条　发布或者传输本法第十二条第二款和其他法律、行政法规禁止发布或者传输的信息的，依照有关法律、行政法规的规定处罚。

第七十一条　有本法规定的违法行为的，依照有关法律、行政法规的规定记入信用档案，并予以公示。

第七十二条　国家机关政务网络的运营者不履行本法规定的网络安全保护义务的，由其上级机关或者有关机关责令改正；对直接负责的主管人员和其他直接责任人员依法给予处分。

第七十三条　网信部门和有关部门违反本法第三十条规定，将在履行网络安全保护职责中获取的信息用于其他用途的，对直接负责的主管人员和其他直接责任人员依法给予处分。

网信部门和有关部门的工作人员玩忽职守、滥用职权、徇私舞弊，尚不构成犯罪的，依法给予处分。

第七十四条　违反本法规定，给他人造成损害的，依法承担民事责任。

违反本法规定，构成违反治安管理行为的，依法给予治安管理处罚；构成犯罪的，依法追究刑事责任。

第七十五条　境外的机构、组织、个人从事攻击、侵入、干扰、破坏等危害中华人民共和国的关键信息基础设施的活动，造成严重后果的，依法追究法律责任；国务院公安部门和有关部门并可以决定对该机构、组织、个人采取冻结财产或者其他必要的制裁措施。

第七章　附则

第七十六条　本法下列用语的含义：

（一）网络，是指由计算机或者其他信息终端及相关设备组成的按照一定的规则和程序对信息进行收集、存储、传输、交换、处理的系统。

（二）网络安全，是指通过采取必要措施，防范对网络的攻击、侵入、干扰、破坏和非法使用以及意外事故，使网络处于稳定可靠运行的状态，以及保障网络数据的完整性、保密性、可用性的能力。

（三）网络运营者，是指网络的所有者、管理者和网络服务提供者。

（四）网络数据，是指通过网络收集、存储、传输、处理和产生的各种电子数据。

（五）个人信息，是指以电子或者其他方式记录的能够单独或者与其他信息结合识别自然人个人身份的各种信息，包括但不限于自然人的姓名、出生日期、身份证件号码、个人生物识别信息、住址、电话号码等。

第七十七条　存储、处理涉及国家秘密信息的网络的运行安全保护，除应当遵守本法外，还应当遵守保密法律、行政法规的规定。

第七十八条　军事网络的安全保护，由中央军事委员会另行规定。

第七十九条　本法自 2017 年 6 月 1 日起施行。

全国人民代表大会常务委员会
关于维护互联网安全的决定

（2000 年 12 月 28 日第九届全国人民代表大会常务委员会第十九次会议通过根据 2011 年 1 月 8 日《国务院关于废止和修改部分行政法规的决定》修订）

我国的互联网，在国家大力倡导和积极推动下，在经济建设和各项事业中得到日益广泛的应用，使人们的生产、工作、学习和生活方式已经开始并将继续发生深刻的变化，对于加快我国国民经济、科学技术的发展和社会服务信息化进程具有重要作用。同时，如何保障互联网的运行安全和信息安全问题已经引起全社会的普遍关注。为了兴利除弊，促进我国互联网的健康发展，维护国家安全和社会公共利益，保护个人、法人和其他组织的合法权益，特作如下决定：

一、为了保障互联网的运行安全，对有下列行为之一，构成犯罪的，依照刑法有关规定追究刑事责任：

（一）侵入国家事务、国防建设、尖端科学技术领域的计算机信息系统；

（二）故意制作、传播计算机病毒等破坏性程序，攻击计算机系统及通信网络，致使计算机系统及通信网络遭受损害；

（三）违反国家规定，擅自中断计算机网络或者通信服务，造成计算机网络或者通信系统不能正常运行。

二、为了维护国家安全和社会稳定，对有下列行为之一，构成犯罪的，依照刑法有关规定追究刑事责任：

（一）利用互联网造谣、诽谤或者发表、传播其他有害信息，煽动颠覆国家政权、推翻社会主义制度，或者煽动分裂国家、破坏国家统一；

（二）通过互联网窃取、泄露国家秘密、情报或者军事秘密；

（三）利用互联网煽动民族仇恨、民族歧视，破坏民族团结；

（四）利用互联网组织邪教组织、联络邪教组织成员，破坏国家法律、行政法规实施。

三、为了维护社会主义市场经济秩序和社会管理秩序，对有下列行为之一，构成犯罪的，依照刑法有关规定追究刑事责任：

（一）利用互联网销售伪劣产品或者对商品、服务作虚假宣传；

（二）利用互联网损害他人商业信誉和商品声誉；

（三）利用互联网侵犯他人知识产权；

（四）利用互联网编造并传播影响证券、期货交易或者其他扰乱金融秩序的虚假信息；

（五）在互联网上建立淫秽网站、网页，提供淫秽站点链接服务，或者传播淫秽书刊、影片、音像、图片。

四、为了保护个人、法人和其他组织的人身、财产等合法权利，对有下列行为之一，构成犯罪的，依照刑法有关规定追究刑事责任：

（一）利用互联网侮辱他人或者捏造事实诽谤他人；

（二）非法截获、篡改、删除他人电子邮件或者其他数据资料，侵犯公民通信自由和通信秘密；

（三）利用互联网进行盗窃、诈骗、敲诈勒索。

五、利用互联网实施本决定第一条、第二条、第三条、第四条所列行为以外的其他行为,构成犯罪的,依照刑法有关规定追究刑事责任。

六、利用互联网实施违法行为,违反社会治安管理,尚不构成犯罪的,由公安机关依照《治安管理处罚法》予以处罚;违反其他法律、行政法规,尚不构成犯罪的,由有关行政管理部门依法给予行政处罚;对直接负责的主管人员和其他直接责任人员,依法给予行政处分或者纪律处分。

利用互联网侵犯他人合法权益,构成民事侵权的,依法承担民事责任。

七、各级人民政府及有关部门要采取积极措施,在促进互联网的应用和网络技术的普及过程中,重视和支持对网络安全技术的研究和开发,增强网络的安全防护能力。有关主管部门要加强对互联网的运行安全和信息安全的宣传教育,依法实施有效的监督管理,防范和制止利用互联网进行的各种违法活动,为互联网的健康发展创造良好的社会环境。从事互联网业务的单位要依法开展活动,发现互联网上出现违法犯罪行为和有害信息时,要采取措施,停止传输有害信息,并及时向有关机关报告。任何单位和个人在利用互联网时,都要遵纪守法,抵制各种违法犯罪行为和有害信息。人民法院、人民检察院、公安机关、国家安全机关要各司其职,密切配合,依法严厉打击利用互联网实施的各种犯罪活动。要动员全社会的力量,依靠全社会的共同努力,保障互联网的运行安全与信息安全,促进社会主义精神文明和物质文明建设。

全国人民代表大会常务委员会
关于加强网络信息保护的决定

(2012年12月28日第十一届全国人民代表大会常务委员会第三十次会议通过)

为了保护网络信息安全,保障公民、法人和其他组织的合法权益,维护国家安全和社会公共利益,特作如下决定:

一、国家保护能够识别公民个人身份和涉及公民个人隐私的电子信息。

任何组织和个人不得窃取或者以其他非法方式获取公民个人电子信息，不得出售或者非法向他人提供公民个人电子信息。

二、网络服务提供者和其他企业事业单位在业务活动中收集、使用公民个人电子信息，应当遵循合法、正当、必要的原则，明示收集、使用信息的目的、方式和范围，并经被收集者同意，不得违反法律、法规的规定和双方的约定收集、使用信息。

网络服务提供者和其他企业事业单位收集、使用公民个人电子信息，应当公开其收集、使用规则。

三、网络服务提供者和其他企业事业单位及其工作人员对在业务活动中收集的公民个人电子信息必须严格保密，不得泄露、篡改、毁损，不得出售或者非法向他人提供。

四、网络服务提供者和其他企业事业单位应当采取技术措施和其他必要措施，确保信息安全，防止在业务活动中收集的公民个人电子信息泄露、毁损、丢失。在发生或者可能发生信息泄露、毁损、丢失的情况时，应当立即采取补救措施。

五、网络服务提供者应当加强对其用户发布的信息的管理，发现法律、法规禁止发布或者传输的信息的，应当立即停止传输该信息，采取消除等处置措施，保存有关记录，并向有关主管部门报告。

六、网络服务提供者为用户办理网站接入服务，办理固定电话、移动电话等入网手续，或者为用户提供信息发布服务，应当在与用户签订协议或者确认提供服务时，要求用户提供真实身份信息。

七、任何组织和个人未经电子信息接收者同意或者请求，或者电子信息接收者明确表示拒绝的，不得向其固定电话、移动电话或者个人电子邮箱发送商业性电子信息。

八、公民发现泄露个人身份、散布个人隐私等侵害其合法权益的网络信息，或者受到商业性电子信息侵扰的，有权要求网络服务提供者删除有关信息或者采取其他必要措施予以制止。

九、任何组织和个人对窃取或者以其他非法方式获取、出售或者非法向他人提供公民个人电子信息的违法犯罪行为以及其他网络信息违法犯罪行为，有权向有关主管部门举报、控告；接到举报、控告的部门应当依法及时处理。被侵权人可以依法提起诉讼。

十、有关主管部门应当在各自职权范围内依法履行职责，采取技术措施和其他必要措施，防范、制止和查处窃取或者以其他非法方式获取、出售或者非法向他人提供公民个人电子信息的违法犯罪行为以及其他网络信息违法犯罪行为。有关主管部门依法履行职责时，网络服务提供者应当予以配合，提供技术支持。

国家机关及其工作人员对在履行职责中知悉的公民个人电子信息应当予以保密，不得泄露、篡改、毁损，不得出售或者非法向他人提供。

十一、对有违反本决定行为的，依法给予警告、罚款、没收违法所得、吊销许可证或者取消备案、关闭网站、禁止有关责任人员从事网络服务业务等处罚，记入社会信用档案并予以公布；构成违反治安管理行为的，依法给予治安管理处罚。构成犯罪的，依法追究刑事责任。侵害他人民事权益的，依法承担民事责任。

十二、本决定自公布之日起施行。

中华人民共和国国家安全法

（2015 年 7 月 1 日第十二届全国人民代表大会常务委员会第十五次会议通过，自公布之日起施行）

目　录

第一章　总则
第二章　维护国家安全的任务
第三章　维护国家安全的职责
第四章　国家安全制度
　第一节　一般规定
　第二节　情报信息
　第三节　风险预防、评估和预警
　第四节　审查监管

第五节　危机管控
第五章　国家安全保障
第六章　公民、组织的义务和权利
第七章　附则

第一章　总则

第一条　为了维护国家安全，保卫人民民主专政的政权和中国特色社会主义制度，保护人民的根本利益，保障改革开放和社会主义现代化建设的顺利进行，实现中华民族伟大复兴，根据宪法，制定本法。

第二条　国家安全是指国家政权、主权、统一和领土完整、人民福祉、经济社会可持续发展和国家其他重大利益相对处于没有危险和不受内外威胁的状态，以及保障持续安全状态的能力。

第三条　国家安全工作应当坚持总体国家安全观，以人民安全为宗旨，以政治安全为根本，以经济安全为基础，以军事、文化、社会安全为保障，以促进国际安全为依托，维护各领域国家安全，构建国家安全体系，走中国特色国家安全道路。

第四条　坚持中国共产党对国家安全工作的领导，建立集中统一、高效权威的国家安全领导体制。

第五条　中央国家安全领导机构负责国家安全工作的决策和议事协调，研究制定、指导实施国家安全战略和有关重大方针政策，统筹协调国家安全重大事项和重要工作，推动国家安全法治建设。

第六条　国家制定并不断完善国家安全战略，全面评估国际、国内安全形势，明确国家安全战略的指导方针、中长期目标、重点领域的国家安全政策、工作任务和措施。

第七条　维护国家安全，应当遵守宪法和法律，坚持社会主义法治原则，尊重和保障人权，依法保护公民的权利和自由。

第八条　维护国家安全，应当与经济社会发展相协调。

国家安全工作应当统筹内部安全和外部安全、国土安全和国民安全、传统安全和非传统安全、自身安全和共同安全。

第九条　维护国家安全，应当坚持预防为主、标本兼治，专门工作与群众路线相结合，充分发挥专门机关和其他有关机关维护国家安全的职能作用，广泛动员公民和组织，防范、制止和依法惩治危害国家安全的行为。

第十条 维护国家安全，应当坚持互信、互利、平等、协作，积极同外国政府和国际组织开展安全交流合作，履行国际安全义务，促进共同安全，维护世界和平。

第十一条 中华人民共和国公民、一切国家机关和武装力量、各政党和各人民团体、企业事业组织和其他社会组织，都有维护国家安全的责任和义务。

中国的主权和领土完整不容侵犯和分割。维护国家主权、统一和领土完整是包括港澳同胞和台湾同胞在内的全中国人民的共同义务。

第十二条 国家对在维护国家安全工作中作出突出贡献的个人和组织给予表彰和奖励。

第十三条 国家机关工作人员在国家安全工作和涉及国家安全活动中，滥用职权、玩忽职守、徇私舞弊的，依法追究法律责任。

任何个人和组织违反本法和有关法律，不履行维护国家安全义务或者从事危害国家安全活动的，依法追究法律责任。

第十四条 每年4月15日为全民国家安全教育日。

第二章 维护国家安全的任务

第十五条 国家坚持中国共产党的领导，维护中国特色社会主义制度，发展社会主义民主政治，健全社会主义法治，强化权力运行制约和监督机制，保障人民当家作主的各项权利。

国家防范、制止和依法惩治任何叛国、分裂国家、煽动叛乱、颠覆或者煽动颠覆人民民主专政政权的行为；防范、制止和依法惩治窃取、泄露国家秘密等危害国家安全的行为；防范、制止和依法惩治境外势力的渗透、破坏、颠覆、分裂活动。

第十六条 国家维护和发展最广大人民的根本利益，保卫人民安全，创造良好生存发展条件和安定工作生活环境，保障公民的生命财产安全和其他合法权益。

第十七条 国家加强边防、海防和空防建设，采取一切必要的防卫和管控措施，保卫领陆、内水、领海和领空安全，维护国家领土主权和海洋权益。

第十八条 国家加强武装力量革命化、现代化、正规化建设，建设与保卫国家安全和发展利益需要相适应的武装力量；实施积极防御军事战略方针，防备和抵御侵略，制止武装颠覆和分裂；开展国际军事安全合作，实施联合国维和、国际救援、海上护航和维护国家海外利益的军事行动，维护国家主权、安全、领土完整、发展利益和世界和平。

第十九条 国家维护国家基本经济制度和社会主义市场经济秩序，健全预防和化解经济安全风险的制度机制，保障关系国民经济命脉的重要行业和关键领域、重点产业、重大基础设施和重大建设项目以及其他重大经济利益安全。

第二十条 国家健全金融宏观审慎管理和金融风险防范、处置机制，加强金融基础设施和基础能力建设，防范和化解系统性、区域性金融风险，防范和抵御外部金融风险的冲击。

第二十一条 国家合理利用和保护资源能源，有效管控战略资源能源的开发，加强战略资源能源储备，完善资源能源运输战略通道建设和安全保护措施，加强国际资源能源合作，全面提升应急保障能力，保障经济社会发展所需的资源能源持续、可靠和有效供给。

第二十二条 国家健全粮食安全保障体系，保护和提高粮食综合生产能力，完善粮食储备制度、流通体系和市场调控机制，健全粮食安全预警制度，保障粮食供给和质量安全。

第二十三条 国家坚持社会主义先进文化前进方向，继承和弘扬中华民族优秀传统文化，培育和践行社会主义核心价值观，防范和抵制不良文化的影响，掌握意识形态领域主导权，增强文化整体实力和竞争力。

第二十四条 国家加强自主创新能力建设，加快发展自主可控的战略高新技术和重要领域核心关键技术，加强知识产权的运用、保护和科技保密能力建设，保障重大技术和工程的安全。

第二十五条 国家建设网络与信息安全保障体系，提升网络与信息安全保护能力，加强网络和信息技术的创新研究和开发应用，实现网络和信息核心技术、关键基础设施和重要领域信息系统及数据的安全可控；加强网络管理，防范、制止和依法惩治网络攻击、网络入侵、网络窃密、散布违法有害信息等网络违法犯罪行为，维护国家网络空间主权、安全和发展利益。

第二十六条 国家坚持和完善民族区域自治制度，巩固和发展平等团结互助和谐的社会主义民族关系。坚持各民族一律平等，加强民族交往、交流、交融，防范、制止和依法惩治民族分裂活动，维护国家统一、民族团结和社会和谐，实现各民族共同团结奋斗、共同繁荣发展。

第二十七条 国家依法保护公民宗教信仰自由和正常宗教活动，坚持宗教独立自主自办的原则，防范、制止和依法惩治利用宗教名义进行危害国家安全的违法犯罪活动，反对境外势力干涉境内宗教事务，维护正常宗教活动秩序。

国家依法取缔邪教组织，防范、制止和依法惩治邪教违法犯罪活动。

第二十八条 国家反对一切形式的恐怖主义和极端主义，加强防范和处置恐怖主义的能力建设，依法开展情报、调查、防范、处置以及资金监管等工作，依法取缔恐怖活动组织和严厉惩治暴力恐怖活动。

第二十九条 国家健全有效预防和化解社会矛盾的体制机制，健全公共安全体系，积极预防、减少和化解社会矛盾，妥善处置公共卫生、社会安全等影响国家安全和社会稳定的突发事件，促进社会和谐，维护公共安全和社会安定。

第三十条 国家完善生态环境保护制度体系，加大生态建设和环境保护力度，划定生态保护红线，强化生态风险的预警和防控，妥善处置突发环境事件，保障人民赖以生存发展的大气、水、土壤等自然环境和条件不受威胁和破坏，促进人与自然和谐发展。

第三十一条 国家坚持和平利用核能和核技术，加强国际合作，防止核扩散，完善防扩散机制，加强对核设施、核材料、核活动和核废料处置的安全管理、监管和保护，加强核事故应急体系和应急能力建设，防止、控制和消除核事故对公民生命健康和生态环境的危害，不断增强有效应对和防范核威胁、核攻击的能力。

第三十二条　国家坚持和平探索和利用外层空间、国际海底区域和极地，增强安全进出、科学考察、开发利用的能力，加强国际合作，维护我国在外层空间、国际海底区域和极地的活动、资产和其他利益的安全。

第三十三条　国家依法采取必要措施，保护海外中国公民、组织和机构的安全和正当权益，保护国家的海外利益不受威胁和侵害。

第三十四条　国家根据经济社会发展和国家发展利益的需要，不断完善维护国家安全的任务。

第三章　维护国家安全的职责

第三十五条　全国人民代表大会依照宪法规定，决定战争和和平的问题，行使宪法规定的涉及国家安全的其他职权。

全国人民代表大会常务委员会依照宪法规定，决定战争状态的宣布，决定全国总动员或者局部动员，决定全国或者个别省、自治区、直辖市进入紧急状态，行使宪法规定的和全国人民代表大会授予的涉及国家安全的其他职权。

第三十六条　中华人民共和国主席根据全国人民代表大会的决定和全国人民代表大会常务委员会的决定，宣布进入紧急状态，宣布战争状态，发布动员令，行使宪法规定的涉及国家安全的其他职权。

第三十七条　国务院根据宪法和法律，制定涉及国家安全的行政法规，规定有关行政措施，发布有关决定和命令；实施国家安全法律法规和政策；依照法律规定决定省、自治区、直辖市的范围内部分地区进入紧急状态；行使宪法法律规定的和全国人民代表大会及其常务委员会授予的涉及国家安全的其他职权。

第三十八条　中央军事委员会领导全国武装力量，决定军事战略和武装力量的作战方针，统一指挥维护国家安全的军事行动，制定涉及国家安全的军事法规，发布有关决定和命令。

第三十九条　中央国家机关各部门按照职责分工，贯彻执行国家安全方针政策和法律法规，管理指导本系统、本领域国家安全工作。

第四十条 地方各级人民代表大会和县级以上地方各级人民代表大会常务委员会在本行政区域内，保证国家安全法律法规的遵守和执行。

地方各级人民政府依照法律法规规定管理本行政区域内的国家安全工作。

香港特别行政区、澳门特别行政区应当履行维护国家安全的责任。

第四十一条 人民法院依照法律规定行使审判权，人民检察院依照法律规定行使检察权，惩治危害国家安全的犯罪。

第四十二条 国家安全机关、公安机关依法搜集涉及国家安全的情报信息，在国家安全工作中依法行使侦查、拘留、预审和执行逮捕以及法律规定的其他职权。

有关军事机关在国家安全工作中依法行使相关职权。

第四十三条 国家机关及其工作人员在履行职责时，应当贯彻维护国家安全的原则。

国家机关及其工作人员在国家安全工作和涉及国家安全活动中，应当严格依法履行职责，不得超越职权、滥用职权，不得侵犯个人和组织的合法权益。

第四章 国家安全制度

第一节 一般规定

第四十四条 中央国家安全领导机构实行统分结合、协调高效的国家安全制度与工作机制。

第四十五条 国家建立国家安全重点领域工作协调机制，统筹协调中央有关职能部门推进相关工作。

第四十六条 国家建立国家安全工作督促检查和责任追究机制，确保国家安全战略和重大部署贯彻落实。

第四十七条 各部门、各地区应当采取有效措施，贯彻实施国家安全战略。

第四十八条 国家根据维护国家安全工作需要，建立跨部门会商工作机制，就维护国家安全工作的重大事项进行会商研判，提出意见和建议。

第四十九条　国家建立中央与地方之间、部门之间、军地之间以及地区之间关于国家安全的协同联动机制。

第五十条　国家建立国家安全决策咨询机制，组织专家和有关方面开展对国家安全形势的分析研判，推进国家安全的科学决策。

第二节　情报信息

第五十一条　国家健全统一归口、反应灵敏、准确高效、运转顺畅的情报信息收集、研判和使用制度，建立情报信息工作协调机制，实现情报信息的及时收集、准确研判、有效使用和共享。

第五十二条　国家安全机关、公安机关、有关军事机关根据职责分工，依法搜集涉及国家安全的情报信息。

国家机关各部门在履行职责过程中，对于获取的涉及国家安全的有关信息应当及时上报。

第五十三条　开展情报信息工作，应当充分运用现代科学技术手段，加强对情报信息的鉴别、筛选、综合和研判分析。

第五十四条　情报信息的报送应当及时、准确、客观，不得迟报、漏报、瞒报和谎报。

第三节　风险预防、评估和预警

第五十五条　国家制定完善应对各领域国家安全风险预案。

第五十六条　国家建立国家安全风险评估机制，定期开展各领域国家安全风险调查评估。

有关部门应当定期向中央国家安全领导机构提交国家安全风险评估报告。

第五十七条　国家健全国家安全风险监测预警制度，根据国家安全风险程度，及时发布相应风险预警。

第五十八条　对可能即将发生或者已经发生的危害国家安全的事件，县级以上地方人民政府及其有关主管部门应当立即按照规定向上一级人民政府及其有关主管部门报告，必要时可以越级上报。

第四节 审查监管

第五十九条 国家建立国家安全审查和监管的制度和机制，对影响或者可能影响国家安全的外商投资、特定物项和关键技术、网络信息技术产品和服务、涉及国家安全事项的建设项目，以及其他重大事项和活动，进行国家安全审查，有效预防和化解国家安全风险。

第六十条 中央国家机关各部门依照法律、行政法规行使国家安全审查职责，依法作出国家安全审查决定或者提出安全审查意见并监督执行。

第六十一条 省、自治区、直辖市依法负责本行政区域内有关国家安全审查和监管工作。

第五节 危机管控

第六十二条 国家建立统一领导、协同联动、有序高效的国家安全危机管控制度。

第六十三条 发生危及国家安全的重大事件，中央有关部门和有关地方根据中央国家安全领导机构的统一部署，依法启动应急预案，采取管控处置措施。

第六十四条 发生危及国家安全的特别重大事件，需要进入紧急状态、战争状态或者进行全国总动员、局部动员的，由全国人民代表大会、全国人民代表大会常务委员会或者国务院依照宪法和有关法律规定的权限和程序决定。

第六十五条 国家决定进入紧急状态、战争状态或者实施国防动员后，履行国家安全危机管控职责的有关机关依照法律规定或者全国人民代表大会常务委员会规定，有权采取限制公民和组织权利、增加公民和组织义务的特别措施。

第六十六条 履行国家安全危机管控职责的有关机关依法采取处置国家安全危机的管控措施，应当与国家安全危机可能造成的危害的性质、程度和范围相适应；有多种措施可供选择的，应当选择有利于最大程度保护公民、组织权益的措施。

第六十七条 国家健全国家安全危机的信息报告和发布机制。

国家安全危机事件发生后，履行国家安全危机管控职责的有关机关，应当按照规定准确、及时报告，并依法将有关国家安全危机事件发生、发展、管控处置及善后情况统一向社会发布。

第六十八条 国家安全威胁和危害得到控制或者消除后，应当及时解除管控处置措施，做好善后工作。

第五章　国家安全保障

第六十九条 国家健全国家安全保障体系，增强维护国家安全的能力。

第七十条 国家健全国家安全法律制度体系，推动国家安全法治建设。

第七十一条 国家加大对国家安全各项建设的投入，保障国家安全工作所需经费和装备。

第七十二条 承担国家安全战略物资储备任务的单位，应当按照国家有关规定和标准对国家安全物资进行收储、保管和维护，定期调整更换，保证储备物资的使用效能和安全。

第七十三条 鼓励国家安全领域科技创新，发挥科技在维护国家安全中的作用。

第七十四条 国家采取必要措施，招录、培养和管理国家安全工作专门人才和特殊人才。

根据维护国家安全工作的需要，国家依法保护有关机关专门从事国家安全工作人员的身份和合法权益，加大人身保护和安置保障力度。

第七十五条 国家安全机关、公安机关、有关军事机关开展国家安全专门工作，可以依法采取必要手段和方式，有关部门和地方应当在职责范围内提供支持和配合。

第七十六条 国家加强国家安全新闻宣传和舆论引导，通过多种形式开展国家安全宣传教育活动，将国家安全教育纳入国民教育体系和公务员教育培训体系，增强全民国家安全意识。

第六章 公民、组织的义务和权利

第七十七条 公民和组织应当履行下列维护国家安全的义务：

（一）遵守宪法、法律法规关于国家安全的有关规定；

（二）及时报告危害国家安全活动的线索；

（三）如实提供所知悉的涉及危害国家安全活动的证据；

（四）为国家安全工作提供便利条件或者其他协助；

（五）向国家安全机关、公安机关和有关军事机关提供必要的支持和协助；

（六）保守所知悉的国家秘密；

（七）法律、行政法规规定的其他义务。

任何个人和组织不得有危害国家安全的行为，不得向危害国家安全的个人或者组织提供任何资助或者协助。

第七十八条 机关、人民团体、企业事业组织和其他社会组织应当对本单位的人员进行维护国家安全的教育，动员、组织本单位的人员防范、制止危害国家安全的行为。

第七十九条 企业事业组织根据国家安全工作的要求，应当配合有关部门采取相关安全措施。

第八十条 公民和组织支持、协助国家安全工作的行为受法律保护。

因支持、协助国家安全工作，本人或者其近亲属的人身安全面临危险的，可以向公安机关、国家安全机关请求予以保护。公安机关、国家安全机关应当会同有关部门依法采取保护措施。

第八十一条 公民和组织因支持、协助国家安全工作导致财产损失的，按照国家有关规定给予补偿；造成人身伤害或者死亡的，按照国家有关规定给予抚恤优待。

第八十二条 公民和组织对国家安全工作有向国家机关提出批评建议的权利，对国家机关及其工作人员在国家安全工作中的违法失职行为有提出申诉、控告和检举的权利。

第八十三条 在国家安全工作中，需要采取限制公民权利和自由的特别措施时，应当依法进行，并以维护国家安全的实际需要为限度。

第七章　附则

第八十四条　本法自公布之日起施行。

中华人民共和国反恐怖主义法

（2015年12月27日第十二届全国人民代表大会常务委员会第十八次会议通过　根据2018年4月27日第十三届全国人民代表大会常务委员会第二次会议《关于修改〈中华人民共和国国境卫生检疫法〉等六部法律的决定》修正）

目　录

第一章　总则
第二章　恐怖活动组织和人员的认定
第三章　安全防范
第四章　情报信息
第五章　调查
第六章　应对处置
第七章　国际合作
第八章　保障措施
第九章　法律责任
第十章　附　则

第一章　总则

第一条　为了防范和惩治恐怖活动，加强反恐怖主义工作，维护国家安全、公共安全和人民生命财产安全，根据宪法，制定本法。

第二条　国家反对一切形式的恐怖主义，依法取缔恐怖活动组织，对任何组织、策划、准备实施、实施恐怖活动，宣扬恐怖主义，煽动实施恐怖活动，组织、领导、参加恐怖活动组织，为恐怖活动提供帮助的，依法追究法律责任。

国家不向任何恐怖活动组织和人员作出妥协，不向任何恐怖活动人员提供庇护或者给予难民地位。

第三条 本法所称恐怖主义，是指通过暴力、破坏、恐吓等手段，制造社会恐慌、危害公共安全、侵犯人身财产，或者胁迫国家机关、国际组织，以实现其政治、意识形态等目的的主张和行为。

本法所称恐怖活动，是指恐怖主义性质的下列行为：

（一）组织、策划、准备实施、实施造成或者意图造成人员伤亡、重大财产损失、公共设施损坏、社会秩序混乱等严重社会危害的活动的；

（二）宣扬恐怖主义，煽动实施恐怖活动，或者非法持有宣扬恐怖主义的物品，强制他人在公共场所穿戴宣扬恐怖主义的服饰、标志的；

（三）组织、领导、参加恐怖活动组织的；

（四）为恐怖活动组织、恐怖活动人员、实施恐怖活动或者恐怖活动培训提供信息、资金、物资、劳务、技术、场所等支持、协助、便利的；

（五）其他恐怖活动。

本法所称恐怖活动组织，是指三人以上为实施恐怖活动而组成的犯罪组织。

本法所称恐怖活动人员，是指实施恐怖活动的人和恐怖活动组织的成员。

本法所称恐怖事件，是指正在发生或者已经发生的造成或者可能造成重大社会危害的恐怖活动。

第四条 国家将反恐怖主义纳入国家安全战略，综合施策，标本兼治，加强反恐怖主义的能力建设，运用政治、经济、法律、文化、教育、外交、军事等手段，开展反恐怖主义工作。

国家反对一切形式的以歪曲宗教教义或者其他方法煽动仇恨、煽动歧视、鼓吹暴力等极端主义，消除恐怖主义的思想基础。

第五条 反恐怖主义工作坚持专门工作与群众路线相结合，防范为主、惩防结合和先发制敌、保持主动的原则。

第六条　反恐怖主义工作应当依法进行，尊重和保障人权，维护公民和组织的合法权益。

在反恐怖主义工作中，应当尊重公民的宗教信仰自由和民族风俗习惯，禁止任何基于地域、民族、宗教等理由的歧视性做法。

第七条　国家设立反恐怖主义工作领导机构，统一领导和指挥全国反恐怖主义工作。

设区的市级以上地方人民政府设立反恐怖主义工作领导机构，县级人民政府根据需要设立反恐怖主义工作领导机构，在上级反恐怖主义工作领导机构的领导和指挥下，负责本地区反恐怖主义工作。

第八条　公安机关、国家安全机关和人民检察院、人民法院、司法行政机关以及其他有关国家机关，应当根据分工，实行工作责任制，依法做好反恐怖主义工作。

中国人民解放军、中国人民武装警察部队和民兵组织依照本法和其他有关法律、行政法规、军事法规以及国务院、中央军事委员会的命令，并根据反恐怖主义工作领导机构的部署，防范和处置恐怖活动。

有关部门应当建立联动配合机制，依靠、动员村民委员会、居民委员会、企业事业单位、社会组织，共同开展反恐怖主义工作。

第九条　任何单位和个人都有协助、配合有关部门开展反恐怖主义工作的义务，发现恐怖活动嫌疑或者恐怖活动嫌疑人员的，应当及时向公安机关或者有关部门报告。

第十条　对举报恐怖活动或者协助防范、制止恐怖活动有突出贡献的单位和个人，以及在反恐怖主义工作中作出其他突出贡献的单位和个人，按照国家有关规定给予表彰、奖励。

第十一条　对在中华人民共和国领域外对中华人民共和国国家、公民或者机构实施的恐怖活动犯罪，或者实施的中华人民共和国缔结、参加的国际条约所规定的恐怖活动犯罪，中华人民共和国行使刑事管辖权，依法追究刑事责任。

第二章　恐怖活动组织和人员的认定

第十二条　国家反恐怖主义工作领导机构根据本法第三条的规定，

认定恐怖活动组织和人员，由国家反恐怖主义工作领导机构的办事机构予以公告。

第十三条　国务院公安部门、国家安全部门、外交部门和省级反恐怖主义工作领导机构对于需要认定恐怖活动组织和人员的，应当向国家反恐怖主义工作领导机构提出申请。

第十四条　金融机构和特定非金融机构对国家反恐怖主义工作领导机构的办事机构公告的恐怖活动组织和人员的资金或者其他资产，应当立即予以冻结，并按照规定及时向国务院公安部门、国家安全部门和反洗钱行政主管部门报告。

第十五条　被认定的恐怖活动组织和人员对认定不服的，可以通过国家反恐怖主义工作领导机构的办事机构申请复核。国家反恐怖主义工作领导机构应当及时进行复核，作出维持或者撤销认定的决定。复核决定为最终决定。

国家反恐怖主义工作领导机构作出撤销认定的决定的，由国家反恐怖主义工作领导机构的办事机构予以公告；资金、资产已被冻结的，应当解除冻结。

第十六条　根据刑事诉讼法的规定，有管辖权的中级以上人民法院在审判刑事案件的过程中，可以依法认定恐怖活动组织和人员。对于在判决生效后需要由国家反恐怖主义工作领导机构的办事机构予以公告的，适用本章的有关规定。

第三章　安全防范

第十七条　各级人民政府和有关部门应当组织开展反恐怖主义宣传教育，提高公民的反恐怖主义意识。

教育、人力资源行政主管部门和学校、有关职业培训机构应当将恐怖活动预防、应急知识纳入教育、教学、培训的内容。

新闻、广播、电视、文化、宗教、互联网等有关单位，应当有针对性地面向社会进行反恐怖主义宣传教育。

村民委员会、居民委员会应当协助人民政府以及有关部门，加强反恐怖主义宣传教育。

第十八条 电信业务经营者、互联网服务提供者应当为公安机关、国家安全机关依法进行防范、调查恐怖活动提供技术接口和解密等技术支持和协助。

第十九条 电信业务经营者、互联网服务提供者应当依照法律、行政法规规定，落实网络安全、信息内容监督制度和安全技术防范措施，防止含有恐怖主义、极端主义内容的信息传播；发现含有恐怖主义、极端主义内容的信息的，应当立即停止传输，保存相关记录，删除相关信息，并向公安机关或者有关部门报告。

网信、电信、公安、国家安全等主管部门对含有恐怖主义、极端主义内容的信息，应当按照职责分工，及时责令有关单位停止传输、删除相关信息，或者关闭相关网站、关停相关服务。有关单位应当立即执行，并保存相关记录，协助进行调查。对互联网上跨境传输的含有恐怖主义、极端主义内容的信息，电信主管部门应当采取技术措施，阻断传播。

第二十条 铁路、公路、水上、航空的货运和邮政、快递等物流运营单位应当实行安全查验制度，对客户身份进行查验，依照规定对运输、寄递物品进行安全检查或者开封验视。对禁止运输、寄递，存在重大安全隐患，或者客户拒绝安全查验的物品，不得运输、寄递。

前款规定的物流运营单位，应当实行运输、寄递客户身份、物品信息登记制度。

第二十一条 电信、互联网、金融、住宿、长途客运、机动车租赁等业务经营者、服务提供者，应当对客户身份进行查验。对身份不明或者拒绝身份查验的，不得提供服务。

第二十二条 生产和进口单位应当依照规定对枪支等武器、弹药、管制器具、危险化学品、民用爆炸物品、核与放射物品作出电子追踪标识，对民用爆炸物品添加安检示踪标识物。

运输单位应当依照规定对运营中的危险化学品、民用爆炸物品、核与放射物品的运输工具通过定位系统实行监控。

有关单位应当依照规定对传染病病原体等物质实行严格的监督管

理，严密防范传染病病原体等物质扩散或者流入非法渠道。

对管制器具、危险化学品、民用爆炸物品，国务院有关主管部门或者省级人民政府根据需要，在特定区域、特定时间，可以决定对生产、进出口、运输、销售、使用、报废实施管制，可以禁止使用现金、实物进行交易或者对交易活动作出其他限制。

第二十三条 发生枪支等武器、弹药、危险化学品、民用爆炸物品、核与放射物品、传染病病原体等物质被盗、被抢、丢失或者其他流失的情形，案发单位应当立即采取必要的控制措施，并立即向公安机关报告，同时依照规定向有关主管部门报告。公安机关接到报告后，应当及时开展调查。有关主管部门应当配合公安机关开展工作。

任何单位和个人不得非法制作、生产、储存、运输、进出口、销售、提供、购买、使用、持有、报废、销毁前款规定的物品。公安机关发现的，应当予以扣押；其他主管部门发现的，应当予以扣押，并立即通报公安机关；其他单位、个人发现的，应当立即向公安机关报告。

第二十四条 国务院反洗钱行政主管部门、国务院有关部门、机构依法对金融机构和特定非金融机构履行反恐怖主义融资义务的情况进行监督管理。

国务院反洗钱行政主管部门发现涉嫌恐怖主义融资的，可以依法进行调查，采取临时冻结措施。

第二十五条 审计、财政、税务等部门在依照法律、行政法规的规定对有关单位实施监督检查的过程中，发现资金流入流出涉嫌恐怖主义融资的，应当及时通报公安机关。

第二十六条 海关在对进出境人员携带现金和无记名有价证券实施监管的过程中，发现涉嫌恐怖主义融资的，应当立即通报国务院反洗钱行政主管部门和有管辖权的公安机关。

第二十七条 地方各级人民政府制定、组织实施城乡规划，应当符合反恐怖主义工作的需要。

地方各级人民政府应当根据需要，组织、督促有关建设单位在主要道路、交通枢纽、城市公共区域的重点部位，配备、安装公共安全视频图像信息系统等防范恐怖袭击的技防、物防设备、设施。

第二十八条 公安机关和有关部门对宣扬极端主义，利用极端主义危害公共安全、扰乱公共秩序、侵犯人身财产、妨害社会管理的，应当及时予以制止，依法追究法律责任。

公安机关发现极端主义活动的，应当责令立即停止，将有关人员强行带离现场并登记身份信息，对有关物品、资料予以收缴，对非法活动场所予以查封。

任何单位和个人发现宣扬极端主义的物品、资料、信息的，应当立即向公安机关报告。

第二十九条 对被教唆、胁迫、引诱参与恐怖活动、极端主义活动，或者参与恐怖活动、极端主义活动情节轻微，尚不构成犯罪的人员，公安机关应当组织有关部门、村民委员会、居民委员会、所在单位、就读学校、家庭和监护人对其进行帮教。

监狱、看守所、社区矫正机构应当加强对服刑的恐怖活动罪犯和极端主义罪犯的管理、教育、矫正等工作。监狱、看守所对恐怖活动罪犯和极端主义罪犯，根据教育改造和维护监管秩序的需要，可以与普通刑事罪犯混合关押，也可以个别关押。

第三十条 对恐怖活动罪犯和极端主义罪犯被判处徒刑以上刑罚的，监狱、看守所应当在刑满释放前根据其犯罪性质、情节和社会危害程度，服刑期间的表现，释放后对所居住社区的影响等进行社会危险性评估。进行社会危险性评估，应当听取有关基层组织和原办案机关的意见。经评估具有社会危险性的，监狱、看守所应当向罪犯服刑地的中级人民法院提出安置教育建议，并将建议书副本抄送同级人民检察院。

罪犯服刑地的中级人民法院对于确有社会危险性的，应当在罪犯刑满释放前作出责令其在刑满释放后接受安置教育的决定。决定书副本应当抄送同级人民检察院。被决定安置教育的人员对决定不服的，可以向上一级人民法院申请复议。

安置教育由省级人民政府组织实施。安置教育机构应当每年对被安置教育人员进行评估，对于确有悔改表现，不致再危害社会的，应当及时提出解除安置教育的意见，报决定安置教育的中级人民法院作出决定。被安置教育人员有权申请解除安置教育。

人民检察院对安置教育的决定和执行实行监督。

第三十一条 公安机关应当会同有关部门，将遭受恐怖袭击的可能性较大以及遭受恐怖袭击可能造成重大的人身伤亡、财产损失或者社会影响的单位、场所、活动、设施等确定为防范恐怖袭击的重点目标，报本级反恐怖主义工作领导机构备案。

第三十二条 重点目标的管理单位应当履行下列职责：

（一）制定防范和应对处置恐怖活动的预案、措施，定期进行培训和演练；

（二）建立反恐怖主义工作专项经费保障制度，配备、更新防范和处置设备、设施；

（三）指定相关机构或者落实责任人员，明确岗位职责；

（四）实行风险评估，实时监测安全威胁，完善内部安全管理；

（五）定期向公安机关和有关部门报告防范措施落实情况。

重点目标的管理单位应当根据城乡规划、相关标准和实际需要，对重点目标同步设计、同步建设、同步运行符合本法第二十七条规定的技防、物防设备、设施。

重点目标的管理单位应当建立公共安全视频图像信息系统值班监看、信息保存使用、运行维护等管理制度，保障相关系统正常运行。采集的视频图像信息保存期限不得少于九十日。

对重点目标以外的涉及公共安全的其他单位、场所、活动、设施，其主管部门和管理单位应当依照法律、行政法规规定，建立健全安全管理制度，落实安全责任。

第三十三条 重点目标的管理单位应当对重要岗位人员进行安全背景审查。对有不适合情形的人员，应当调整工作岗位，并将有关情况通报公安机关。

第三十四条 大型活动承办单位以及重点目标的管理单位应当依照规定，对进入大型活动场所、机场、火车站、码头、城市轨道交通站、公路长途客运站、口岸等重点目标的人员、物品和交通工具进行安全检查。发现违禁品和管制物品，应当予以扣留并立即向公安机关报告；发现涉嫌违法犯罪人员，应当立即向公安机关报告。

第三十五条 对航空器、列车、船舶、城市轨道车辆、公共电汽车等公共交通运输工具，营运单位应当依照规定配备安保人员和相应设备、设施，加强安全检查和保卫工作。

第三十六条 公安机关和有关部门应当掌握重点目标的基础信息和重要动态，指导、监督重点目标的管理单位履行防范恐怖袭击的各项职责。

公安机关、中国人民武装警察部队应当依照有关规定对重点目标进行警戒、巡逻、检查。

第三十七条 飞行管制、民用航空、公安等主管部门应当按照职责分工，加强空域、航空器和飞行活动管理，严密防范针对航空器或者利用飞行活动实施的恐怖活动。

第三十八条 各级人民政府和军事机关应当在重点国（边）境地段和口岸设置拦阻隔离网、视频图像采集和防越境报警设施。

公安机关和中国人民解放军应当严密组织国（边）境巡逻，依照规定对抵离国（边）境前沿、进出国（边）境管理区和国（边）境通道、口岸的人员、交通运输工具、物品，以及沿海沿边地区的船舶进行查验。

第三十九条 出入境证件签发机关、出入境边防检查机关对恐怖活动人员和恐怖活动嫌疑人员，有权决定不准其出境入境、不予签发出境入境证件或者宣布其出境入境证件作废。

第四十条 海关、出入境边防检查机关发现恐怖活动嫌疑人员或者涉嫌恐怖活动物品的，应当依法扣留，并立即移送公安机关或者国家安全机关。

第四十一条 国务院外交、公安、国家安全、发展改革、工业和信息化、商务、旅游等主管部门应当建立境外投资合作、旅游等安全风险评估制度，对中国在境外的公民以及驻外机构、设施、财产加强安全保护，防范和应对恐怖袭击。

第四十二条 驻外机构应当建立健全安全防范制度和应对处置预案，加强对有关人员、设施、财产的安全保护。

第四章　情报信息

第四十三条　国家反恐怖主义工作领导机构建立国家反恐怖主义情报中心，实行跨部门、跨地区情报信息工作机制，统筹反恐怖主义情报信息工作。

有关部门应当加强反恐怖主义情报信息搜集工作，对搜集的有关线索、人员、行动类情报信息，应当依照规定及时统一归口报送国家反恐怖主义情报中心。

地方反恐怖主义工作领导机构应当建立跨部门情报信息工作机制，组织开展反恐怖主义情报信息工作，对重要的情报信息，应当及时向上级反恐怖主义工作领导机构报告，对涉及其他地方的紧急情报信息，应当及时通报相关地方。

第四十四条　公安机关、国家安全机关和有关部门应当依靠群众，加强基层基础工作，建立基层情报信息工作力量，提高反恐怖主义情报信息工作能力。

第四十五条　公安机关、国家安全机关、军事机关在其职责范围内，因反恐怖主义情报信息工作的需要，根据国家有关规定，经过严格的批准手续，可以采取技术侦察措施。

依照前款规定获取的材料，只能用于反恐怖主义应对处置和对恐怖活动犯罪、极端主义犯罪的侦查、起诉和审判，不得用于其他用途。

第四十六条　有关部门对于在本法第三章规定的安全防范工作中获取的信息，应当根据国家反恐怖主义情报中心的要求，及时提供。

第四十七条　国家反恐怖主义情报中心、地方反恐怖主义工作领导机构以及公安机关等有关部门应当对有关情报信息进行筛查、研判、核查、监控，认为有发生恐怖事件危险，需要采取相应的安全防范、应对处置措施的，应当及时通报有关部门和单位，并可以根据情况发出预警。有关部门和单位应当根据通报做好安全防范、应对处置工作。

第四十八条　反恐怖主义工作领导机构、有关部门和单位、个人应当对履行反恐怖主义工作职责、义务过程中知悉的国家秘密、商业秘密和个人隐私予以保密。

违反规定泄露国家秘密、商业秘密和个人隐私的，依法追究法律责任。

第五章 调查

第四十九条 公安机关接到恐怖活动嫌疑的报告或者发现恐怖活动嫌疑，需要调查核实的，应当迅速进行调查。

第五十条 公安机关调查恐怖活动嫌疑，可以依照有关法律规定对嫌疑人员进行盘问、检查、传唤，可以提取或者采集肖像、指纹、虹膜图像等人体生物识别信息和血液、尿液、脱落细胞等生物样本，并留存其签名。

公安机关调查恐怖活动嫌疑，可以通知了解有关情况的人员到公安机关或者其他地点接受询问。

第五十一条 公安机关调查恐怖活动嫌疑，有权向有关单位和个人收集、调取相关信息和材料。有关单位和个人应当如实提供。

第五十二条 公安机关调查恐怖活动嫌疑，经县级以上公安机关负责人批准，可以查询嫌疑人员的存款、汇款、债券、股票、基金份额等财产，可以采取查封、扣押、冻结措施。查封、扣押、冻结的期限不得超过二个月，情况复杂的，可以经上一级公安机关负责人批准延长一个月。

第五十三条 公安机关调查恐怖活动嫌疑，经县级以上公安机关负责人批准，可以根据其危险程度，责令恐怖活动嫌疑人员遵守下列一项或者多项约束措施：

（一）未经公安机关批准不得离开所居住的市、县或者指定的处所；

（二）不得参加大型群众性活动或者从事特定的活动；

（三）未经公安机关批准不得乘坐公共交通工具或者进入特定的场所；

（四）不得与特定的人员会见或者通信；

（五）定期向公安机关报告活动情况；

（六）将护照等出入境证件、身份证件、驾驶证件交公安机关保存。

公安机关可以采取电子监控、不定期检查等方式对其遵守约束措施的情况进行监督。

采取前两款规定的约束措施的期限不得超过三个月。对不需要继续采取约束措施的，应当及时解除。

第五十四条 公安机关经调查，发现犯罪事实或者犯罪嫌疑人的，应当依照刑事诉讼法的规定立案侦查。本章规定的有关期限届满，公安机关未立案侦查的，应当解除有关措施。

第六章 应对处置

第五十五条 国家建立健全恐怖事件应对处置预案体系。

国家反恐怖主义工作领导机构应当针对恐怖事件的规律、特点和可能造成的社会危害，分级、分类制定国家应对处置预案，具体规定恐怖事件应对处置的组织指挥体系和恐怖事件安全防范、应对处置程序以及事后社会秩序恢复等内容。

有关部门、地方反恐怖主义工作领导机构应当制定相应的应对处置预案。

第五十六条 应对处置恐怖事件，各级反恐怖主义工作领导机构应当成立由有关部门参加的指挥机构，实行指挥长负责制。反恐怖主义工作领导机构负责人可以担任指挥长，也可以确定公安机关负责人或者反恐怖主义工作领导机构的其他成员单位负责人担任指挥长。

跨省、自治区、直辖市发生的恐怖事件或者特别重大恐怖事件的应对处置，由国家反恐怖主义工作领导机构负责指挥；在省、自治区、直辖市范围内发生的涉及多个行政区域的恐怖事件或者重大恐怖事件的应对处置，由省级反恐怖主义工作领导机构负责指挥。

第五十七条 恐怖事件发生后，发生地反恐怖主义工作领导机构应当立即启动恐怖事件应对处置预案，确定指挥长。有关部门和中国人民解放军、中国人民武装警察部队、民兵组织，按照反恐怖主义工作领导机构和指挥长的统一领导、指挥，协同开展打击、控制、救援、救护等现场应对处置工作。

上级反恐怖主义工作领导机构可以对应对处置工作进行指导，必要时调动有关反恐怖主义力量进行支援。

需要进入紧急状态的，由全国人民代表大会常务委员会或者国务院依照宪法和其他有关法律规定的权限和程序决定。

第五十八条 发现恐怖事件或者疑似恐怖事件后，公安机关应当立即进行处置，并向反恐怖主义工作领导机构报告；中国人民解放军、中国人民武装警察部队发现正在实施恐怖活动的，应当立即予以控制并将案件及时移交公安机关。

反恐怖主义工作领导机构尚未确定指挥长的，由在场处置的公安机关职级最高的人员担任现场指挥员。公安机关未能到达现场的，由在场处置的中国人民解放军或者中国人民武装警察部队职级最高的人员担任现场指挥员。现场应对处置人员无论是否属于同一单位、系统，均应当服从现场指挥员的指挥。

指挥长确定后，现场指挥员应当向其请示、报告工作或者有关情况。

第五十九条 中华人民共和国在境外的机构、人员、重要设施遭受或者可能遭受恐怖袭击的，国务院外交、公安、国家安全、商务、金融、国有资产监督管理、旅游、交通运输等主管部门应当及时启动应对处置预案。国务院外交部门应当协调有关国家采取相应措施。

中华人民共和国在境外的机构、人员、重要设施遭受严重恐怖袭击后，经与有关国家协商同意，国家反恐怖主义工作领导机构可以组织外交、公安、国家安全等部门派出工作人员赴境外开展应对处置工作。

第六十条 应对处置恐怖事件，应当优先保护直接受到恐怖活动危害、威胁人员的人身安全。

第六十一条 恐怖事件发生后，负责应对处置的反恐怖主义工作领导机构可以决定由有关部门和单位采取下列一项或者多项应对处置措施：

（一）组织营救和救治受害人员，疏散、撤离并妥善安置受到威胁的人员以及采取其他救助措施；

（二）封锁现场和周边道路，查验现场人员的身份证件，在有关场所附近设置临时警戒线；

（三）在特定区域内实施空域、海（水）域管制，对特定区域内的交通运输工具进行检查；

（四）在特定区域内实施互联网、无线电、通讯管制；

（五）在特定区域内或者针对特定人员实施出境入境管制；

（六）禁止或者限制使用有关设备、设施，关闭或者限制使用有关场所，中止人员密集的活动或者可能导致危害扩大的生产经营活动；

（七）抢修被损坏的交通、电信、互联网、广播电视、供水、排水、供电、供气、供热等公共设施；

（八）组织志愿人员参加反恐怖主义救援工作，要求具有特定专长的人员提供服务；

（九）其他必要的应对处置措施。

采取前款第三项至第五项规定的应对处置措施，由省级以上反恐怖主义工作领导机构决定或者批准；采取前款第六项规定的应对处置措施，由设区的市级以上反恐怖主义工作领导机构决定。应对处置措施应当明确适用的时间和空间范围，并向社会公布。

第六十二条 人民警察、人民武装警察以及其他依法配备、携带武器的应对处置人员，对在现场持枪支、刀具等凶器或者使用其他危险方法，正在或者准备实施暴力行为的人员，经警告无效的，可以使用武器；紧急情况下或者警告后可能导致更为严重危害后果的，可以直接使用武器。

第六十三条 恐怖事件发生、发展和应对处置信息，由恐怖事件发生地的省级反恐怖主义工作领导机构统一发布；跨省、自治区、直辖市发生的恐怖事件，由指定的省级反恐怖主义工作领导机构统一发布。

任何单位和个人不得编造、传播虚假恐怖事件信息；不得报道、传播可能引起模仿的恐怖活动的实施细节；不得发布恐怖事件中残忍、不人道的场景；在恐怖事件的应对处置过程中，除新闻媒体经负责发布信息的反恐怖主义工作领导机构批准外，不得报道、传播现场应对处置的工作人员、人质身份信息和应对处置行动情况。

第六十四条 恐怖事件应对处置结束后，各级人民政府应当组织有关部门帮助受影响的单位和个人尽快恢复生活、生产，稳定受影响地区的社会秩序和公众情绪。

第六十五条 当地人民政府应当及时给予恐怖事件受害人员及其近亲属适当的救助，并向失去基本生活条件的受害人员及其近亲属及时提供基本生活保障。卫生、医疗保障等主管部门应当为恐怖事件受害人员及其近亲属提供心理、医疗等方面的援助。

第六十六条 公安机关应当及时对恐怖事件立案侦查，查明事件发生的原因、经过和结果，依法追究恐怖活动组织、人员的刑事责任。

第六十七条 反恐怖主义工作领导机构应当对恐怖事件的发生和应对处置工作进行全面分析、总结评估，提出防范和应对处置改进措施，向上一级反恐怖主义工作领导机构报告。

第七章　国际合作

第六十八条 中华人民共和国根据缔结或者参加的国际条约，或者按照平等互惠原则，与其他国家、地区、国际组织开展反恐怖主义合作。

第六十九条 国务院有关部门根据国务院授权，代表中国政府与外国政府和有关国际组织开展反恐怖主义政策对话、情报信息交流、执法合作和国际资金监管合作。

在不违背我国法律的前提下，边境地区的县级以上地方人民政府及其主管部门，经国务院或者中央有关部门批准，可以与相邻国家或者地区开展反恐怖主义情报信息交流、执法合作和国际资金监管合作。

第七十条 涉及恐怖活动犯罪的刑事司法协助、引渡和被判刑人移管，依照有关法律规定执行。

第七十一条 经与有关国家达成协议，并报国务院批准，国务院公安部门、国家安全部门可以派员出境执行反恐怖主义任务。

中国人民解放军、中国人民武装警察部队派员出境执行反恐怖主义任务，由中央军事委员会批准。

第七十二条 通过反恐怖主义国际合作取得的材料可以在行政处罚、刑事诉讼中作为证据使用，但我方承诺不作为证据使用的除外。

第八章　保障措施

第七十三条　国务院和县级以上地方各级人民政府应当按照事权划分，将反恐怖主义工作经费分别列入同级财政预算。

国家对反恐怖主义重点地区给予必要的经费支持，对应对处置大规模恐怖事件给予经费保障。

第七十四条　公安机关、国家安全机关和有关部门，以及中国人民解放军、中国人民武装警察部队，应当依照法律规定的职责，建立反恐怖主义专业力量，加强专业训练，配备必要的反恐怖主义专业设备、设施。

县级、乡级人民政府根据需要，指导有关单位、村民委员会、居民委员会建立反恐怖主义工作力量、志愿者队伍，协助、配合有关部门开展反恐怖主义工作。

第七十五条　对因履行反恐怖主义工作职责或者协助、配合有关部门开展反恐怖主义工作导致伤残或者死亡的人员，按照国家有关规定给予相应的待遇。

第七十六条　因报告和制止恐怖活动，在恐怖活动犯罪案件中作证，或者从事反恐怖主义工作，本人或者其近亲属的人身安全面临危险的，经本人或者其近亲属提出申请，公安机关、有关部门应当采取下列一项或者多项保护措施：

（一）不公开真实姓名、住址和工作单位等个人信息；

（二）禁止特定的人接触被保护人员；

（三）对人身和住宅采取专门性保护措施；

（四）变更被保护人员的姓名，重新安排住所和工作单位；

（五）其他必要的保护措施。

公安机关、有关部门应当依照前款规定，采取不公开被保护单位的真实名称、地址，禁止特定的人接近被保护单位，对被保护单位办公、经营场所采取专门性保护措施，以及其他必要的保护措施。

第七十七条　国家鼓励、支持反恐怖主义科学研究和技术创新，开发和推广使用先进的反恐怖主义技术、设备。

第七十八条 公安机关、国家安全机关、中国人民解放军、中国人民武装警察部队因履行反恐怖主义职责的紧急需要，根据国家有关规定，可以征用单位和个人的财产。任务完成后应当及时归还或者恢复原状，并依照规定支付相应费用；造成损失的，应当补偿。

因开展反恐怖主义工作对有关单位和个人的合法权益造成损害的，应当依法给予赔偿、补偿。有关单位和个人有权依法请求赔偿、补偿。

第九章　法律责任

第七十九条 组织、策划、准备实施、实施恐怖活动，宣扬恐怖主义，煽动实施恐怖活动，非法持有宣扬恐怖主义的物品，强制他人在公共场所穿戴宣扬恐怖主义的服饰、标志，组织、领导、参加恐怖活动组织，为恐怖活动组织、恐怖活动人员、实施恐怖活动或者恐怖活动培训提供帮助的，依法追究刑事责任。

第八十条 参与下列活动之一，情节轻微，尚不构成犯罪的，由公安机关处十日以上十五日以下拘留，可以并处一万元以下罚款：

（一）宣扬恐怖主义、极端主义或者煽动实施恐怖活动、极端主义活动的；

（二）制作、传播、非法持有宣扬恐怖主义、极端主义的物品的；

（三）强制他人在公共场所穿戴宣扬恐怖主义、极端主义的服饰、标志的；

（四）为宣扬恐怖主义、极端主义或者实施恐怖主义、极端主义活动提供信息、资金、物资、劳务、技术、场所等支持、协助、便利的。

第八十一条 利用极端主义，实施下列行为之一，情节轻微，尚不构成犯罪的，由公安机关处五日以上十五日以下拘留，可以并处一万元以下罚款：

（一）强迫他人参加宗教活动，或者强迫他人向宗教活动场所、宗教教职人员提供财物或者劳务的；

（二）以恐吓、骚扰等方式驱赶其他民族或者有其他信仰的人员离开居住地的；

（三）以恐吓、骚扰等方式干涉他人与其他民族或者有其他信仰的人员交往、共同生活的；

（四）以恐吓、骚扰等方式干涉他人生活习俗、方式和生产经营的；

（五）阻碍国家机关工作人员依法执行职务的；

（六）歪曲、诋毁国家政策、法律、行政法规，煽动、教唆抵制人民政府依法管理的；

（七）煽动、胁迫群众损毁或者故意损毁居民身份证、户口簿等国家法定证件以及人民币的；

（八）煽动、胁迫他人以宗教仪式取代结婚、离婚登记的；

（九）煽动、胁迫未成年人不接受义务教育的；

（十）其他利用极端主义破坏国家法律制度实施的。

第八十二条　明知他人有恐怖活动犯罪、极端主义犯罪行为，窝藏、包庇，情节轻微，尚不构成犯罪的，或者在司法机关向其调查有关情况、收集有关证据时，拒绝提供的，由公安机关处十日以上十五日以下拘留，可以并处一万元以下罚款。

第八十三条　金融机构和特定非金融机构对国家反恐怖主义工作领导机构的办事机构公告的恐怖活动组织及恐怖活动人员的资金或者其他资产，未立即予以冻结的，由公安机关处二十万元以上五十万元以下罚款，并对直接负责的董事、高级管理人员和其他直接责任人员处十万元以下罚款；情节严重的，处五十万元以上罚款，并对直接负责的董事、高级管理人员和其他直接责任人员，处十万元以上五十万元以下罚款，可以并处五日以上十五日以下拘留。

第八十四条　电信业务经营者、互联网服务提供者有下列情形之一的，由主管部门处二十万元以上五十万元以下罚款，并对其直接负责的主管人员和其他直接责任人员处十万元以下罚款；情节严重的，处五十万元以上罚款，并对其直接负责的主管人员和其他直接责任人员，处十万元以上五十万元以下罚款，可以由公安机关对其直接负责的主管人员和其他直接责任人员，处五日以上十五日以下拘留：

（一）未依照规定为公安机关、国家安全机关依法进行防范、调查恐怖活动提供技术接口和解密等技术支持和协助的；

（二）未按照主管部门的要求，停止传输、删除含有恐怖主义、极端主义内容的信息，保存相关记录，关闭相关网站或者关停相关服务的；

（三）未落实网络安全、信息内容监督制度和安全技术防范措施，造成含有恐怖主义、极端主义内容的信息传播，情节严重的。

第八十五条　铁路、公路、水上、航空的货运和邮政、快递等物流运营单位有下列情形之一的，由主管部门处十万元以上五十万元以下罚款，并对其直接负责的主管人员和其他直接责任人员处十万元以下罚款：

（一）未实行安全查验制度，对客户身份进行查验，或者未依照规定对运输、寄递物品进行安全检查或者开封验视的；

（二）对禁止运输、寄递，存在重大安全隐患，或者客户拒绝安全查验的物品予以运输、寄递的；

（三）未实行运输、寄递客户身份、物品信息登记制度的。

第八十六条　电信、互联网、金融业务经营者、服务提供者未按规定对客户身份进行查验，或者对身份不明、拒绝身份查验的客户提供服务的，主管部门应当责令改正；拒不改正的，处二十万元以上五十万元以下罚款，并对其直接负责的主管人员和其他直接责任人员处十万元以下罚款；情节严重的，处五十万元以上罚款，并对其直接负责的主管人员和其他直接责任人员，处十万元以上五十万元以下罚款。

住宿、长途客运、机动车租赁等业务经营者、服务提供者有前款规定情形的，由主管部门处十万元以上五十万元以下罚款，并对其直接负责的主管人员和其他直接责任人员处十万元以下罚款。

第八十七条　违反本法规定，有下列情形之一的，由主管部门给予警告，并责令改正；拒不改正的，处十万元以下罚款，并对其直接负责的主管人员和其他直接责任人员处一万元以下罚款：

（一）未依照规定对枪支等武器、弹药、管制器具、危险化学品、民用爆炸物品、核与放射物品作出电子追踪标识，对民用爆炸物品添加安检示踪标识物的；

（二）未依照规定对运营中的危险化学品、民用爆炸物品、核与放射物品的运输工具通过定位系统实行监控的；

（三）未依照规定对传染病病原体等物质实行严格的监督管理，情节严重的；

（四）违反国务院有关主管部门或者省级人民政府对管制器具、危险化学品、民用爆炸物品决定的管制或者限制交易措施的。

第八十八条　防范恐怖袭击重点目标的管理、营运单位违反本法规定，有下列情形之一的，由公安机关给予警告，并责令改正；拒不改正的，处十万元以下罚款，并对其直接负责的主管人员和其他直接责任人员处一万元以下罚款：

（一）未制定防范和应对处置恐怖活动的预案、措施的；

（二）未建立反恐怖主义工作专项经费保障制度，或者未配备防范和处置设备、设施的；

（三）未落实工作机构或者责任人员的；

（四）未对重要岗位人员进行安全背景审查，或者未将有不适合情形的人员调整工作岗位的；

（五）对公共交通运输工具未依照规定配备安保人员和相应设备、设施的；

（六）未建立公共安全视频图像信息系统值班监看、信息保存使用、运行维护等管理制度的。

大型活动承办单位以及重点目标的管理单位未依照规定对进入大型活动场所、机场、火车站、码头、城市轨道交通站、公路长途客运站、口岸等重点目标的人员、物品和交通工具进行安全检查的，公安机关应当责令改正；拒不改正的，处十万元以下罚款，并对其直接负责的主管人员和其他直接责任人员处一万元以下罚款。

第八十九条　恐怖活动嫌疑人员违反公安机关责令其遵守的约束措施的，由公安机关给予警告，并责令改正；拒不改正的，处五日以上十五日以下拘留。

第九十条　新闻媒体等单位编造、传播虚假恐怖事件信息，报道、传播可能引起模仿的恐怖活动的实施细节，发布恐怖事件中残忍、不人道的场景，或者未经批准，报道、传播现场应对处置的工作人员、人质身份信息和应对处置行动情况的，由公安机关处二十万元以下罚款，并对其直接负责的主管人员和其他直接责任人员，处五日以上十五日以下拘留，可以并处五万元以下罚款。

个人有前款规定行为的，由公安机关处五日以上十五日以下拘留，可以并处一万元以下罚款。

第九十一条 拒不配合有关部门开展反恐怖主义安全防范、情报信息、调查、应对处置工作的，由主管部门处二千元以下罚款；造成严重后果的，处五日以上十五日以下拘留，可以并处一万元以下罚款。

单位有前款规定行为的，由主管部门处五万元以下罚款；造成严重后果的，处十万元以下罚款；并对其直接负责的主管人员和其他直接责任人员依照前款规定处罚。

第九十二条 阻碍有关部门开展反恐怖主义工作的，由公安机关处五日以上十五日以下拘留，可以并处五万元以下罚款。

单位有前款规定行为的，由公安机关处二十万元以下罚款，并对其直接负责的主管人员和其他直接责任人员依照前款规定处罚。

阻碍人民警察、人民解放军、人民武装警察依法执行职务的，从重处罚。

第九十三条 单位违反本法规定，情节严重的，由主管部门责令停止从事相关业务、提供相关服务或者责令停产停业；造成严重后果的，吊销有关证照或者撤销登记。

第九十四条 反恐怖主义工作领导机构、有关部门的工作人员在反恐怖主义工作中滥用职权、玩忽职守、徇私舞弊，或者有违反规定泄露国家秘密、商业秘密和个人隐私等行为，构成犯罪的，依法追究刑事责任；尚不构成犯罪的，依法给予处分。

反恐怖主义工作领导机构、有关部门及其工作人员在反恐怖主义工作中滥用职权、玩忽职守、徇私舞弊或者有其他违法违纪行为的，任何单位和个人有权向有关部门检举、控告。有关部门接到检举、控告后，应当及时处理并回复检举、控告人。

第九十五条 对依照本法规定查封、扣押、冻结、扣留、收缴的物品、资金等，经审查发现与恐怖主义无关的，应当及时解除有关措施，

第九十六条 有关单位和个人对依照本法作出的行政处罚和行政强制措施决定不服的,可以依法申请行政复议或者提起行政诉讼。

第十章 附则

第九十七条 本法自 2016 年 1 月 1 日起施行。2011 年 10 月 29 日第十一届全国人民代表大会常务委员会第二十三次会议通过的《全国人民代表大会常务委员会关于加强反恐怖工作有关问题的决定》同时废止。

中华人民共和国电子商务法(节录)

(2018 年 8 月 31 日第十三届全国人民代表大会常务委员会第五次会议通过 自 2019 年 1 月 1 日起施行)

第二条 中华人民共和国境内的电子商务活动,适用本法。

本法所称电子商务,是指通过互联网等信息网络销售商品或者提供服务的经营活动。

法律、行政法规对销售商品或者提供服务有规定的,适用其规定。金融类产品和服务,利用信息网络提供新闻信息、音视频节目、出版以及文化产品等内容方面的服务,不适用本法。

第九条 本法所称电子商务经营者,是指通过互联网等信息网络从事销售商品或者提供服务的经营活动的自然人、法人和非法人组织,包括电子商务平台经营者、平台内经营者以及通过自建网站、其他网络服务销售商品或者提供服务的电子商务经营者。

本法所称电子商务平台经营者,是指在电子商务中为交易双方或者多方提供网络经营场所、交易撮合、信息发布等服务,供交易双方或者多方独立开展交易活动的法人或者非法人组织。

本法所称平台内经营者,是指通过电子商务平台销售商品或者提供服务的电子商务经营者。

第十三条　电子商务经营者销售的商品或者提供的服务应当符合保障人身、财产安全的要求和环境保护要求，不得销售或者提供法律、行政法规禁止交易的商品或者服务。

第二十五条　有关主管部门依照法律、行政法规的规定要求电子商务经营者提供有关电子商务数据信息的，电子商务经营者应当提供。有关主管部门应当采取必要措施保护电子商务经营者提供的数据信息的安全，并对其中的个人信息、隐私和商业秘密严格保密，不得泄露、出售或者非法向他人提供。

第二十七条　电子商务平台经营者应当要求申请进入平台销售商品或者提供服务的经营者提交其身份、地址、联系方式、行政许可等真实信息，进行核验、登记，建立登记档案，并定期核验更新。

电子商务平台经营者为进入平台销售商品或者提供服务的非经营用户提供服务，应当遵守本节有关规定。

第二十八条　电子商务平台经营者应当按照规定向市场监督管理部门报送平台内经营者的身份信息，提示未办理市场主体登记的经营者依法办理登记，并配合市场监督管理部门，针对电子商务的特点，为应当办理市场主体登记的经营者办理登记提供便利。

电子商务平台经营者应当依照税收征收管理法律、行政法规的规定，向税务部门报送平台内经营者的身份信息和与纳税有关的信息，并应当提示依照本法第十条规定不需要办理市场主体登记的电子商务经营者依照本法第十一条第二款的规定办理税务登记。

第二十九条　电子商务平台经营者发现平台内的商品或者服务信息存在违反本法第十二条、第十三条规定情形的，应当依法采取必要的处置措施，并向有关主管部门报告。

第三十条　电子商务平台经营者应当采取技术措施和其他必要措施保证其网络安全、稳定运行，防范网络违法犯罪活动，有效应对网络安全事件，保障电子商务交易安全。

电子商务平台经营者应当制定网络安全事件应急预案，发生网络安全事件时，应当立即启动应急预案，采取相应的补救措施，并向有关主管部门报告。

第三十一条 电子商务平台经营者应当记录、保存平台上发布的商品和服务信息、交易信息，并确保信息的完整性、保密性、可用性。商品和服务信息、交易信息保存时间自交易完成之日起不少于三年；法律、行政法规另有规定的，依照其规定。

第三十八条 电子商务平台经营者知道或者应当知道平台内经营者销售的商品或者提供的服务不符合保障人身、财产安全的要求，或者有其他侵害消费者合法权益行为，未采取必要措施的，依法与该平台内经营者承担连带责任。

对关系消费者生命健康的商品或者服务，电子商务平台经营者对平台内经营者的资质资格未尽到审核义务，或者对消费者未尽到安全保障义务，造成消费者损害的，依法承担相应的责任。

第六十九条 国家维护电子商务交易安全，保护电子商务用户信息，鼓励电子商务数据开发应用，保障电子商务数据依法有序自由流动。

国家采取措施推动建立公共数据共享机制，促进电子商务经营者依法利用公共数据。

第七十三条 国家推动建立与不同国家、地区之间跨境电子商务的交流合作，参与电子商务国际规则的制定，促进电子签名、电子身份等国际互认。

国家推动建立与不同国家、地区之间的跨境电子商务争议解决机制。

第七十四条 电子商务经营者销售商品或者提供服务，不履行合同义务或者履行合同义务不符合约定，或者造成他人损害的，依法承担民事责任。

第七十五条 电子商务经营者违反本法第十二条、第十三条规定，未取得相关行政许可从事经营活动，或者销售、提供法律、行政法规禁止交易的商品、服务，或者不履行本法第二十五条规定的信息提供义务，电子商务平台经营者违反本法第四十六条规定，采取集中交易方式进行交易，或者进行标准化合约交易的，依照有关法律、行政法规的规定处罚。

第七十六条 电子商务经营者违反本法规定，有下列行为之一的，由市场监督管理部门责令限期改正，可以处一万元以下的罚款，对其中的电子商务平台经营者，依照本法第八十一条第一款的规定处罚：

（一）未在首页显著位置公示营业执照信息、行政许可信息、属于不需要办理市场主体登记情形等信息，或者上述信息的链接标识的；

（二）未在首页显著位置持续公示终止电子商务的有关信息的；

（三）未明示用户信息查询、更正、删除以及用户注销的方式、程序，或者对用户信息查询、更正、删除以及用户注销设置不合理条件的。

电子商务平台经营者对违反前款规定的平台内经营者未采取必要措施的，由市场监督管理部门责令限期改正，可以处二万元以上十万元以下的罚款。

第七十九条 电子商务经营者违反法律、行政法规有关个人信息保护的规定，或者不履行本法第三十条和有关法律、行政法规规定的网络安全保障义务的，依照《中华人民共和国网络安全法》等法律、行政法规的规定处罚。

第八十条 电子商务平台经营者有下列行为之一的，由有关主管部门责令限期改正；逾期不改正的，处二万元以上十万元以下的罚款；情节严重的，责令停业整顿，并处十万元以上五十万元以下的罚款：

（一）不履行本法第二十七条规定的核验、登记义务的；

（二）不按照本法第二十八条规定向市场监督管理部门、税务部门报送有关信息的；

（三）不按照本法第二十九条规定对违法情形采取必要的处置措施，或者未向有关主管部门报告的；

（四）不履行本法第三十一条规定的商品和服务信息、交易信息保存义务的。

法律、行政法规对前款规定的违法行为的处罚另有规定的，依照其规定。

第八十一条 电子商务平台经营者违反本法规定，有下列行为之一的，由市场监督管理部门责令限期改正，可以处二万元以上十万元以下的罚款；情节严重的，处十万元以上五十万元以下的罚款：

（一）未在首页显著位置持续公示平台服务协议、交易规则信息或者上述信息的链接标识的；

（二）修改交易规则未在首页显著位置公开征求意见，未按照规定的时间提前公示修改内容，或者阻止平台内经营者退出的；

（三）未以显著方式区分标记自营业务和平台内经营者开展的业务的；

（四）未为消费者提供对平台内销售的商品或者提供的服务进行评价的途径，或者擅自删除消费者的评价的。

电子商务平台经营者违反本法第四十条规定，对竞价排名的商品或者服务未显著标明"广告"的，依照《中华人民共和国广告法》的规定处罚。

第八十八条 违反本法规定，构成违反治安管理行为的，依法给予治安管理处罚；构成犯罪的，依法追究刑事责任。

中华人民共和国电子签名法

（2004年8月28日第十届全国人民代表大会常务委员会第十一次会议通过 根据2015年4月24日第十二届全国人民代表大会常务委员会第十四次会议《关于修改〈中华人民共和国电力法〉等六部法律的决定》第一次修正 根据2019年4月23日第十三届全国人民代表大会常务委员会第十次会议《关于修改〈中华人民共和国建筑法〉等八部法律的决定》第二次修正）

目 录

第一章 总则

第二章 数据电文

第三章 电子签名与认证

第四章 法律责任

第五章 附则

第一章　总则

第一条　为了规范电子签名行为，确立电子签名的法律效力，维护有关各方的合法权益，制定本法。

第二条　本法所称电子签名，是指数据电文中以电子形式所含、所附用于识别签名人身份并表明签名人认可其中内容的数据。

本法所称数据电文，是指以电子、光学、磁或者类似手段生成、发送、接收或者储存的信息。

第三条　民事活动中的合同或者其他文件、单证等文书，当事人可以约定使用或者不使用电子签名、数据电文。

当事人约定使用电子签名、数据电文的文书，不得仅因为其采用电子签名、数据电文的形式而否定其法律效力。

前款规定不适用下列文书：

（一）涉及婚姻、收养、继承等人身关系的；

（二）涉及停止供水、供热、供气等公用事业服务的；

（三）法律、行政法规规定的不适用电子文书的其他情形。

第二章　数据电文

第四条　能够有形地表现所载内容，并可以随时调取查用的数据电文，视为符合法律、法规要求的书面形式。

第五条　符合下列条件的数据电文，视为满足法律、法规规定的原件形式要求：

（一）能够有效地表现所载内容并可供随时调取查用；

（二）能够可靠地保证自最终形成时起，内容保持完整、未被更改。但是，在数据电文上增加背书以及数据交换、储存和显示过程中发生的形式变化不影响数据电文的完整性。

第六条　符合下列条件的数据电文，视为满足法律、法规规定的文件保存要求：

（一）能够有效地表现所载内容并可供随时调取查用；

（二）数据电文的格式与其生成、发送或者接收时的格式相同，或者格式不相同但是能够准确表现原来生成、发送或者接收的内容；

（三）能够识别数据电文的发件人、收件人以及发送、接收的时间。

第七条 数据电文不得仅因为其是以电子、光学、磁或者类似手段生成、发送、接收或者储存的而被拒绝作为证据使用。

第八条 审查数据电文作为证据的真实性，应当考虑以下因素：

（一）生成、储存或者传递数据电文方法的可靠性；

（二）保持内容完整性方法的可靠性；

（三）用以鉴别发件人方法的可靠性；

（四）其他相关因素。

第九条 数据电文有下列情形之一的，视为发件人发送：

（一）经发件人授权发送的；

（二）发件人的信息系统自动发送的；

（三）收件人按照发件人认可的方法对数据电文进行验证后结果相符的。

当事人对前款规定的事项另有约定的，从其约定。

第十条 法律、行政法规规定或者当事人约定数据电文需要确认收讫的，应当确认收讫。发件人收到收件人的收讫确认时，数据电文视为已经收到。

第十一条 数据电文进入发件人控制之外的某个信息系统的时间，视为该数据电文的发送时间。

收件人指定特定系统接收数据电文的，数据电文进入该特定系统的时间，视为该数据电文的接收时间；未指定特定系统的，数据电文进入收件人的任何系统的首次时间，视为该数据电文的接收时间。

当事人对数据电文的发送时间、接收时间另有约定的，从其约定。

第十二条 发件人的主营业地为数据电文的发送地点，收件人的主营业地为数据电文的接收地点。没有主营业地的，其经常居住地为发送或者接收地点。

当事人对数据电文的发送地点、接收地点另有约定的，从其约定。

第三章 电子签名与认证

第十三条 电子签名同时符合下列条件的,视为可靠的电子签名:

(一)电子签名制作数据用于电子签名时,属于电子签名人专有;

(二)签署时电子签名制作数据仅由电子签名人控制;

(三)签署后对电子签名的任何改动能够被发现;

(四)签署后对数据电文内容和形式的任何改动能够被发现。

当事人也可以选择使用符合其约定的可靠条件的电子签名。

第十四条 可靠的电子签名与手写签名或者盖章具有同等的法律效力。

第十五条 电子签名人应当妥善保管电子签名制作数据。电子签名人知悉电子签名制作数据已经失密或者可能已经失密时,应当及时告知有关各方,并终止使用该电子签名制作数据。

第十六条 电子签名需要第三方认证的,由依法设立的电子认证服务提供者提供认证服务。

第十七条 提供电子认证服务,应当具备下列条件:

(一)取得企业法人资格;

(二)具有与提供电子认证服务相适应的专业技术人员和管理人员;

(三)具有与提供电子认证服务相适应的资金和经营场所;

(四)具有符合国家安全标准的技术和设备;

(五)具有国家密码管理机构同意使用密码的证明文件;

(六)法律、行政法规规定的其他条件。

第十八条 从事电子认证服务,应当向国务院信息产业主管部门提出申请,并提交符合本法第十七条规定条件的相关材料。国务院信息产业主管部门接到申请后经依法审查,征求国务院商务主管部门等有关部门的意见后,自接到申请之日起四十五日内作出许可或者不予许可的决定。予以许可的,颁发电子认证许可证书;不予许可的,应当书面通知申请人并告知理由。

取得认证资格的电子认证服务提供者,应当按照国务院信息产业主管部门的规定在互联网上公布其名称、许可证号等信息。

第十九条 电子认证服务提供者应当制定、公布符合国家有关规定的电子认证业务规则,并向国务院信息产业主管部门备案。

电子认证业务规则应当包括责任范围、作业操作规范、信息安全保障措施等事项。

第二十条 电子签名人向电子认证服务提供者申请电子签名认证证书,应当提供真实、完整和准确的信息。

电子认证服务提供者收到电子签名认证证书申请后,应当对申请人的身份进行查验,并对有关材料进行审查。

第二十一条 电子认证服务提供者签发的电子签名认证证书应当准确无误,并应当载明下列内容:

(一)电子认证服务提供者名称;

(二)证书持有人名称;

(三)证书序列号;

(四)证书有效期;

(五)证书持有人的电子签名验证数据;

(六)电子认证服务提供者的电子签名;

(七)国务院信息产业主管部门规定的其他内容。

第二十二条 电子认证服务提供者应当保证电子签名认证证书内容在有效期内完整、准确,并保证电子签名依赖方能够证实或者了解电子签名认证证书所载内容及其他有关事项。

第二十三条 电子认证服务提供者拟暂停或者终止电子认证服务的,应当在暂停或者终止服务九十日前,就业务承接及其他有关事项通知有关各方。

电子认证服务提供者拟暂停或者终止电子认证服务的,应当在暂停或者终止服务六十日前向国务院信息产业主管部门报告,并与其他电子认证服务提供者就业务承接进行协商,作出妥善安排。

电子认证服务提供者未能就业务承接事项与其他电子认证服务提供者达成协议的,应当申请国务院信息产业主管部门安排其他电子认证服务提供者承接其业务。

电子认证服务提供者被依法吊销电子认证许可证书的，其业务承接事项的处理按照国务院信息产业主管部门的规定执行。

第二十四条 电子认证服务提供者应当妥善保存与认证相关的信息，信息保存期限至少为电子签名认证证书失效后五年。

第二十五条 国务院信息产业主管部门依照本法制定电子认证服务业的具体管理办法，对电子认证服务提供者依法实施监督管理。

第二十六条 经国务院信息产业主管部门根据有关协议或者对等原则核准后，中华人民共和国境外的电子认证服务提供者在境外签发的电子签名认证证书与依照本法设立的电子认证服务提供者签发的电子签名认证证书具有同等的法律效力。

第四章　法律责任

第二十七条 电子签名人知悉电子签名制作数据已经失密或者可能已经失密未及时告知有关各方、并终止使用电子签名制作数据，未向电子认证服务提供者提供真实、完整和准确的信息，或者有其他过错，给电子签名依赖方、电子认证服务提供者造成损失的，承担赔偿责任。

第二十八条 电子签名人或者电子签名依赖方因依据电子认证服务提供者提供的电子签名认证服务从事民事活动遭受损失，电子认证服务提供者不能证明自己无过错的，承担赔偿责任。

第二十九条 未经许可提供电子认证服务的，由国务院信息产业主管部门责令停止违法行为；有违法所得的，没收违法所得；违法所得三十万元以上的，处违法所得一倍以上三倍以下的罚款；没有违法所得或者违法所得不足三十万元的，处十万元以上三十万元以下的罚款。

第三十条 电子认证服务提供者暂停或者终止电子认证服务，未在暂停或者终止服务六十日前向国务院信息产业主管部门报告的，由国务院信息产业主管部门对其直接负责的主管人员处一万元以上五万元以下的罚款。

第三十一条 电子认证服务提供者不遵守认证业务规则、未妥善保存与认证相关的信息，或者有其他违法行为的，由国务院信息产业主管部门责令限期改正；逾期未改正的，吊销电子认证许可证书，其直接负责的主管人员和其他直接责任人员十年内不得从事电子认证服务。吊销电子认证许可证书的,应当予以公告并通知工商行政管理部门。

第三十二条 伪造、冒用、盗用他人的电子签名,构成犯罪的,依法追究刑事责任;给他人造成损失的,依法承担民事责任。

第三十三条 依照本法负责电子认证服务业监督管理工作的部门的工作人员,不依法履行行政许可、监督管理职责的,依法给予行政处分;构成犯罪的,依法追究刑事责任。

第五章 附则

第三十四条 本法中下列用语的含义:

(一)电子签名人,是指持有电子签名制作数据并以本人身份或者以其所代表的人的名义实施电子签名的人;

(二)电子签名依赖方,是指基于对电子签名认证证书或者电子签名的信赖从事有关活动的人;

(三)电子签名认证证书,是指可证实电子签名人与电子签名制作数据有联系的数据电文或者其他电子记录;

(四)电子签名制作数据,是指在电子签名过程中使用的,将电子签名与电子签名人可靠地联系起来的字符、编码等数据;

(五)电子签名验证数据,是指用于验证电子签名的数据,包括代码、口令、算法或者公钥等。

第三十五条 国务院或者国务院规定的部门可以依据本法制定政务活动和其他社会活动中使用电子签名、数据电文的具体办法。

第三十六条 本法自2005年4月1日起施行。

中华人民共和国保守国家秘密法(节录)

(2010年4月29日第十一届全国人民代表大会常务委员会第十四次会议修订 自2010年10月1日起施行)

第九条 下列涉及国家安全和利益的事项,泄露后可能损害国家在

政治、经济、国防、外交等领域的安全和利益的,应当确定为国家秘密:

(一)国家事务重大决策中的秘密事项;

(二)国防建设和武装力量活动中的秘密事项;

(三)外交和外事活动中的秘密事项以及对外承担保密义务的秘密事项;

(四)国民经济和社会发展中的秘密事项;

(五)科学技术中的秘密事项;

(六)维护国家安全活动和追查刑事犯罪中的秘密事项;

(七)经国家保密行政管理部门确定的其他秘密事项。

政党的秘密事项中符合前款规定的,属于国家秘密。

第十条 国家秘密的密级分为绝密、机密、秘密三级。

绝密级国家秘密是最重要的国家秘密,泄露会使国家安全和利益遭受特别严重的损害;机密级国家秘密是重要的国家秘密,泄露会使国家安全和利益遭受严重的损害;秘密级国家秘密是一般的国家秘密,泄露会使国家安全和利益遭受损害。

第十一条 国家秘密及其密级的具体范围,由国家保密行政管理部门分别会同外交、公安、国家安全和其他中央有关机关规定。

军事方面的国家秘密及其密级的具体范围,由中央军事委员会规定。

国家秘密及其密级的具体范围的规定,应当在有关范围内公布,并根据情况变化及时调整。

第十五条 国家秘密的保密期限,应当根据事项的性质和特点,按照维护国家安全和利益的需要,限定在必要的期限内;不能确定期限的,应当确定解密的条件。

国家秘密的保密期限,除另有规定外,绝密级不超过三十年,机密级不超过二十年,秘密级不超过十年。

机关、单位应当根据工作需要,确定具体的保密期限、解密时间或者解密条件。

机关、单位对在决定和处理有关事项工作过程中确定需要保密的事项，根据工作需要决定公开的，正式公布时即视为解密。

第二十三条 存储、处理国家秘密的计算机信息系统（以下简称涉密信息系统）按照涉密程度实行分级保护。

涉密信息系统应当按照国家保密标准配备保密设施、设备。保密设施、设备应当与涉密信息系统同步规划，同步建设，同步运行。

涉密信息系统应当按照规定，经检查合格后，方可投入使用。

第二十四条 机关、单位应当加强对涉密信息系统的管理，任何组织和个人不得有下列行为：

（一）将涉密计算机、涉密存储设备接入互联网及其他公共信息网络；

（二）在未采取防护措施的情况下，在涉密信息系统与互联网及其他公共信息网络之间进行信息交换；

（三）使用非涉密计算机、非涉密存储设备存储、处理国家秘密信息；

（四）擅自卸载、修改涉密信息系统的安全技术程序、管理程序；

（五）将未经安全技术处理的退出使用的涉密计算机、涉密存储设备赠送、出售、丢弃或者改作其他用途。

第二十五条 机关、单位应当加强对国家秘密载体的管理，任何组织和个人不得有下列行为：

（一）非法获取、持有国家秘密载体；

（二）买卖、转送或者私自销毁国家秘密载体；

（三）通过普通邮政、快递等无保密措施的渠道传递国家秘密载体；

（四）邮寄、托运国家秘密载体出境；

（五）未经有关主管部门批准，携带、传递国家秘密载体出境。

第二十六条 禁止非法复制、记录、存储国家秘密。

禁止在互联网及其他公共信息网络或者未采取保密措施的有线和无线通信中传递国家秘密。

禁止在私人交往和通信中涉及国家秘密。

第二十七条 报刊、图书、音像制品、电子出版物的编辑、出版、印制、发行，广播节目、电视节目、电影的制作和播放，互联网、移动通信网等公共信息网络及其他传媒的信息编辑、发布，应当遵守有关保密规定。

第二十八条　互联网及其他公共信息网络运营商、服务商应当配合公安机关、国家安全机关、检察机关对泄密案件进行调查；发现利用互联网及其他公共信息网络发布的信息涉及泄露国家秘密的，应当立即停止传输，保存有关记录，向公安机关、国家安全机关或者保密行政管理部门报告；应当根据公安机关、国家安全机关或者保密行政管理部门的要求，删除涉及泄露国家秘密的信息。

第四十八条　违反本法规定，有下列行为之一的，依法给予处分；构成犯罪的，依法追究刑事责任：

（一）非法获取、持有国家秘密载体的；

（二）买卖、转送或者私自销毁国家秘密载体的；

（三）通过普通邮政、快递等无保密措施的渠道传递国家秘密载体的；

（四）邮寄、托运国家秘密载体出境，或者未经有关主管部门批准，携带、传递国家秘密载体出境的；

（五）非法复制、记录、存储国家秘密的；

（六）在私人交往和通信中涉及国家秘密的；

（七）在互联网及其他公共信息网络或者未采取保密措施的有线和无线通信中传递国家秘密的；

（八）将涉密计算机、涉密存储设备接入互联网及其他公共信息网络的；

（九）在未采取防护措施的情况下，在涉密信息系统与互联网及其他公共信息网络之间进行信息交换的；

（十）使用非涉密计算机、非涉密存储设备存储、处理国家秘密信息的；

（十一）擅自卸载、修改涉密信息系统的安全技术程序、管理程序的；

（十二）将未经安全技术处理的退出使用的涉密计算机、涉密存储设备赠送、出售、丢弃或者改作其他用途的。

有前款行为尚不构成犯罪，且不适用处分的人员，由保密行政管理部门督促其所在机关、单位予以处理。

第五十条 互联网及其他公共信息网络运营商、服务商违反本法第二十八条规定的，由公安机关或者国家安全机关、信息产业主管部门按照各自职责分工依法予以处罚。

（二）行政法规

中华人民共和国计算机信息系统安全保护条例

（1994年2月18日中华人民共和国国务院令第147号发布施行）

第一章　总则

第一条 为了保护计算机信息系统的安全，促进计算机的应用和发展，保障社会主义现代化建设的顺利进行，制定本条例。

第二条 本条例所称的计算机信息系统，是指由计算机及其相关的和配套的设备、设施（含网络）构成的，按照一定的应用目标和规则对信息进行采集、加工、存储、传输、检索等处理的人机系统。

第三条 计算机信息系统的安全保护，应当保障计算机及其相关的和配套的设备、设施（含网络）的安全，运行环境的安全，保障信息的安全，保障计算机功能的正常发挥，以维护计算机信息系统的安全运行。

第四条 计算机信息系统的安全保护工作，重点维护国家事务、经济建设、国防建设、尖端科学技术等重要领域的计算机信息系统的安全。

第五条 中华人民共和国境内的计算机信息系统的安全保护，适用本条例。

未联网的微型计算机的安全保护办法，另行制定。

第六条 公安部主管全国计算机信息系统安全保护工作。

国家安全部、国家保密局和国务院其他有关部门，在国务院规定的职责范围内做好计算机信息系统安全保护的有关工作。

第七条 任何组织或者个人，不得利用计算机信息系统从事危害国家利益、集体利益和公民合法利益的活动，不得危害计算机信息系统的安全。

第二章 安全保护制度

第八条 计算机信息系统的建设和应用，应当遵守法律、行政法规和国家其他有关规定。

第九条 计算机信息系统实行安全等级保护。安全等级的划分标准和安全等级保护的具体办法，由公安部会同有关部门制定。

第十条 计算机机房应当符合国家标准和国家有关规定。

在计算机机房附近施工，不得危害计算机信息系统的安全。

第十一条 进行国际联网的计算机信息系统，由计算机信息系统的使用单位报省级以上人民政府公安机关备案。

第十二条 运输、携带、邮寄计算机信息媒体进出境的，应当如实向海关申报。

第十三条 计算机信息系统的使用单位应当建立健全安全管理制度，负责本单位计算机信息系统的安全保护工作。

第十四条 对计算机信息系统中发生的案件，有关使用单位应当在24小时内向当地县级以上人民政府公安机关报告。

第十五条 对计算机病毒和危害社会公共安全的其他有害数据的防治研究工作，由公安部归口管理。

第十六条 国家对计算机信息系统安全专用产品的销售实行许可证制度。具体办法由公安部会同有关部门制定。

第三章 安全监督

第十七条 公安机关对计算机信息系统安全保护工作行使下列监督职权：

（一）监督、检查、指导计算机信息系统安全保护工作；

（二）查处危害计算机信息系统安全的违法犯罪案件；

（三）履行计算机信息系统安全保护工作的其他监督职责。

第十八条 公安机关发现影响计算机信息系统安全的隐患时，应当及时通知使用单位采取安全保护措施。

第十九条 公安部在紧急情况下，可以就涉及计算机信息系统安全的特定事项发布专项通令。

第四章 法律责任

第二十条 违反本条例的规定，有下列行为之一的，由公安机关处以警告或者停机整顿：

（一）违反计算机信息系统安全等级保护制度，危害计算机信息系统安全的；

（二）违反计算机信息系统国际联网备案制度的；

（三）不按照规定时间报告计算机信息系统中发生的案件的；

（四）接到公安机关要求改进安全状况的通知后，在限期内拒不改进的；

（五）有危害计算机信息系统安全的其他行为的。

第二十一条 计算机机房不符合国家标准和国家其他有关规定的，或者在计算机机房附近施工危害计算机信息系统安全的，由公安机关会同有关单位进行处理。

第二十二条 运输、携带、邮寄计算机信息媒体进出境，不如实向海关申报的，由海关依照《中华人民共和国海关法》和本条例以及其他有关法律、法规的规定处理。

第二十三条 故意输入计算机病毒以及其他有害数据危害计算机信息系统安全的，或者未经许可出售计算机信息系统安全专用产品的，由公安机关处以警告或者对个人处以 5000 元以下的罚款、对单位处以 15000 元以下的罚款；有违法所得的，除予以没收外，可以处以违法所得 1 至 3 倍的罚款。

第二十四条 违反本条例的规定，构成违反治安管理行为的，依照《中华人民共和国治安管理处罚条例》的有关规定处罚；构成犯罪的，依法追究刑事责任。

第二十五条 任何组织或者个人违反本条例的规定，给国家、集体或者他人财产造成损失的，应当依法承担民事责任。

第二十六条 当事人对公安机关依照本条例所作出的具体行政行为不服的，可以依法申请行政复议或者提起行政诉讼。

第二十七条 执行本条例的国家公务员利用职权，索取、收受贿赂或者有其他违法、失职行为，构成犯罪的，依法追究刑事责任；尚不构成犯罪的，给予行政处分。

第五章 附则

第二十八条 本条例下列用语的含义：

计算机病毒，是指编制或者在计算机程序中插入的破坏计算机功能或者毁坏数据，影响计算机使用，并能自我复制的一组计算机指令或者程序代码。

计算机信息系统安全专用产品，是指用于保护计算机信息系统安全的专用硬件和软件产品。

第二十九条 军队的计算机信息系统安全保护工作，按照军队的有关法规执行。

第三十条 公安部可以根据本条例制定实施办法。

第三十一条 本条例自发布之日起施行。

中华人民共和国计算机信息网络国际联网管理暂行规定

（1996年2月1日中华人民共和国国务院令第195号发布施行 根据1997年5月20日《国务院关于修改〈中华人民共和国计算机信息网络国际联网管理暂行规定〉的决定》修正）

第一条 为了加强对计算机信息网络国际联网的管理，保障国际计算机信息交流的健康发展，制定本规定。

第二条 中华人民共和国境内的计算机信息网络进行国际联网，应当依照本规定办理。

第三条 本规定下列用语的含义是：

（一）计算机信息网络国际联网（以下简称国际联网），是指中华人民共和国境内的计算机信息网络为实现信息的国际交流，同外国的计算机信息网络相联接。

（二）互联网络，是指直接进行国际联网的计算机信息网络；互联单位，是指负责互联网络运行的单位。

（三）接入网络，是指通过接入互联网络进行国际联网的计算机信息网络；接入单位，是指负责接入网络运行的单位。

第四条 国家对国际联网实行统筹规划、统一标准、分级管理、促进发展的原则。

第五条 国务院信息化工作领导小组（以下简称领导小组），负责协调、解决有关国际联网工作中的重大问题。

领导小组办公室按照本规定制定具体管理办法，明确国际出入口信道提供单位、互联单位、接入单位和用户的权利、义务和责任，并负责对国际联网工作的检查监督。

第六条 计算机信息网络直接进行国际联网，必须使用邮电部国家公用电信网提供的国际出入口信道。

任何单位和个人不得自行建立或者使用其他信道进行国际联网。

第七条 已经建立的互联网络，根据国务院有关规定调整后，分别由邮电部、电子工业部、国家教育委员会和中国科学院管理。

新建互联网络，必须报经国务院批准。

第八条 接入网络必须通过互联网络进行国际联网。

接入单位拟从事国际联网经营活动的，应当向有权受理从事国际联网经营活动申请的互联单位主管部门或者主管单位申请领取国际联网经营许可证；未取得国际联网经营许可证的，不得从事国际联网经营业务。

接入单位拟从事非经营活动的，应当报经有权受理从事非经营活动申请的互联单位主管部门或者主管单位审批；未经批准的，不得接入互联网络进行国际联网。

申请领取国际联网经营许可证或者办理审批手续时，应当提供其计算机信息网络的性质、应用范围和主机地址等资料。

国际联网经营许可证的格式，由领导小组统一制定。

第九条　从事国际联网经营活动的和从事非经营活动的接入单位都必须具备下列条件：

（一）是依法设立的企业法人或者事业法人；

（二）具有相应的计算机信息网络、装备以及相应的技术人员和管理人员；

（三）具有健全的安全保密管理制度和技术保护措施；

（四）符合法律和国务院规定的其他条件。

接入单位从事国际联网经营活动的，除必须具备本条前款规定条件外，还应当具备为用户提供长期服务的能力。

从事国际联网经营活动的接入单位的情况发生变化，不再符合本条第一款、第二款规定条件的，其国际联网经营许可证由发证机构予以吊销；从事非经营活动的接入单位的情况发生变化，不再符合本条第一款规定条件的，其国际联网资格由审批机构予以取消。

第十条　个人、法人和其他组织（以下统称用户）使用的计算机或者计算机信息网络，需要进行国际联网的，必须通过接入网络进行国际联网。

前款规定的计算机或者计算机信息网络，需要接入网络的，应当征得接入单位的同意，并办理登记手续。

第十一条　国际出入口信道提供单位、互联单位和接入单位，应当建立相应的网络管理中心，依照法律和国家有关规定加强对本单位及其用户的管理，做好网络信息安全管理工作，确保为用户提供良好、安全的服务。

第十二条　互联单位与接入单位，应当负责本单位及其用户有关国际联网的技术培训和管理教育工作。

第十三条　从事国际联网业务的单位和个人，应当遵守国家有关法律、行政法规，严格执行安全保密制度，不得利用国际联网从事危害国家安全、泄露国家秘密等违法犯罪活动，不得制作、查阅、复制和传播妨碍社会治安的信息和淫秽色情等信息。

第十四条 违反本规定第六条、第八条和第十条的规定的，由公安机关责令停止联网，给予警告，可以并处15000元以下的罚款；有违法所得的，没收违法所得。

第十五条 违反本规定，同时触犯其他有关法律、行政法规的，依照有关法律、行政法规的规定予以处罚；构成犯罪的，依法追究刑事责任。

第十六条 与台湾、香港、澳门地区的计算机信息网络的联网，参照本规定执行。

第十七条 本规定自发布之日起施行。

计算机信息网络国际联网安全保护管理办法

（1997年12月11日国务院批准 1997年12月30日公安部令第33号发布施行 根据2011年1月8日《国务院关于废止和修改部分行政法规的决定》修订）

第一章 总则

第一条 为了加强对计算机信息网络国际联网的安全保护，维护公共秩序和社会稳定，根据《中华人民共和国计算机信息系统安全保护条例》、《中华人民共和国计算机信息网络国际联网管理暂行规定》和其他法律、行政法规的规定，制定本办法。

第二条 中华人民共和国境内的计算机信息网络国际联网安全保护管理，适用本办法。

第三条 公安部计算机管理监察机构负责计算机信息网络国际联网的安全保护管理工作。公安机关计算机管理监察机构应当保护计算机信息网络国际联网的公共安全，维护从事国际联网业务的单位和个人的合法权益和公众利益。

第四条 任何单位和个人不得利用国际联网危害国家安全、泄露国家秘密，不得侵犯国家的、社会的、集体的利益和公民的合法权益，不得从事违法犯罪活动。

第五条 任何单位和个人不得利用国际联网制作、复制、查阅和传播下列信息：

（一）煽动抗拒、破坏宪法和法律、行政法规实施的；

（二）煽动颠覆国家政权，推翻社会主义制度的；

（三）煽动分裂国家、破坏国家统一的；

（四）煽动民族仇恨、民族歧视，破坏民族团结的；

（五）捏造或者歪曲事实，散布谣言，扰乱社会秩序的；

（六）宣扬封建迷信、淫秽、色情、赌博、暴力、凶杀、恐怖，教唆犯罪的；

（七）公然侮辱他人或者捏造事实诽谤他人的；

（八）损害国家机关信誉的；

（九）其他违反宪法和法律、行政法规的。

第六条 任何单位和个人不得从事下列危害计算机信息网络安全的活动：

（一）未经允许，进入计算机信息网络或者使用计算机信息网络资源的；

（二）未经允许，对计算机信息网络功能进行删除、修改或者增加的；

（三）未经允许，对计算机信息网络中存储、处理或者传输的数据和应用程序进行删除、修改或者增加的；

（四）故意制作、传播计算机病毒等破坏性程序的；

（五）其他危害计算机信息网络安全的。

第七条 用户的通信自由和通信秘密受法律保护。任何单位和个人不得违反法律规定，利用国际联网侵犯用户的通信自由和通信秘密。

第二章　安全保护责任

第八条 从事国际联网业务的单位和个人应当接受公安机关的安全监督、检查和指导，如实向公安机关提供有关安全保护的信息、资料及数据文件，协助公安机关查处通过国际联网的计算机信息网络的违法犯罪行为。

第九条 国际出入口信道提供单位、互联单位的主管部门或者主管单位，应当依照法律和国家有关规定负责国际出入口信道、所属互联网络的安全保护管理工作。

第十条 互联单位、接入单位及使用计算机信息网络国际联网的法人和其他组织应当履行下列安全保护职责：

（一）负责本网络的安全保护管理工作，建立健全安全保护管理制度；

（二）落实安全保护技术措施，保障本网络的运行安全和信息安全；

（三）负责对本网络用户的安全教育和培训；

（四）对委托发布信息的单位和个人进行登记，并对所提供的信息内容按照本办法第五条进行审核；

（五）建立计算机信息网络电子公告系统的用户登记和信息管理制度；

（六）发现有本办法第四条、第五条、第六条、第七条所列情形之一的，应当保留有关原始记录，并在二十四小时内向当地公安机关报告；

（七）按照国家有关规定，删除本网络中含有本办法第五条内容的地址、目录或者关闭服务器。

第十一条 用户在接入单位办理入网手续时，应当填写用户备案表。备案表由公安部监制。

第十二条 互联单位、接入单位、使用计算机信息网络国际联网的法人和其他组织（包括跨省、自治区、直辖市联网的单位和所属的分支机构），应当自网络正式联通之日起三十日内，到所在地的省、自治区、直辖市人民政府公安机关指定的受理机关办理备案手续。

前款所列单位应当负责将接入本网络的接入单位和用户情况报当地公安机关备案，并及时报告本网络中接入单位和用户的变更情况。

第十三条 使用公用账号的注册者应当加强对公用账号的管理，建立账号使用登记制度。用户账号不得转借、转让。

第十四条 涉及国家事务、经济建设、国防建设、尖端科学技术等重要领域的单位办理备案手续时,应当出具其行政主管部门的审批证明。前款所列单位的计算机信息网络与国际联网,应当采取相应的安全保护措施。

第三章 安全监督

第十五条 省、自治区、直辖市公安厅(局),地(市)、县(市)公安局,应当有相应机构负责国际联网的安全保护管理工作。

第十六条 公安机关计算机管理监察机构应当掌握互联单位、接入单位和用户的备案情况,建立备案档案,进行备案统计,并按照国家有关规定逐级上报。

第十七条 公安机关计算机管理监察机构应当督促互联单位、接入单位及有关用户建立健全安全保护管理制度,监督、检查网络安全保护管理以及技术措施的落实情况。

公安机关计算机管理监察机构在组织安全检查时,有关单位应当派人参加。公安机关计算机管理监察机构对安全检查发现的问题,应当提出改进意见,作出详细记录,存档备查。

第十八条 公安机关计算机管理监察机构发现含有本办法第五条所列内容的地址、目录或者服务器时,应当通知有关单位关闭或者删除。

第十九条 公安机关计算机管理监察机构应当负责追踪和查处通过计算机信息网络的违法行为和针对计算机信息网络的犯罪案件,对违反本办法第四条、第七条规定的违法犯罪行为,应当按照国家有关规定移送有关部门或者司法机关处理。

第四章 法律责任

第二十条 违反法律、行政法规,有本办法第五条、第六条所列行为之一的,由公安机关给予警告,有违法所得的,没收违法所得,对个人可以并处五千元以下的罚款,对单位可以并处一万五千元以下的罚款;情节严重的,并可以给予六个月以内停止联网、停机整顿的处罚,必要时可以建议原发证、审批机构吊销经营许可证或者取消联网资格；构成违反治安管理行为的，依照治安管理处罚法的规定处罚；构成犯罪的，依法追究刑事责任。

第二十一条 有下列行为之一的，由公安机关责令限期改正，给予警告，有违法所得的，没收违法所得；在规定的限期内未改正的，对单位的主管负责人员和其他直接责任人员可以并处五千元以下的罚款，对单位可以并处一万五千元以下的罚款；情节严重的，并可以给予六个月以内的停止联网、停机整顿的处罚，必要时可以建议原发证、审批机构吊销经营许可证或者取消联网资格。

（一）未建立安全保护管理制度的；

（二）未采取安全技术保护措施的；

（三）未对网络用户进行安全教育和培训的；

（四）未提供安全保护管理所需信息、资料及数据文件，或者所提供内容不真实的；

（五）对委托其发布的信息内容未进行审核或者对委托单位和个人未进行登记的；

（六）未建立电子公告系统的用户登记和信息管理制度的；

（七）未按照国家有关规定，删除网络地址、目录或者关闭服务器的；

（八）未建立公用账号使用登记制度的；

（九）转借、转让用户账号的。

第二十二条 违反本办法第四条、第七条规定的，依照有关法律、法规予以处罚。

第二十三条 违反本办法第十一条、第十二条规定，不履行备案职责的，由公安机关给予警告或者停机整顿不超过六个月的处罚。

第五章 附则

第二十四条 与香港特别行政区和台湾、澳门地区联网的计算机信息网络的安全保护管理，参照本办法执行。

第二十五条 本办法自发布之日起施行。

中华人民共和国电信条例

（2000年9月20日国务院第31次常务会议通过　2000年9月25日中华人民共和国国务院令第291号公布施行　根据2014年7月29日《国务院关于修改部分行政法规的决定》修订）

第一章　总则

第一条　为了规范电信市场秩序，维护电信用户和电信业务经营者的合法权益，保障电信网络和信息的安全，促进电信业的健康发展，制定本条例。

第二条　在中华人民共和国境内从事电信活动或者与电信有关的活动，必须遵守本条例。

本条例所称电信，是指利用有线、无线的电磁系统或者光电系统，传送、发射或者接收语音、文字、数据、图像以及其他任何形式信息的活动。

第三条　国务院信息产业主管部门依照本条例的规定对全国电信业实施监督管理。

省、自治区、直辖市电信管理机构在国务院信息产业主管部门的领导下，依照本条例的规定对本行政区域内的电信业实施监督管理。

第四条　电信监督管理遵循政企分开、破除垄断、鼓励竞争、促进发展和公开、公平、公正的原则。

电信业务经营者应当依法经营，遵守商业道德，接受依法实施的监督检查。

第五条　电信业务经营者应当为电信用户提供迅速、准确、安全、方便和价格合理的电信服务。

第六条　电信网络和信息的安全受法律保护。任何组织或者个人不得利用电信网络从事危害国家安全、社会公共利益或者他人合法权益的活动。

第二章　电信市场

第一节　电信业务许可

第七条　国家对电信业务经营按照电信业务分类，实行许可制度。

经营电信业务，必须依照本条例的规定取得国务院信息产业主管部门或者省、自治区、直辖市电信管理机构颁发的电信业务经营许可证。

未取得电信业务经营许可证，任何组织或者个人不得从事电信业务经营活动。

第八条 电信业务分为基础电信业务和增值电信业务。

基础电信业务，是指提供公共网络基础设施、公共数据传送和基本话音通信服务的业务。增值电信业务，是指利用公共网络基础设施提供的电信与信息服务的业务。

电信业务分类的具体划分在本条例所附的《电信业务分类目录》中列出。国务院信息产业主管部门根据实际情况，可以对目录所列电信业务分类项目作局部调整，重新公布。

第九条 经营基础电信业务，须经国务院信息产业主管部门审查批准，取得《基础电信业务经营许可证》。

经营增值电信业务，业务覆盖范围在两个以上省、自治区、直辖市的，须经国务院信息产业主管部门审查批准，取得《跨地区增值电信业务经营许可证》；业务覆盖范围在一个省、自治区、直辖市行政区域内的，须经省、自治区、直辖市电信管理机构审查批准，取得《增值电信业务经营许可证》。

运用新技术试办《电信业务分类目录》未列出的新型电信业务的，应当向省、自治区、直辖市电信管理机构备案。

第十条 经营基础电信业务，应当具备下列条件：

（一）经营者为依法设立的专门从事基础电信业务的公司，且公司中国有股权或者股份不少于51%；

（二）有可行性研究报告和组网技术方案；

（三）有与从事经营活动相适应的资金和专业人员；

（四）有从事经营活动的场地及相应的资源；

（五）有为用户提供长期服务的信誉或者能力；

（六）国家规定的其他条件。

第十一条 申请经营基础电信业务，应当向国务院信息产业主管部门提出申请，并提交本条例第十条规定的相关文件。国务院信息产业主管部门应当自受理申请之日起 180 日内审查完毕，作出批准或者不予批准的决定。予以批准的，颁发《基础电信业务经营许可证》；不予批准的，应当书面通知申请人并说明理由。

第十二条　国务院信息产业主管部门审查经营基础电信业务的申请时，应当考虑国家安全、电信网络安全、电信资源可持续利用、环境保护和电信市场的竞争状况等因素。

颁发《基础电信业务经营许可证》，应当按照国家有关规定采用招标方式。

第十三条　经营增值电信业务，应当具备下列条件：
（一）经营者为依法设立的公司；
（二）有与开展经营活动相适应的资金和专业人员；
（三）有为用户提供长期服务的信誉或者能力；
（四）国家规定的其他条件。

第十四条　申请经营增值电信业务，应当根据本条例第九条第二款的规定，向国务院信息产业主管部门或者省、自治区、直辖市电信管理机构提出申请，并提交本条例第十三条规定的相关文件。申请经营的增值电信业务，按照国家有关规定须经有关主管部门审批的，还应当提交有关主管部门审核同意的文件。国务院信息产业主管部门或者省、自治区、直辖市电信管理机构应当自收到申请之日起 60 日内审查完毕，作出批准或者不予批准的决定。予以批准的，颁发《跨地区增值电信业务经营许可证》或者《增值电信业务经营许可证》；不予批准的，应当书面通知申请人并说明理由。

第十五条　电信业务经营者在经营过程中，变更经营主体、业务范围或者停止经营的，应当提前 90 日向原颁发许可证的机关提出申请，并办理相应手续；停止经营的，还应当按照国家有关规定做好善后工作。

第十六条　经批准经营电信业务的，应当持依法取得的电信业务经营许可证，向企业登记机关办理登记手续。

专用电信网运营单位在所在地区经营电信业务的，应当依照本条例规定的条件和程序提出申请，经批准，取得电信业务经营许可证，并依照前款规定办理登记手续。

第二节 电信网间互联

第十七条 电信网之间应当按照技术可行、经济合理、公平公正、相互配合的原则，实现互联互通。

主导的电信业务经营者不得拒绝其他电信业务经营者和专用网运营单位提出的互联互通要求。

前款所称主导的电信业务经营者，是指控制必要的基础电信设施并且在电信业务市场中占有较大份额，能够对其他电信业务经营者进入电信业务市场构成实质性影响的经营者。

主导的电信业务经营者由国务院信息产业主管部门确定。

第十八条 主导的电信业务经营者应当按照非歧视和透明化的原则，制定包括网间互联的程序、时限、非捆绑网络元素目录等内容的互联规程。互联规程应当报国务院信息产业主管部门审查同意。该互联规程对主导的电信业务经营者的互联互通活动具有约束力。

第十九条 公用电信网之间、公用电信网与专用电信网之间的网间互联，由网间互联双方按照国务院信息产业主管部门的网间互联管理规定进行互联协商，并订立网间互联协议。

第二十条 网间互联双方经协商未能达成网间互联协议的，自一方提出互联要求之日起60日内，任何一方均可以按照网间互联覆盖范围向国务院信息产业主管部门或者省、自治区、直辖市电信管理机构申请协调；收到申请的机关应当依照本条例第十七条第一款规定的原则进行协调，促使网间互联双方达成协议；自网间互联一方或者双方申请协调之日起45日内经协调仍不能达成协议的，由协调机关随机邀请电信技术专家和其他有关方面专家进行公开论证并提出网间互联方案。协调机关应当根据专家论证结论和提出的网间互联方案作出决定，强制实现互联互通。

第二十一条 网间互联双方必须在协议约定或者决定规定的时限内实现互联互通。遵守网间互联协议和国务院信息产业主管部门的相关规定，保障网间通信畅通，任何一方不得擅自中断互联互通。网间互联遇有通信技术障碍的,双方应当立即采取有效措施予以消除。网间互联双方在互联互通中发生争议的,依照本条例第二十条规定的程序和办法处理。

网间互联的通信质量应当符合国家有关标准。主导的电信业务经营者向其他电信业务经营者提供网间互联,服务质量不得低于本网内的同类业务及向其子公司或者分支机构提供的同类业务质量。

第二十二条　网间互联的费用结算与分摊应当执行国家有关规定,不得在规定标准之外加收费用。

网间互联的技术标准、费用结算办法和具体管理规定,由国务院信息产业主管部门制定。

第三节　电信资费

第二十三条　电信资费实行市场调节价。电信业务经营者应当统筹考虑生产经营成本、电信市场供求状况等因素,合理确定电信业务资费标准。

第二十四条　国家依法加强对电信业务经营者资费行为的监管,建立健全监管规则,维护消费者合法权益。

第二十五条　电信业务经营者应当根据国务院信息产业主管部门和省、自治区、直辖市电信管理机构的要求,提供准确、完备的业务成本数据及其他有关资料。

第四节　电信资源

第二十六条　国家对电信资源统一规划、集中管理、合理分配,实行有偿使用制度。

前款所称电信资源,是指无线电频率、卫星轨道位置、电信网码号等用于实现电信功能且有限的资源。

第二十七条　电信业务经营者占有、使用电信资源,应当缴纳电信资源费。具体收费办法由国务院信息产业主管部门会同国务院财政部门、价格主管部门制定,报国务院批准后公布施行。

第二十八条　电信资源的分配,应当考虑电信资源规划、用途和预期服务能力。

分配电信资源，可以采取指配的方式，也可以采用拍卖的方式。

取得电信资源使用权的，应当在规定的时限内启用所分配的资源，并达到规定的最低使用规模。未经国务院信息产业主管部门或者省、自治区、直辖市电信管理机构批准，不得擅自使用、转让、出租电信资源或者改变电信资源的用途。

第二十九条 电信资源使用者依法取得电信网码号资源后，主导的电信业务经营者和其他有关单位有义务采取必要的技术措施，配合电信资源使用者实现其电信网码号资源的功能。

法律、行政法规对电信资源管理另有特别规定的，从其规定。

第三章 电信服务

第三十条 电信业务经营者应当按照国家规定的电信服务标准向电信用户提供服务。电信业务经营者提供服务的种类、范围、资费标准和时限，应当向社会公布，并报省、自治区、直辖市电信管理机构备案。

电信用户有权自主选择使用依法开办的各类电信业务。

第三十一条 电信用户申请安装、移装电信终端设备的，电信业务经营者应当在其公布的时限内保证装机开通；由于电信业务经营者的原因逾期未能装机开通的，应当每日按照收取的安装费、移装费或者其他费用数额百分之一的比例，向电信用户支付违约金。

第三十二条 电信用户申告电信服务障碍的，电信业务经营者应当自接到申告之日起，城镇 48 小时、农村 72 小时内修复或者调通；不能按期修复或者调通的，应当及时通知电信用户，并免收障碍期间的月租费用。但是，属于电信终端设备的原因造成电信服务障碍的除外。

第三十三条 电信业务经营者应当为电信用户交费和查询提供方便。电信用户要求提供国内长途通信、国际通信、移动通信和信息服务等收费清单的，电信业务经营者应当免费提供。

电信用户出现异常的巨额电信费用时，电信业务经营者一经发现，应当尽可能迅速告知电信用户，并采取相应的措施。

前款所称巨额电信费用，是指突然出现超过电信用户此前三个月平均电信费用 5 倍以上的费用。

第三十四条 电信用户应当按照约定的时间和方式及时、足额地向电信业务经营者交纳电信费用；电信用户逾期不交纳电信费用的，电信业务经营者有权要求补交电信费用，并可以按照所欠费用每日加收 3‰ 的违约金。

对超过收费约定期限 30 日仍不交纳电信费用的电信用户，电信业务经营者可以暂停向其提供电信服务。电信用户在电信业务经营者暂停服务 60 日内仍未补交电信费用和违约金的，电信业务经营者可以终止提供服务，并可以依法追缴欠费和违约金。

经营移动电信业务的经营者可以与电信用户约定交纳电信费用的期限、方式，不受前款规定期限的限制。

电信业务经营者应当在迟延交纳电信费用的电信用户补足电信费用、违约金后的 48 小时内，恢复暂停的电信服务。

第三十五条 电信业务经营者因工程施工、网络建设等原因，影响或者可能影响正常电信服务的，必须按照规定的时限及时告知用户，并向省、自治区、直辖市电信管理机构报告。

因前款原因中断电信服务的，电信业务经营者应当相应减免用户在电信服务中断期间的相关费用。

出现本条第一款规定的情形，电信业务经营者未及时告知用户的，应当赔偿由此给用户造成的损失。

第三十六条 经营本地电话业务和移动电话业务的电信业务经营者，应当免费向用户提供火警、匪警、医疗急救、交通事故报警等公益性电信服务并保障通信线路畅通。

第三十七条 电信业务经营者应当及时为需要通过中继线接入其电信网的集团用户，提供平等、合理的接入服务。

未经批准，电信业务经营者不得擅自中断接入服务。

第三十八条 电信业务经营者应当建立健全内部服务质量管理制度，并可以制定并公布施行高于国家规定的电信服务标准的企业标准。

电信业务经营者应当采取各种形式广泛听取电信用户意见，接受社会监督，不断提高电信服务质量。

第三十九条　电信业务经营者提供的电信服务达不到国家规定的电信服务标准或者其公布的企业标准的，或者电信用户对交纳电信费用持有异议的，电信用户有权要求电信业务经营者予以解决；电信业务经营者拒不解决或者电信用户对解决结果不满意的，电信用户有权向国务院信息产业主管部门或者省、自治区、直辖市电信管理机构或者其他有关部门申诉。收到申诉的机关必须对申诉及时处理，并自收到申诉之日起30日内向申诉者作出答复。

电信用户对交纳本地电话费用有异议的，电信业务经营者还应当应电信用户的要求免费提供本地电话收费依据，并有义务采取必要措施协助电信用户查找原因。

第四十条　电信业务经营者在电信服务中，不得有下列行为：

（一）以任何方式限定电信用户使用其指定的业务；

（二）限定电信用户购买其指定的电信终端设备或者拒绝电信用户使用自备的已经取得入网许可的电信终端设备；

（三）无正当理由拒绝、拖延或者中止对电信用户的电信服务；

（四）对电信用户不履行公开做出的承诺或者做容易引起误解的虚假宣传；

（五）以不正当手段刁难电信用户或者对投诉的电信用户打击报复。

第四十一条　电信业务经营者在电信业务经营活动中，不得有下列行为：

（一）以任何方式限制电信用户选择其他电信业务经营者依法开办的电信服务；

（二）对其经营的不同业务进行不合理的交叉补贴；

（三）以排挤竞争对手为目的，低于成本提供电信业务或者服务，进行不正当竞争。

第四十二条　国务院信息产业主管部门或者省、自治区、直辖市电信管理机构应当依据职权对电信业务经营者的电信服务质量和经营活动进行监督检查，并向社会公布监督抽查结果。

第四十三条　电信业务经营者必须按照国家有关规定履行相应的电

信普遍服务义务。

国务院信息产业主管部门可以采取指定的或者招标的方式确定电信业务经营者具体承担电信普遍服务的义务。

电信普遍服务成本补偿管理办法，由国务院信息产业主管部门会同国务院财政部门、价格主管部门制定，报国务院批准后公布施行。

第四章　电信建设

第一节　电信设施建设

第四十四条　公用电信网、专用电信网、广播电视传输网的建设应当接受国务院信息产业主管部门的统筹规划和行业管理。

属于全国性信息网络工程或者国家规定限额以上建设项目的公用电信网、专用电信网、广播电视传输网建设，在按照国家基本建设项目审批程序报批前，应当征得国务院信息产业主管部门同意。

基础电信建设项目应当纳入地方各级人民政府城市建设总体规划和村镇、集镇建设总体规划。

第四十五条　城市建设和村镇、集镇建设应当配套设置电信设施。建筑物内的电信管线和配线设施以及建设项目用地范围内的电信管道，应当纳入建设项目的设计文件，并随建设项目同时施工与验收。所需经费应当纳入建设项目概算。

有关单位或者部门规划、建设道路、桥梁、隧道或者地下铁道等，应当事先通知省、自治区、直辖市电信管理机构和电信业务经营者，协商预留电信管线等事宜。

第四十六条　基础电信业务经营者可以在民用建筑物上附挂电信线路或者设置小型天线、移动通信基站等公用电信设施，但是应当事先通知建筑物产权人或者使用人，并按照省、自治区、直辖市人民政府规定的标准向该建筑物的产权人或者其他权利人支付使用费。

第四十七条　建设地下、水底等隐蔽电信设施和高空电信设施，应当按照国家有关规定设置标志。

基础电信业务经营者建设海底电信缆线，应当征得国务院信息产业主管部门同意，并征求有关部门意见后，依法办理有关手续。海底电信缆线由国务院有关部门在海图上标出。

第四十八条 任何单位或者个人不得擅自改动或者迁移他人的电信线路及其他电信设施；遇有特殊情况必须改动或者迁移的，应当征得该电信设施产权人同意，由提出改动或者迁移要求的单位或者个人承担改动或者迁移所需费用，并赔偿由此造成的经济损失。

第四十九条 从事施工、生产、种植树木等活动，不得危及电信线路或者其他电信设施的安全或者妨碍线路畅通；可能危及电信安全时，应当事先通知有关电信业务经营者，并由从事该活动的单位或者个人负责采取必要的安全防护措施。

违反前款规定，损害电信线路或者其他电信设施或者妨碍线路畅通的，应当恢复原状或者予以修复，并赔偿由此造成的经济损失。

第五十条 从事电信线路建设，应当与已建的电信线路保持必要的安全距离；难以避开或者必须穿越，或者需要使用已建电信管道的，应当与已建电信线路的产权人协商，并签订协议；经协商不能达成协议的，根据不同情况，由国务院信息产业主管部门或者省、自治区、直辖市电信管理机构协调解决。

第五十一条 任何组织或者个人不得阻止或者妨碍基础电信业务经营者依法从事电信设施建设和向电信用户提供公共电信服务；但是，国家规定禁止或者限制进入的区域除外。

第五十二条 执行特殊通信、应急通信和抢修、抢险任务的电信车辆，经公安交通管理机关批准，在保障交通安全畅通的前提下可以不受各种禁止机动车通行标志的限制。

第二节 电信设备进网

第五十三条 国家对电信终端设备、无线电通信设备和涉及网间互联的设备实行进网许可制度。

接入公用电信网的电信终端设备、无线电通信设备和涉及网间互联的设备，必须符合国家规定的标准并取得进网许可证。

实行进网许可制度的电信设备目录，由国务院信息产业主管部门会同国务院产品质量监督部门制定并公布施行。

第五十四条 办理电信设备进网许可证的,应当向国务院信息产业主管部门提出申请,并附送经国务院产品质量监督部门认可的电信设备检测机构出具的检测报告或者认证机构出具的产品质量认证证书。

国务院信息产业主管部门应当自收到电信设备进网许可申请之日起 60 日内,对申请及电信设备检测报告或者产品质量认证证书审查完毕。经审查合格的,颁发进网许可证;经审查不合格的,应当书面答复并说明理由。

第五十五条 电信设备生产企业必须保证获得进网许可的电信设备的质量稳定、可靠,不得降低产品质量和性能。

电信设备生产企业应当在其生产的获得进网许可的电信设备上粘贴进网许可标志。

国务院产品质量监督部门应当会同国务院信息产业主管部门对获得进网许可证的电信设备进行质量跟踪和监督抽查,公布抽查结果。

第五章 电信安全

第五十六条 任何组织或者个人不得利用电信网络制作、复制、发布、传播含有下列内容的信息:

(一)反对宪法所确定的基本原则的;

(二)危害国家安全,泄露国家秘密,颠覆国家政权,破坏国家统一的;

(三)损害国家荣誉和利益的;

(四)煽动民族仇恨、民族歧视,破坏民族团结的;

(五)破坏国家宗教政策,宣扬邪教和封建迷信的;

(六)散布谣言,扰乱社会秩序,破坏社会稳定的;

(七)散布淫秽、色情、赌博、暴力、凶杀、恐怖或者教唆犯罪的;

(八)侮辱或者诽谤他人,侵害他人合法权益的;

(九)含有法律、行政法规禁止的其他内容的。

第五十七条 任何组织或者个人不得有下列危害电信网络安全和信息安全的行为:

（一）对电信网的功能或者存储、处理、传输的数据和应用程序进行删除或者修改；

（二）利用电信网从事窃取或者破坏他人信息、损害他人合法权益的活动；

（三）故意制作、复制、传播计算机病毒或者以其他方式攻击他人电信网络等电信设施；

（四）危害电信网络安全和信息安全的其他行为。

第五十八条 任何组织或者个人不得有下列扰乱电信市场秩序的行为：

（一）采取租用电信国际专线、私设转接设备或者其他方法，擅自经营国际或者香港特别行政区、澳门特别行政区和台湾地区电信业务；

（二）盗接他人电信线路，复制他人电信码号，使用明知是盗接、复制的电信设施或者码号；

（三）伪造、变造电话卡及其他各种电信服务有价凭证；

（四）以虚假、冒用的身份证件办理入网手续并使用移动电话。

第五十九条 电信业务经营者应当按照国家有关电信安全的规定，建立健全内部安全保障制度，实行安全保障责任制。

第六十条 电信业务经营者在电信网络的设计、建设和运行中，应当做到与国家安全和电信网络安全的需求同步规划，同步建设，同步运行。

第六十一条 在公共信息服务中，电信业务经营者发现电信网络中传输的信息明显属于本条例第五十七条所列内容的，应当立即停止传输，保存有关记录，并向国家有关机关报告。

第六十二条 使用电信网络传输信息的内容及其后果由电信用户负责。

电信用户使用电信网络传输的信息属于国家秘密信息的，必须依照保守国家秘密法的规定采取保密措施。

第六十三条 在发生重大自然灾害等紧急情况下，经国务院批准，国务院信息产业主管部门可以调用各种电信设施，确保重要通信畅通。

第六十四条 在中华人民共和国境内从事国际通信业务，必须通过国务院信息产业主管部门批准设立的国际通信出入口局进行。

我国内地与香港特别行政区、澳门特别行政区和台湾地区之间的通信，参照前款规定办理。

第六十五条 电信用户依法使用电信的自由和通信秘密受法律保护。除因国家安全或者追查刑事犯罪的需要，由公安机关、国家安全机关或者人民检察院依照法律规定的程序对电信内容进行检查外，任何组织或者个人不得以任何理由对电信内容进行检查。

电信业务经营者及其工作人员不得擅自向他人提供电信用户使用电信网络所传输信息的内容。

第六章　罚则

第六十六条 违反本条例第五十七条、第五十八条的规定，构成犯罪的，依法追究刑事责任；尚不构成犯罪的，由公安机关、国家安全机关依照有关法律、行政法规的规定予以处罚。

第六十七条 有本条例第五十九条第（二）、（三）、（四）项所列行为之一，扰乱电信市场秩序，构成犯罪的，依法追究刑事责任；尚不构成犯罪的，由国务院信息产业主管部门或者省、自治区、直辖市电信管理机构依据职权责令改正，没收违法所得，处违法所得3倍以上5倍以下罚款；没有违法所得或者违法所得不足1万元的，处1万元以上10万元以下罚款。

第六十八条 违反本条例的规定，伪造、冒用、转让电信业务经营许可证、电信设备进网许可证或者编造在电信设备上标注的进网许可证编号的，由国务院信息产业主管部门或者省、自治区、直辖市电信管理机构依据职权没收违法所得，处违法所得3倍以上5倍以下罚款；没有违法所得或者违法所得不足1万元的，处1万元以上10万元以下罚款。

第六十九条 违反本条例规定，有下列行为之一的，由国务院信息产业主管部门或者省、自治区、直辖市电信管理机构依据职权责令改正，没收违法所得，处违法所得3倍以上5倍以下罚款；没有违法所得或者违法所得不足5万元的，处10万元以上100万元以下罚款；情节严重的，责令停业整顿：

（一）违反本条例第七条第三款的规定或者有本条例第五十九条第（一）项所列行为，擅自经营电信业务的，或者超范围经营电信业务的；

（二）未通过国务院信息产业主管部门批准，设立国际通信出入口进行国际通信的；

（三）擅自使用、转让、出租电信资源或者改变电信资源用途的；

（四）擅自中断网间互联互通或者接入服务的；

（五）拒不履行普遍服务义务的。

第七十条 违反本条例的规定，有下列行为之一的，由国务院信息产业主管部门或者省、自治区、直辖市电信管理机构依据职权责令改正，没收违法所得，处违法所得1倍以上3倍以下罚款；没有违法所得或者违法所得不足1万元的，处1万元以上10万元以下罚款；情节严重的，责令停业整顿：

（一）在电信网间互联中违反规定加收费用的；

（二）遇有网间通信技术障碍，不采取有效措施予以消除的；

（三）擅自向他人提供电信用户使用电信网络所传输信息的内容的；

（四）拒不按照规定缴纳电信资源使用费的。

第七十一条 违反本条例第四十二条的规定，在电信业务经营活动中进行不正当竞争的，由国务院信息产业主管部门或者省、自治区、直辖市电信管理机构依据职权责令改正，处10万元以上100万元以下罚款；情节严重的，责令停业整顿。

第七十二条 违反本条例的规定，有下列行为之一的，由国务院信息产业主管部门或者省、自治区、直辖市电信管理机构依据职权责令改正，处5万元以上50万元以下罚款；情节严重的，责令停业整顿：

（一）拒绝其他电信业务经营者提出的互联互通要求的；

（二）拒不执行国务院信息产业主管部门或者省、自治区、直辖市电信管理机构依法作出的互联互通决定的；

（三）向其他电信业务经营者提供网间互联的服务质量低于本网及其子公司或者分支机构的。

第七十三条　违反本条例第三十四条第一款、第四十条第二款的规定，电信业务经营者拒绝免费为电信用户提供国内长途通信、国际通信、移动通信和信息服务等收费清单，或者电信用户对交纳本地电话费用有异议并提出要求时，拒不为电信用户免费提供本地电话收费依据的，由省、自治区、直辖市电信管理机构责令改正，并向电信用户赔礼道歉；拒不改正并赔礼道歉的，处以警告，并处5000元以上5万元以下的罚款。

第七十四条　违反本条例第四十一条的规定，由省、自治区、直辖市电信管理机构责令改正，并向电信用户赔礼道歉，赔偿电信用户损失；拒不改正并赔礼道歉、赔偿损失的，处以警告，并处1万元以上10万元以下的罚款；情节严重的，责令停业整顿。

第七十五条　违反本条例的规定，有下列行为之一的，由省、自治区、直辖市电信管理机构责令改正，处1万元以上10万元以下的罚款：

（一）销售未取得进网许可的电信终端设备的；

（二）非法阻止或者妨碍电信业务经营者向电信用户提供公共电信服务的；

（三）擅自改动或者迁移他人的电信线路及其他电信设施的。

第七十六条　违反本条例的规定，获得电信设备进网许可证后降低产品质量和性能的，由产品质量监督部门依照有关法律、行政法规的规定予以处罚。

第七十七条　有本条例第五十七条、第五十八条和第五十九条所列禁止行为之一，情节严重的，由原发证机关吊销电信业务经营许可证。

国务院信息产业主管部门或者省、自治区、直辖市电信管理机构吊销电信业务经营许可证后，应当通知企业登记机关。

第七十八条　国务院信息产业主管部门或者省、自治区、直辖市电信管理机构工作人员玩忽职守、滥用职权、徇私舞弊，构成犯罪的，依法追究刑事责任；尚不构成犯罪的，依法给予行政处分。

第七章　附则

第七十九条　外国的组织或者个人在中华人民共和国境内投资与经

营电信业务和香港特别行政区、澳门特别行政区与台湾地区的组织或者个人在内地投资与经营电信业务的具体办法，由国务院另行制定。

第八十条 本条例自公布之日起施行。

互联网上网服务营业场所管理条例

（2002年9月29日中华人民共和国国务院令第363号公布 自2002年11月15日起施行 根据2011年1月8日《国务院关于废止和修改部分行政法规的决定》第一次修订 根据2016年2月6日《国务院关于修改部分行政法规的决定》第二次修订）

第一章 总则

第一条 为了加强对互联网上网服务营业场所的管理，规范经营者的经营行为，维护公众和经营者的合法权益，保障互联网上网服务经营活动健康发展，促进社会主义精神文明建设，制定本条例。

第二条 本条例所称互联网上网服务营业场所，是指通过计算机等装置向公众提供互联网上网服务的网吧、电脑休闲室等营业性场所。

学校、图书馆等单位内部附设的为特定对象获取资料、信息提供上网服务的场所，应当遵守有关法律、法规，不适用本条例。

第三条 互联网上网服务营业场所经营单位应当遵守有关法律、法规的规定，加强行业自律，自觉接受政府有关部门依法实施的监督管理，为上网消费者提供良好的服务。

互联网上网服务营业场所的上网消费者，应当遵守有关法律、法规的规定，遵守社会公德，开展文明、健康的上网活动。

第四条 县级以上人民政府文化行政部门负责互联网上网服务营业场所经营单位的设立审批，并负责对依法设立的互联网上网服务营业场所经营单位经营活动的监督管理；公安机关负责对互联网上网服务营业场所经营单位的信息网络安全、治安及消防安全的监督管理；工商行政管理部门负责对互联网上网服务营业场所经营单位登记注册和营业执照的管理，并依法查处无照经营活动；电信管理等其他有关部门在各自职责范围内，依照本条例和有关法律、行政法规的规定，对互联网上网服务营业场所经营单位分别实施有关监督管理。

第五条 文化行政部门、公安机关、工商行政管理部门和其他有关部门及其工作人员不得从事或者变相从事互联网上网服务经营活动，也不得参与或者变相参与互联网上网服务营业场所经营单位的经营活动。

第六条 国家鼓励公民、法人和其他组织对互联网上网服务营业场所经营单位的经营活动进行监督，并对有突出贡献的给予奖励。

第二章　设立

第七条 国家对互联网上网服务营业场所经营单位的经营活动实行许可制度。未经许可，任何组织和个人不得从事互联网上网服务经营活动。

第八条 互联网上网服务营业场所经营单位从事互联网上网服务经营活动，应当具备下列条件：

（一）有企业的名称、住所、组织机构和章程；

（二）有与其经营活动相适应的资金；

（三）有与其经营活动相适应并符合国家规定的消防安全条件的营业场所；

（四）有健全、完善的信息网络安全管理制度和安全技术措施；

（五）有固定的网络地址和与其经营活动相适应的计算机等装置及附属设备；

（六）有与其经营活动相适应并取得从业资格的安全管理人员、经营管理人员、专业技术人员；

（七）法律、行政法规和国务院有关部门规定的其他条件。

互联网上网服务营业场所的最低营业面积、计算机等装置及附属设备数量、单机面积的标准，由国务院文化行政部门规定。

审批从事互联网上网服务经营活动，除依照本条第一款、第二款规定的条件外，还应当符合国务院文化行政部门和省、自治区、直辖市人民政府文化行政部门规定的互联网上网服务营业场所经营单位的总量和布局要求。

第九条 中学、小学校园周围 200 米范围内和居民住宅楼（院）内不得设立互联网上网服务营业场所。

第十条 互联网上网服务营业场所经营单位申请从事互联网上网服务经营活动，应当向县级以上地方人民政府文化行政部门提出申请，并提交下列文件：

（一）企业营业执照和章程；

（二）法定代表人或者主要负责人的身份证明材料；

（三）资金信用证明；

（四）营业场所产权证明或者租赁意向书；

（五）依法需要提交的其他文件。

第十一条 文化行政部门应当自收到申请之日起 20 个工作日内作出决定；经审查，符合条件的，发给同意筹建的批准文件。

申请人完成筹建后，持同意筹建的批准文件到同级公安机关申请信息网络安全和消防安全审核。公安机关应当自收到申请之日起 20 个工作日内作出决定；经实地检查并审核合格的，发给批准文件。

申请人持公安机关批准文件向文化行政部门申请最终审核。文化行政部门应当自收到申请之日起 15 个工作日内依据本条例第八条的规定作出决定；经实地检查并审核合格的，发给《网络文化经营许可证》。

对申请人的申请，文化行政部门经审查不符合条件的，或者公安机关经审核不合格的，应当分别向申请人书面说明理由。

第十二条 互联网上网服务营业场所经营单位不得涂改、出租、出借或者以其他方式转让《网络文化经营许可证》。

第十三条 互联网上网服务营业场所经营单位变更营业场所地址或者对营业场所进行改建、扩建，变更计算机数量或者其他重要事项的，应当经原审核机关同意。

互联网上网服务营业场所经营单位变更名称、住所、法定代表人或者主要负责人、注册资本、网络地址或者终止经营活动的，应当依法到工商行政管理部门办理变更登记或者注销登记，并到文化行政部门、公安机关办理有关手续或者备案。

第三章 经营

第十四条 互联网上网服务营业场所经营单位和上网消费者不得利用互联网上网服务营业场所制作、下载、复制、查阅、发布、传播或者以其他方式使用含有下列内容的信息：

（一）反对宪法确定的基本原则的；

（二）危害国家统一、主权和领土完整的；

（三）泄露国家秘密，危害国家安全或者损害国家荣誉和利益的；

（四）煽动民族仇恨、民族歧视，破坏民族团结，或者侵害民族风俗、习惯的；

（五）破坏国家宗教政策，宣扬邪教、迷信的；

（六）散布谣言，扰乱社会秩序，破坏社会稳定的；

（七）宣传淫秽、赌博、暴力或者教唆犯罪的；

（八）侮辱或者诽谤他人，侵害他人合法权益的；

（九）危害社会公德或者民族优秀文化传统的；

（十）含有法律、行政法规禁止的其他内容的。

第十五条 互联网上网服务营业场所经营单位和上网消费者不得进行下列危害信息网络安全的活动：

（一）故意制作或者传播计算机病毒以及其他破坏性程序的；

（二）非法侵入计算机信息系统或者破坏计算机信息系统功能、数据和应用程序的；

（三）进行法律、行政法规禁止的其他活动的。

第十六条 互联网上网服务营业场所经营单位应当通过依法取得经营许可证的互联网接入服务提供者接入互联网，不得采取其他方式接入互联网。

互联网上网服务营业场所经营单位提供上网消费者使用的计算机必须通过局域网的方式接入互联网，不得直接接入互联网。

第十七条 互联网上网服务营业场所经营单位不得经营非网络游戏。

第十八条 互联网上网服务营业场所经营单位和上网消费者不得利

用网络游戏或者其他方式进行赌博或者变相赌博活动。

第十九条　互联网上网服务营业场所经营单位应当实施经营管理技术措施，建立场内巡查制度，发现上网消费者有本条例第十四条、第十五条、第十八条所列行为或者有其他违法行为的，应当立即予以制止并向文化行政部门、公安机关举报。

第二十条　互联网上网服务营业场所经营单位应当在营业场所的显著位置悬挂《网络文化经营许可证》和营业执照。

第二十一条　互联网上网服务营业场所经营单位不得接纳未成年人进入营业场所。

互联网上网服务营业场所经营单位应当在营业场所入口处的显著位置悬挂未成年人禁入标志。

第二十二条　互联网上网服务营业场所每日营业时间限于 8 时至 24 时。

第二十三条　互联网上网服务营业场所经营单位应当对上网消费者的身份证等有效证件进行核对、登记，并记录有关上网信息。登记内容和记录备份保存时间不得少于 60 日，并在文化行政部门、公安机关依法查询时予以提供。登记内容和记录备份在保存期内不得修改或者删除。

第二十四条　互联网上网服务营业场所经营单位应当依法履行信息网络安全、治安和消防安全职责，并遵守下列规定：

（一）禁止明火照明和吸烟并悬挂禁止吸烟标志；

（二）禁止带入和存放易燃、易爆物品；

（三）不得安装固定的封闭门窗栅栏；

（四）营业期间禁止封堵或者锁闭门窗、安全疏散通道和安全出口；

（五）不得擅自停止实施安全技术措施。

第四章　罚则

第二十五条　文化行政部门、公安机关、工商行政管理部门或者其他有关部门及其工作人员，利用职务上的便利收受他人财物或者其他好处，违法批准不符合法定设立条件的互联网上网服务营业场所经营单位，或者不依法履行监督职责，或者发现违法行为不予依法查处，触犯刑律的，对直接负责的主管人员和其他直接责任人员依照刑法关于受贿罪、滥用职权罪、玩忽职守罪或者其他罪的规定，依法追究刑事责任；尚不够刑事处罚的，依法给予降级、撤职或者开除的行政处分。

第二十六条　文化行政部门、公安机关、工商行政管理部门或者其他有关部门的工作人员，从事或者变相从事互联网上网服务经营活动的，参与或者变相参与互联网上网服务营业场所经营单位的经营活动的，依法给予降级、撤职或者开除的行政处分。

文化行政部门、公安机关、工商行政管理部门或者其他有关部门有前款所列行为的，对直接负责的主管人员和其他直接责任人员依照前款规定依法给予行政处分。

第二十七条　违反本条例的规定，擅自从事互联网上网服务经营活动的，由文化行政部门或者由文化行政部门会同公安机关依法予以取缔，查封其从事违法经营活动的场所，扣押从事违法经营活动的专用工具、设备；触犯刑律的，依照刑法关于非法经营罪的规定，依法追究刑事责任；尚不够刑事处罚的，由文化行政部门没收违法所得及其从事违法经营活动的专用工具、设备；违法经营额 1 万元以上的，并处违法经营额 5 倍以上 10 倍以下的罚款；违法经营额不足 1 万元的，并处 1 万元以上 5 万元以下的罚款。

第二十八条　文化行政部门应当建立互联网上网服务营业场所经营单位的经营活动信用监管制度，建立健全信用约束机制，并及时公布行政处罚信息。

第二十九条　互联网上网服务营业场所经营单位违反本条例的规定，涂改、出租、出借或者以其他方式转让《网络文化经营许可证》，触犯刑律的，依照刑法关于伪造、变造、买卖国家机关公文、证件、印章罪的规定，依法追究刑事责任；尚不够刑事处罚的，由文化行政部门吊销《网络文化经营许可证》，没收违法所得；违法经营额 5000 元以上的，并处违法经营额 2 倍以上 5 倍以下的罚款；违法经营额不足 5000 元的，并处 5000 元以上 1 万元以下的罚款。

第三十条 互联网上网服务营业场所经营单位违反本条例的规定，利用营业场所制作、下载、复制、查阅、发布、传播或者以其他方式使用含有本条例第十四条规定禁止含有的内容的信息，触犯刑律的，依法追究刑事责任；尚不够刑事处罚的，由公安机关给予警告，没收违法所得；违法经营额 1 万元以上的，并处违法经营额 2 倍以上 5 倍以下的罚款；违法经营额不足 1 万元的，并处 1 万元以上 2 万元以下的罚款；情节严重的，责令停业整顿，直至由文化行政部门吊销《网络文化经营许可证》。

上网消费者有前款违法行为，触犯刑律的，依法追究刑事责任；尚不够刑事处罚的，由公安机关依照治安管理处罚条例的规定给予处罚。

第三十一条 互联网上网服务营业场所经营单位违反本条例的规定，有下列行为之一的，由文化行政部门给予警告，可以并处 15000 元以下的罚款；情节严重的，责令停业整顿，直至吊销《网络文化经营许可证》：

（一）在规定的营业时间以外营业的；

（二）接纳未成年人进入营业场所的；

（三）经营非网络游戏的；

（四）擅自停止实施经营管理技术措施的；

（五）未悬挂《网络文化经营许可证》或者未成年人禁入标志的。

第三十二条 互联网上网服务营业场所经营单位违反本条例的规定，有下列行为之一的，由文化行政部门、公安机关依据各自职权给予警告，可以并处 15000 元以下的罚款；情节严重的，责令停业整顿，直至由文化行政部门吊销《网络文化经营许可证》：

（一）向上网消费者提供的计算机未通过局域网的方式接入互联网的；

（二）未建立场内巡查制度，或者发现上网消费者的违法行为未予制止并向文化行政部门、公安机关举报的；

（三）未按规定核对、登记上网消费者的有效身份证件或者记录有关上网信息的；

（四）未按规定时间保存登记内容、记录备份，或者在保存期内修改、删除登记内容、记录备份的；

（五）变更名称、住所、法定代表人或者主要负责人、注册资本、网络地址或者终止经营活动，未向文化行政部门、公安机关办理有关手续或者备案的。

第三十三条　互联网上网服务营业场所经营单位违反本条例的规定，有下列行为之一的，由公安机关给予警告，可以并处15000元以下的罚款；情节严重的，责令停业整顿，直至由文化行政部门吊销《网络文化经营许可证》：

（一）利用明火照明或者发现吸烟不予制止，或者未悬挂禁止吸烟标志的；

（二）允许带入或者存放易燃、易爆物品的；

（三）在营业场所安装固定的封闭门窗栅栏的；

（四）营业期间封堵或者锁闭门窗、安全疏散通道或者安全出口的；

（五）擅自停止实施安全技术措施的。

第三十四条　违反国家有关信息网络安全、治安管理、消防管理、工商行政管理、电信管理等规定，触犯刑律的，依法追究刑事责任；尚不够刑事处罚的，由公安机关、工商行政管理部门、电信管理机构依法给予处罚；情节严重的，由原发证机关吊销许可证件。

第三十五条　互联网上网服务营业场所经营单位违反本条例的规定，被吊销《网络文化经营许可证》的，自被吊销《网络文化经营许可证》之日起5年内，其法定代表人或者主要负责人不得担任互联网上网服务营业场所经营单位的法定代表人或者主要负责人。

擅自设立的互联网上网服务营业场所经营单位被依法取缔的，自被取缔之日起5年内，其主要负责人不得担任互联网上网服务营业场所经营单位的法定代表人或者主要负责人。

第三十六条　依照本条例的规定实施罚款的行政处罚，应当依照有关法律、行政法规的规定，实行罚款决定与罚款收缴分离；收缴的罚款和违法所得必须全部上缴国库。

第五章　附则

第三十七条　本条例自 2002 年 11 月 15 日起施行。2001 年 4 月 3 日信息产业部、公安部、文化部、国家工商行政管理局发布的《互联网上网服务营业场所管理办法》同时废止。

互联网信息服务管理办法

（2000 年 9 月 25 日中华人民共和国国务院令第 292 号公布施行　根据 2011 年 1 月 8 日《国务院关于废止和修改部分行政法规的规定》修订）

第一条　为了规范互联网信息服务活动，促进互联网信息服务健康有序发展，制定本办法。

第二条　在中华人民共和国境内从事互联网信息服务活动，必须遵守本办法。

本办法所称互联网信息服务，是指通过互联网向上网用户提供信息的服务活动。

第三条　互联网信息服务分为经营性和非经营性两类。

经营性互联网信息服务，是指通过互联网向上网用户有偿提供信息或者网页制作等服务活动。

非经营性互联网信息服务，是指通过互联网向上网用户无偿提供具有公开性、共享性信息的服务活动。

第四条　国家对经营性互联网信息服务实行许可制度；对非经营性互联网信息服务实行备案制度。

未取得许可或者未履行备案手续的，不得从事互联网信息服务。

第五条　从事新闻、出版、教育、医疗保健、药品和医疗器械等互联网信息服务，依照法律、行政法规以及国家有关规定须经有关主管部门审核同意的，在申请经营许可或者履行备案手续前，应当依法经有关主管部门审核同意。

第六条 从事经营性互联网信息服务，除应当符合《中华人民共和国电信条例》规定的要求外，还应当具备下列条件：

（一）有业务发展计划及相关技术方案；

（二）有健全的网络与信息安全保障措施，包括网站安全保障措施、信息安全保密管理制度、用户信息安全管理制度；

（三）服务项目属于本办法第五条规定范围的，已取得有关主管部门同意的文件。

第七条 从事经营性互联网信息服务，应当向省、自治区、直辖市电信管理机构或者国务院信息产业主管部门申请办理互联网信息服务增值电信业务经营许可证（以下简称经营许可证）。

省、自治区、直辖市电信管理机构或者国务院信息产业主管部门应当自收到申请之日起60日内审查完毕，作出批准或者不予批准的决定。予以批准的，颁发经营许可证；不予批准的，应当书面通知申请人并说明理由。

申请人取得经营许可证后，应当持经营许可证向企业登记机关办理登记手续。

第八条 从事非经营性互联网信息服务，应当向省、自治区、直辖市电信管理机构或者国务院信息产业主管部门办理备案手续。办理备案时，应当提交下列材料：

（一）主办单位和网站负责人的基本情况；

（二）网站网址和服务项目；

（三）服务项目属于本办法第五条规定范围的，已取得有关主管部门的同意文件。

省、自治区、直辖市电信管理机构对备案材料齐全的，应当予以备案并编号。

第九条 从事互联网信息服务，拟开办电子公告服务的，应当在申请经营性互联网信息服务许可或者办理非经营性互联网信息服务备案时，按照国家有关规定提出专项申请或者专项备案。

第十条 省、自治区、直辖市电信管理机构和国务院信息产业主管部门应当公布取得经营许可证或者已履行备案手续的互联网信息服务提供者名单。

第十一条 互联网信息服务提供者应当按照经许可或者备案的项目提供服务，不得超出经许可或者备案的项目提供服务。

非经营性互联网信息服务提供者不得从事有偿服务。

互联网信息服务提供者变更服务项目、网站网址等事项的，应当提前 30 日向原审核、发证或者备案机关办理变更手续。

第十二条 互联网信息服务提供者应当在其网站主页的显著位置标明其经营许可证编号或者备案编号。

第十三条 互联网信息服务提供者应当向上网用户提供良好的服务，并保证所提供的信息内容合法。

第十四条 从事新闻、出版以及电子公告等服务项目的互联网信息服务提供者，应当记录提供的信息内容及其发布时间、互联网地址或者域名；互联网接入服务提供者应当记录上网用户的上网时间、用户账号、互联网地址或者域名、主叫电话号码等信息。

互联网信息服务提供者和互联网接入服务提供者的记录备份应当保存 60 日，并在国家有关机关依法查询时，予以提供。

第十五条 互联网信息服务提供者不得制作、复制、发布、传播含有下列内容的信息：

（一）反对宪法所确定的基本原则的；

（二）危害国家安全，泄露国家秘密，颠覆国家政权，破坏国家统一的；

（三）损害国家荣誉和利益的；

（四）煽动民族仇恨、民族歧视，破坏民族团结的；

（五）破坏国家宗教政策，宣扬邪教和封建迷信的；

（六）散布谣言，扰乱社会秩序，破坏社会稳定的；

（七）散布淫秽、色情、赌博、暴力、凶杀、恐怖或者教唆犯罪的；

（八）侮辱或者诽谤他人，侵害他人合法权益的；

（九）含有法律、行政法规禁止的其他内容的。

第十六条 互联网信息服务提供者发现其网站传输的信息明显属于

本办法第十五条所列内容之一的，应当立即停止传输，保存有关记录，并向国家有关机关报告。

第十七条 经营性互联网信息服务提供者申请在境内境外上市或者同外商合资、合作，应当事先经国务院信息产业主管部门审查同意；其中，外商投资的比例应当符合有关法律、行政法规的规定。

第十八条 国务院信息产业主管部门和省、自治区、直辖市电信管理机构，依法对互联网信息服务实施监督管理。

新闻、出版、教育、卫生、药品监督管理、工商行政管理和公安、国家安全等有关主管部门，在各自职责范围内依法对互联网信息内容实施监督管理。

第十九条 违反本办法的规定，未取得经营许可证，擅自从事经营性互联网信息服务，或者超出许可的项目提供服务的，由省、自治区、直辖市电信管理机构责令限期改正，有违法所得的，没收违法所得，处违法所得3倍以上5倍以下的罚款；没有违法所得或者违法所得不足5万元的，处10万元以上100万元以下的罚款；情节严重的，责令关闭网站。

违反本办法的规定，未履行备案手续，擅自从事非经营性互联网信息服务，或者超出备案的项目提供服务的，由省、自治区、直辖市电信管理机构责令限期改正；拒不改正的，责令关闭网站。

第二十条 制作、复制、发布、传播本办法第十五条所列内容之一的信息，构成犯罪的，依法追究刑事责任；尚不构成犯罪的，由公安机关、国家安全机关依照《中华人民共和国治安管理处罚法》、《计算机信息网络国际联网安全保护管理办法》等有关法律、行政法规的规定予以处罚；对经营性互联网信息服务提供者，并由发证机关责令停业整顿直至吊销经营许可证，通知企业登记机关；对非经营性互联网信息服务提供者，并由备案机关责令暂时关闭网站直至关闭网站。

第二十一条 未履行本办法第十四条规定的义务的，由省、自治区、直辖市电信管理机构责令改正；情节严重的，责令停业整顿或者暂时关闭网站。

第二十二条 违反本办法的规定，未在其网站主页上标明其经营许可证编号或者备案编号的，由省、自治区、直辖市电信管理机构责令改正，处 5000 元以上 5 万元以下的罚款。

第二十三条　违反本办法第十六条规定的义务的，由省、自治区、直辖市电信管理机构责令改正；情节严重的，对经营性互联网信息服务提供者，并由发证机关吊销经营许可证，对非经营性互联网信息服务提供者，并由备案机关责令关闭网站。

第二十四条　互联网信息服务提供者在其业务活动中，违反其他法律、法规的，由新闻、出版、教育、卫生、药品监督管理和工商行政管理等有关主管部门依照有关法律、法规的规定处罚。

第二十五条　电信管理机构和其他有关主管部门及其工作人员，玩忽职守、滥用职权、徇私舞弊，疏于对互联网信息服务的监督管理，造成严重后果，构成犯罪的，依法追究刑事责任；尚不构成犯罪的，对直接负责的主管人员和其他直接责任人员依法给予降级、撤职直至开除的行政处分。

第二十六条　在本办法公布前从事互联网信息服务的，应当自本办法公布之日起 60 日内依照本办法的有关规定补办有关手续。

第二十七条　本办法自公布之日起施行。

二、相关部门规章一览表（截至 2019 年 8 月）

发布机构	文件名称	生效时间
国家互联网信息办公室	区块链信息服务管理规定	2019 年 2 月 15 日
国家互联网信息办公室	互联网新闻信息服务管理规定	2017 年 6 月 1 日
国家互联网信息办公室	网络产品和服务安全审查办法（试行）	2017 年 6 月 1 日
国家互联网信息办公室	互联网信息内容管理行政执法程序规定	2017 年 6 月 1 日
原国务院信息办	计算机信息网络国际联网管理暂行规定实施办法	1998 年 3 月 6 日
公安部	公安机关互联网安全监督检查规定	2018 年 11 月 1 日

续表

发布机构	文件名称	生效时间
公安部	公安机关办理行政案件程序规定（修订）	2019年1月1日
公安部	计算机病毒防治管理办法	2000年4月26日
公安部	互联网安全保护技术措施规定	2006年3月1日
公安部	计算机信息系统安全专用产品检测和销售许可证管理办法	1997年12月12日
工业和信息化部	互联网域名管理办法	2017年11月1日
工业和信息化部	电信业务经营许可管理办法	2017年9月1日
工业和信息化部	通信短信息服务管理规定	2015年6月30日
工业和信息化部	电话用户真实身份信息登记规定	2013年9月1日
工业和信息化部	电信和互联网用户个人信息保护规定	2013年9月1日
工业和信息化部	规范互联网信息服务市场秩序若干规定	2012年3月15日
工业和信息化部	通信网络安全防护管理办法	2010年3月1日
工业和信息化部	电子认证服务管理办法	2009年3月31日
原信息产业部	互联网IP地址备案管理办法	2005年3月20日
原信息产业部	非经营性互联网信息服务备案管理办法	2005年3月20日
原信息产业部	互联网电子邮件服务管理办法	2006年3月20日
文化部	互联网文化管理暂行规定	2011年4月1日
国家广播电影电视总局、信息产业部	互联网视听节目服务管理规定	2008年1月31日
国家广播电影电视总局	互联网等信息网络传播视听节目管理办法	2004年10月11日
交通运输部、工业和信息化部、公安部、商务部、国家工商行政管理总局、国家质量监督检验检疫质检总局、国家互联网信息办公室	网络预约出租汽车经营服务管理暂行办法	2016年11月1日
国家新闻出版广电总局	网络出版服务管理规定	2016年3月10日
中国银行业监督管理委员会、工业和信息化部、公安部、国家互联网信息办公室	网络借贷信息中介机构业务活动管理暂行办法	2016年8月17日

三、相关政策规范性文件一览表（截至 2019 年 8 月）

发布机构	文件名称	生效时间
国家互联网信息办公室	金融信息服务管理规定	2019 年 2 月 1 日
国家互联网信息办公室	具有舆论属性或社会动员能力互联网信息服务安全评估	2018 年 11 月 30 日
国家互联网信息办公室	微博客信息服务管理规定	2018 年 3 月 20 日
国家互联网信息办公室	互联网新闻信息服务新技术新应用安全评估管理办法	2017 年 12 月 1 日
国家互联网信息办公室	互联网新闻信息服务单位内容管理从业人员管理办法	2017 年 12 月 1 日
国家互联网信息办公室	互联网群组信息服务管理规定	2017 年 10 月 8 日
国家互联网信息办公室	互联网用户公众账号信息服务管理规定	2017 年 10 月 8 日
国家互联网信息办公室	互联网跟帖评论服务管理规定	2017 年 10 月 1 日
国家互联网信息办公室	互联网论坛社区服务管理规定	2017 年 10 月 1 日
国家互联网信息办公室	互联网新闻信息服务许可管理实施细则	2017 年 6 月 1 日
国家互联网信息办公室	网络产品和服务安全审查办法（试行）	2017 年 6 月 1 日
国家互联网信息办公室	互联网信息搜索服务管理规定	2016 年 8 月 1 日
国家互联网信息办公室	移动互联网应用程序信息服务管理规定	2016 年 8 月 1 日
国家互联网信息办公室	互联网直播服务管理规定	2016 年 12 月 1 日
国家互联网信息办公室	互联网新闻信息服务单位约谈工作规定	2015 年 6 月 1 日
国家互联网信息办公室	互联网用户账号名称管理规定	2015 年 3 月 1 日
国家互联网信息办公室	即时通信工具公众信息服务发展管理暂行规定	2014 年 8 月 7 日
国家互联网信息办公室	国家网络空间安全战略	2016 年 12 月 27 日
外交部和国家互联网信息办公室	网络空间国际合作战略	2017 年 3 月 1 日
中央网络安全和信息化领导小组办公室	关于印发《国家网络安全事件应急预案》的通知	2017 年 1 月 10 日

续表

发布机构	文件名称	生效时间
中央网络安全和信息化领导小组办公室	关于加强国家网络安全标准化工作的若干意见	2016年8月12日
中央网络安全和信息化领导小组办公室	关于加强党政机关网站安全管理的通知	2014年5月9日
中央网络安全和信息化领导小组办公室、国家发展和改革委员会、教育部、科学技术部、工业和信息化部、人力资源和社会保障部	关于加强网络安全学科建设和人才培养的意见	2016年6月6日
公安部	信息安全等级保护管理办法	2007年6月22日
公安部	网络安全等级测评机构管理办法	2018年3月23日
公安部	互联网危险物品信息发布管理规定	2015年3月1日
公安部	关于信息安全等级保护工作的实施意见	2004年9月15日
工业和信息化部	公共互联网网络安全威胁监测与处置办法	2018年1月1日
工业和信息化部	公共互联网网络安全突发事件应急预案	2017年11月14日
工业和信息化部	工业控制系统信息安全事件应急管理工作指南	2017年7月1日
国家保密局	计算机信息系统国际联网保密管理规定	1999年12月27日
文化部	网络表演经营活动管理办法	2016年12月2日
国家邮政局	寄递服务用户个人信息安全管理规定	2014年3月26日
中央网络安全和信息化领导小组办公室、工业和信息化部、公安部、国家市场监督管理总局	关于开展App违法违规收集使用个人信息专项治理的公告	2019年1月23日
国家邮政局、商务部	关于规范快递与电子商务数据互联共享的指导意见	2019年6月12日

最高人民法院最高人民检察院关于办理非法利用信息网络、帮助信息网络犯罪活动等刑事案件适用法律若干问题的解释

(2019年6月3日由最高人民法院审判委员会第1771次会议、2019年9月4日由最高人民检察院第十三届检察委员会第二十三次会议通过,现予公布,自2019年11月1日起施行。)

法释〔2019〕15号

为依法惩治拒不履行信息网络安全管理义务、非法利用信息网络、帮助信息网络犯罪活动等犯罪,维护正常网络秩序,根据《中华人民共和国刑法》《中华人民共和国刑事诉讼法》的规定,现就办理此类刑事案件适用法律的若干问题解释如下:

第一条 提供下列服务的单位和个人,应当认定为刑法第二百八十六条之一第一款规定的"网络服务提供者":

(一)网络接入、域名注册解析等信息网络接入、计算、存储、传输服务;

(二)信息发布、搜索引擎、即时通讯、网络支付、网络预约、网络购物、网络游戏、网络直播、网站建设、安全防护、广告推广、应用商店等信息网络应用服务;

(三)利用信息网络提供的电子政务、通信、能源、交通、水利、金融、教育、医疗等公共服务。

第二条 刑法第二百八十六条之一第一款规定的"监管部门责令采取改正措施",是指网信、电信、公安等依照法律、行政法规的规定承担信息网络安全监管职责的部门,以责令整改通知书或者其他文书形式,责令网络服务提供者采取改正措施。

认定"经监管部门责令采取改正措施而拒不改正",应当综合考虑

监管部门责令改正是否具有法律、行政法规依据，改正措施及期限要求是否明确、合理，网络服务提供者是否具有按照要求采取改正措施的能力等因素进行判断。

第三条　拒不履行信息网络安全管理义务，具有下列情形之一的，应当认定为刑法第二百八十六条之一第一款第一项规定的"致使违法信息大量传播"：

（一）致使传播违法视频文件二百个以上的；

（二）致使传播违法视频文件以外的其他违法信息二千个以上的；

（三）致使传播违法信息，数量虽未达到第一项、第二项规定标准，但是按相应比例折算合计达到有关数量标准的；

（四）致使向二千个以上用户账号传播违法信息的；

（五）致使利用群组成员账号数累计三千以上的通讯群组或者关注人员账号数累计三万以上的社交网络传播违法信息的；

（六）致使违法信息实际被点击数达到五万以上的；

（七）其他致使违法信息大量传播的情形。

第四条　拒不履行信息网络安全管理义务，致使用户信息泄露，具有下列情形之一的，应当认定为刑法第二百八十六条之一第一款第二项规定的"造成严重后果"：

（一）致使泄露行踪轨迹信息、通信内容、征信信息、财产信息五百条以上的；

（二）致使泄露住宿信息、通信记录、健康生理信息、交易信息等其他可能影响人身、财产安全的用户信息五千条以上的；

（三）致使泄露第一项、第二项规定以外的用户信息五万条以上的；

（四）数量虽未达到第一项至第三项规定标准，但是按相应比例折算合计达到有关数量标准的；

（五）造成他人死亡、重伤、精神失常或者被绑架等严重后果的；

（六）造成重大经济损失的；

（七）严重扰乱社会秩序的；

（八）造成其他严重后果的。

第五条 拒不履行信息网络安全管理义务，致使影响定罪量刑的刑事案件证据灭失，具有下列情形之一的，应当认定为刑法第二百八十六条之一第一款第三项规定的"情节严重"：

（一）造成危害国家安全犯罪、恐怖活动犯罪、黑社会性质组织犯罪、贪污贿赂犯罪案件的证据灭失的；

（二）造成可能判处五年有期徒刑以上刑罚犯罪案件的证据灭失的；

（三）多次造成刑事案件证据灭失的；

（四）致使刑事诉讼程序受到严重影响的；

（五）其他情节严重的情形。

第六条 拒不履行信息网络安全管理义务，具有下列情形之一的，应当认定为刑法第二百八十六条之一第一款第四项规定的"有其他严重情节"：

（一）对绝大多数用户日志未留存或者未落实真实身份信息认证义务的；

（二）二年内经多次责令改正拒不改正的；

（三）致使信息网络服务被主要用于违法犯罪的；

（四）致使信息网络服务、网络设施被用于实施网络攻击，严重影响生产、生活的；

（五）致使信息网络服务被用于实施危害国家安全犯罪、恐怖活动犯罪、黑社会性质组织犯罪、贪污贿赂犯罪或者其他重大犯罪的；

（六）致使国家机关或者通信、能源、交通、水利、金融、教育、医疗等领域提供公共服务的信息网络受到破坏，严重影响生产、生活的；

（七）其他严重违反信息网络安全管理义务的情形。

第七条 刑法第二百八十七条之一规定的"违法犯罪"，包括犯罪行为和属于刑法分则规定的行为类型但尚未构成犯罪的违法行为。

第八条 以实施违法犯罪活动为目的而设立或者设立后主要用于实施违法犯罪活动的网站、通讯群组，应当认定为刑法第二百八十七条之一第一款第一项规定的"用于实施诈骗、传授犯罪方法、制作或者销售违禁物品、管制物品等违法犯罪活动的网站、通讯群组"。

第九条 利用信息网络提供信息的链接、截屏、二维码、访问账号密码及其他指引访问服务的，应当认定为刑法第二百八十七条之一第一款第二项、第三项规定的"发布信息"。

第十条 非法利用信息网络，具有下列情形之一的，应当认定为刑法第二百八十七条之一第一款规定的"情节严重"：

（一）假冒国家机关、金融机构名义，设立用于实施违法犯罪活动的网站的；

（二）设立用于实施违法犯罪活动的网站，数量达到三个以上或者注册账号数累计达到二千以上的；

（三）设立用于实施违法犯罪活动的通讯群组，数量达到五个以上或者群组成员账号数累计达到一千以上的；

（四）发布有关违法犯罪的信息或者为实施违法犯罪活动发布信息，具有下列情形之一的：

1. 在网站上发布有关信息一百条以上的；

2. 向二千个以上用户账号发送有关信息的；

3. 向群组成员数累计达到三千以上的通讯群组发送有关信息的；

4. 利用关注人员账号数累计达到三万以上的社交网络传播有关信息的；

（五）违法所得一万元以上的；

（六）二年内曾因非法利用信息网络、帮助信息网络犯罪活动、危害计算机信息系统安全受过行政处罚，又非法利用信息网络的；

（七）其他情节严重的情形。

第十一条 为他人实施犯罪提供技术支持或者帮助，具有下列情形之一的，可以认定行为人明知他人利用信息网络实施犯罪，但是有相反证据的除外：

（一）经监管部门告知后仍然实施有关行为的；

（二）接到举报后不履行法定管理职责的；

（三）交易价格或者方式明显异常的；

（四）提供专门用于违法犯罪的程序、工具或者其他技术支持、帮助的；

（五）频繁采用隐蔽上网、加密通信、销毁数据等措施或者使用虚假身份，逃避监管或者规避调查的；

（六）为他人逃避监管或者规避调查提供技术支持、帮助的；

（七）其他足以认定行为人明知的情形。

第十二条 明知他人利用信息网络实施犯罪，为其犯罪提供帮助，具有下列情形之一的，应当认定为刑法第二百八十七条之二第一款规定的"情节严重"：

（一）为三个以上对象提供帮助的；

（二）支付结算金额二十万元以上的；

（三）以投放广告等方式提供资金五万元以上的；

（四）违法所得一万元以上的；

（五）二年内曾因非法利用信息网络、帮助信息网络犯罪活动、危害计算机信息系统安全受过行政处罚，又帮助信息网络犯罪活动的；

（六）被帮助对象实施的犯罪造成严重后果的；

（七）其他情节严重的情形。

实施前款规定的行为，确因客观条件限制无法查证被帮助对象是否达到犯罪的程度，但相关数额总计达到前款第二项至第四项规定标准五倍以上，或者造成特别严重后果的，应当以帮助信息网络犯罪活动罪追究行为人的刑事责任。

第十三条 被帮助对象实施的犯罪行为可以确认，但尚未到案、尚未依法裁判或者因未达到刑事责任年龄等原因依法未予追究刑事责任的，不影响帮助信息网络犯罪活动罪的认定。

第十四条 单位实施本解释规定的犯罪的，依照本解释规定的相应自然人犯罪的定罪量刑标准，对直接负责的主管人员和其他直接责任人员定罪处罚，并对单位判处罚金。

第十五条 综合考虑社会危害程度、认罪悔罪态度等情节，认为犯罪情节轻微的，可以不起诉或者免予刑事处罚；情节显著轻微危害不大的，不以犯罪论处。

第十六条 多次拒不履行信息网络安全管理义务、非法利用信息网络、帮助信息网络犯罪活动构成犯罪，依法应当追诉的，或者二年内多次实施前述行为未经处理的，数量或者数额累计计算。

第十七条 对于实施本解释规定的犯罪被判处刑罚的，可以根据犯罪情况和预防再犯罪的需要，依法宣告职业禁止；被判处管制、宣告缓刑的，可以根据犯罪情况，依法宣告禁止令。

第十八条 对于实施本解释规定的犯罪的，应当综合考虑犯罪的危害程度、违法所得数额以及被告人的前科情况、认罪悔罪态度等，依法判处罚金。

第十九条 本解释自2019年11月1日起施行。

参考文献

一、中文著作

杨合庆主编：《中华人民共和国网络安全法释义》，中国民主法制出版社2017年版。

本书编写组：《〈中华人民共和国网络安全法〉学习读本》，中国长安出版社2017年版。

郭启全等编著：《网络安全法与网络安全等级保护制度培训教程（2018版）》，中国工信出版集团、电子工业出版社2018年版。

乔晓阳主编：《中华人民共和国国家安全法释义》，法律出版社2016年版。

王琼玮主编：《网络安全合规指引》，中国人民公安大学出版社2018年版。

郎胜主编：《中华人民共和国刑法释义》，法律出版社2015年版。

胡云腾主编：《网络犯罪刑事诉讼程序意见暨相关司法解释理解与适用》，法律出版社2014年版。

中国信息安全测评中心译：《关键信息基础设施保护：十四国安全保护政策陈述和分析》，中国科技大学出版社2007年版。

二、论文

李昭：《国家信息安全战略的思考》，《中国人民公安大学学报（自然科学版）》2004年第3期。

周汉华：《论互联网法》，《中国法学》2015年第3期。

李营辉：《我国关键信息基础设施立法保护研究》，北京交通大学硕士学位论文，2016 年。

三、杂志

《全国人民代表大会常务委员会公报》杂志，2015—2019 年。

《中国信息安全》杂志，2010 年第 1 期至 2019 年第 6 期。

四、国外政策文件

美国：《网络安全行动战略》（2015 年）

美国：《网络安全国际战略》（2015 年）

美国：《网络安全威慑战略》（2016 年）

美国：《国家安全战略》（2017 年）

美国：《国家网络战略》（2018 年）

美国：《国防战略报告》（2018 年）

美国：《国家情报战略》（2019 年）

美国国防部：《网络战略》（2018 年）

美国国土安全部：《网络安全战略》（2018 年）

五、网站

http：//www.cnki.net

http：//www.gov.cn

http：//www.cac.gov.cn

http：//www.xinhuanet.com

http：//www.miit.gov.cn

https：//www.tc260.org.cn

http：//www.ncpssd.org